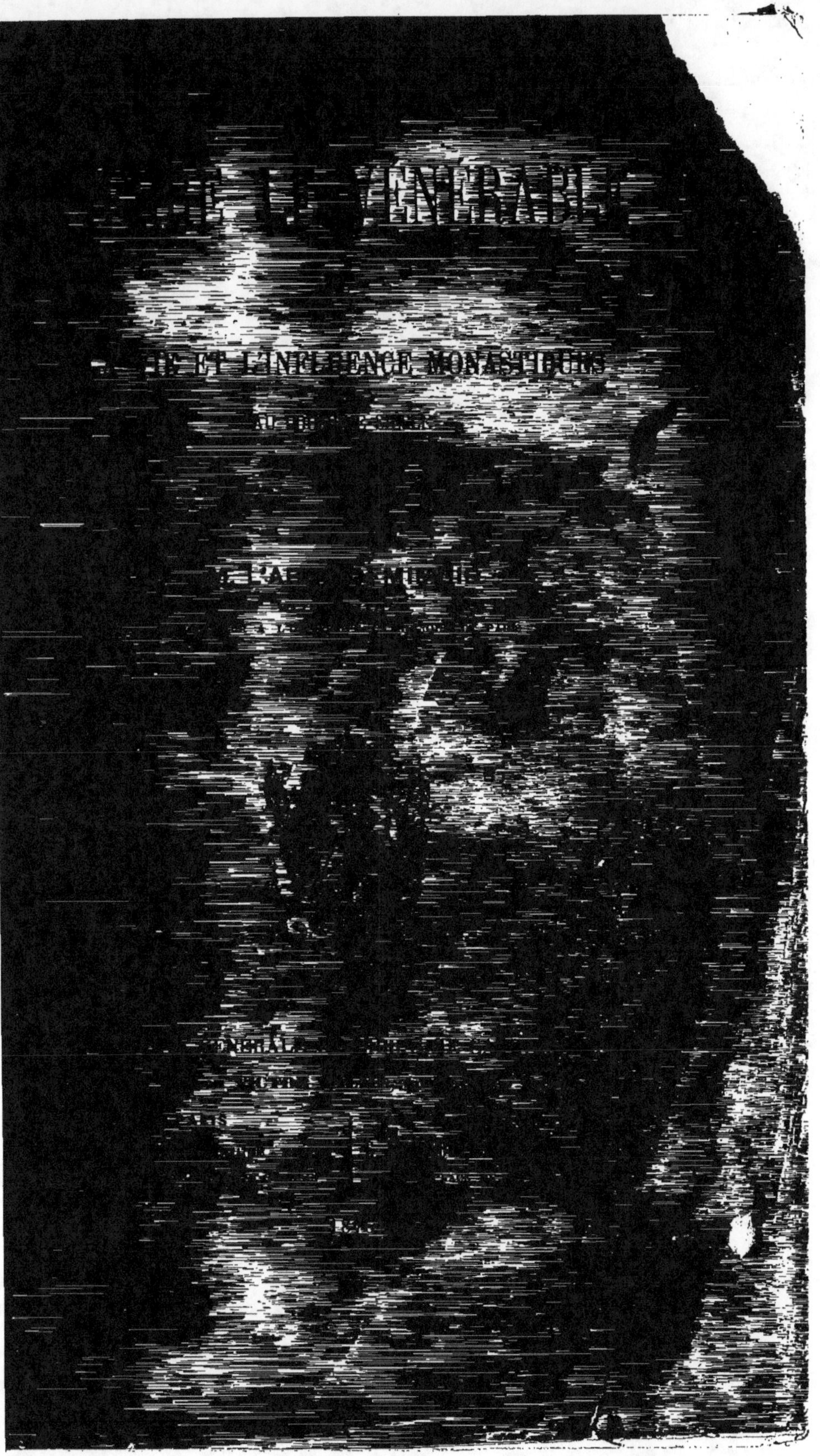

PIERRE-LE-VÉNÉRABLE

OU

LA VIE ET L'INFLUENCE MONASTIQUES

AU DOUZIÈME SIÈCLE

Paris. — E. DE SOYE et FILS, imprimeurs, place du Panthéon, 5.

PIERRE-LE-VÉNÉRABLE

OU

LA VIE ET L'INFLUENCE MONASTIQUES

.AU DOUZIÈME SIÈCLE

PAR

L'ABBÉ M. DEMIMUID

DOCTEUR ÈS-LETTRES,

PROFESSEUR À L'UNIVERSITÉ CATHOLIQUE DE PARIS

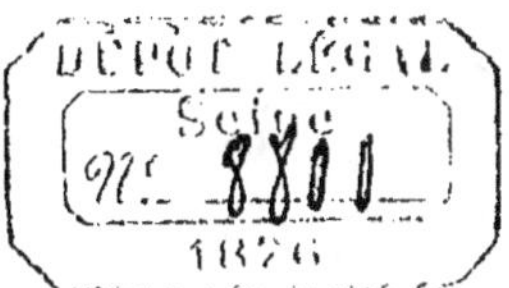

PARIS

VICTOR PALMÉ, LIBRAIRE-ÉDITEUR,

25, RUE DE GRENELLE SAINT-GERMAIN, 25

—

1876

A SA GRANDEUR

MONSEIGNEUR HUGONIN

Évêque de Bayeux et Lisieux

HOMMAGE DE RESPECTUEUSE RECONNAISSANCE

M. D.

PRÉFACE

—

Les meilleures préfaces, à notre avis, sont les plus courtes : elles risquent moins que les autres de n'être pas lues. Nous ne ferons ici que transcrire une page de l'un des écrivains les plus élégants et les plus distingués de notre temps. C'est un devoir pour nous de la citer ; car elle nous a inspiré la première pensée de ce livre. Notre devoir du reste se concilie avec notre intérêt ; car cette page fait très-bien ressortir l'attrait et l'importance du sujet que nous allons aborder. « Il y avait au moyen âge, dit M. de Rémusat, en tête de son beau livre sur saint Anselme (1), une société spirituelle, une puissance spirituelle, l'Église. C'est donc à l'Église d'abord qu'il fallait demander l'esprit du douzième siècle ; c'est dans cette vaste hiérarchie d'intelligences que devaient principalement se rencontrer celles qui ont manifesté ou dirigé la pensée générale de leur temps. Aussi avais-je un moment conçu l'idée d'un ouvrage où il semblait possible de reproduire dans son esprit toute cette époque de notre

(1) Est-il besoin de dire que l'éloge porte sur le talent de l'auteur et non pas sur l'esprit de certaines parties de l'ouvrage ?

histoire, sans en chercher les héros ailleurs que dans le cloître. C'eût été le simple recueil des quatre biographies de saint Bernard, de Pierre-le-Vénérable, de Suger et d'Abélard... L'abbé de Clairvaux représente éminemment la domination morale de l'Eglise ; il la montre intervenant presque en maîtresse dans les principales affaires de la société, dans les principaux événements de son histoire... Suger, abbé de Saint-Denys, est un ambassadeur, un ministre, un régent ; c'est l'homme d'Eglise devenu homme d'Etat ; c'est le prêtre tout politique, Abélard, abbé de Saint-Gildas, c'est la science. L'abbé de Cluni, Pierre-le-Vénérable, semble personnifier, sous une forme auguste, la vie religieuse : il est l'idéal du moine... Ainsi, l'Eglise, la politique, la religion et la science, voilà ce qu'on pourrait peindre d'une manière attachante, à l'aide d'un livre tout biographique qui aurait pu être intitulé : *Les quatre Abbés,* si ce titre, un peu étrange aujourd'hui, eût répondu à la grandeur du sujet... Mais c'en est fait, les quatre portraits ne paraîtront pas dans le même cadre, et le public ne les aura pas de la même main. Ce que j'ai essayé pour Abélard, un écrivain distingué l'a fait récemment pour Suger (1). Un éloquent orateur s'est dès longtemps chargé de saint Bernard (2). Quant à l'abbé de Cluni, il pourra bien être oublié ; c'est le lot de la

(1) *Etudes sur les fondateurs de l'Unité Nationale,* par M. de Carné, t. 1.

(2) M. de Montalembert. On sait que les *Moines d'Occident* ne sont que le vestibule du grand monument que l'illustre apologiste se proposait d'élever à la gloire de saint Bernard.

vertu modeste. En mourant au monde, n'a-t-il pas cru mourir à la postérité? A-t-il jamais pensé seulement que nous saurions son nom (1)? » Ces dernières lignes ne rendent pas pleine justice, je ne dis pas à Pierre-le-Vénérable, mais à la postérité, qui ne pouvait oublier ses vertus ni méconnaître la réelle et salutaire action qu'il a exercée de son temps. Depuis que M. de Rémusat a écrit cette page, trois études.ont déjà paru sur l'abbé de Cluny, la première en Allemagne (2), les deux autres en France (3), et le présent ouvrage n'est peut-être pas le dernier qui essaiera de remettre en lumière cette belle et pure figure, que l'on ne peut approcher sans désirer de la connaître et de la faire connaître.

(1) Rémusat, *Saint Anselme*, liv. I, p. 2, 3, 4.

(2) Wilkens, *Petrus der Ehrwürdige abt von Clugny*, Leipsig, 1857.

(3) Duparay, *Pierre-le-Vénérable, abbé de Cluny, sa vie, ses œuvres, et la société monastique au douzième siècle*, Châlon-sur-Saône, 1862. — Pignot, *Histoire de l'Ordre de Cluny*, t. III, Autun et Paris, 1868.

PIERRE-LE-VÉNÉRABLE

CHAPITRE PREMIER

SA NAISSANCE ; SES PARENTS ; SON ÉDUCATION. — DE L'ÉTUDE DES ANCIENS DANS L'ORDRE DE CLUNY. — PIERRE ÉCOLATRE A VÉZELAY ET PRIEUR DE DOMÈNE.

Dante a rencontré saint Benoît dans le paradis. Le poëte contemplait, dans une admiration muette, cent petites sphères, tout étincelantes d'un éclat surnaturel, quand l'une d'elles, la plus grande et la plus brillante, se détachant du groupe céleste, vient au-devant de lui et lui dit : « Ce mont sur le penchant duquel est Cassin fut fréquenté autrefois à son sommet par des gens égarés et pervers ; et c'est moi qui y portai le premier le nom de celui qui amena sur la terre la vérité qui nous élève tant ici. Ces autres feux furent tous des hommes contemplatifs, embrasés de cette ardeur qui fait naître les fleurs et les fruits saints (1). » Un de ces astres était, sans nul doute, le neu-

(1) Dante, *Paradis*, ch. xxii, trad. Brizeux.

vième abbé de Cluny, Pierre de Montboissier, à qui ses contemporains ont décerné le surnom de Vénérable, que les bénédictins ont inscrit dans leur martyrologe, quoique l'Eglise ne lui ait point ouvert le catalogue des saints, et dont l'âme ardente et douce, modèle de charité indulgente et de tendre piété, devait avoir sa place dans le cortége du grand patriarche du Mont-Cassin, parmi ces étoiles qui faisaient dire à Dante : « La bienveillance que je vois et remarque dans toutes vos lueurs a épanoui ma confiance, comme le soleil fait la rose, quand elle s'ouvre autant qu'elle en a la force (1). »

Sa mère était enceinte de lui, lorsqu'elle alla faire visite au bienheureux Hugues, le plus illustre des prédécesseurs de Pierre à l'abbaye de Cluny. En la voyant, l'homme de Dieu lui dit : « Sachez, Madame, que le fruit que vous portez est consacré à Dieu et voué à saint Pierre. » A quoi elle répondit : « Seigneur, si c'est un enfant mâle, que votre volonté s'accomplisse. — C'est un enfant mâle, repartit l'abbé, tenez-le pour certain (2) » La vénération populaire s'est plu à entourer de circonstances merveilleuses la naissance des grands serviteurs de Dieu. Trois ans avant que Pierre de Cluny vînt au monde, la mère de saint Bernard recevait, elle aussi, l'annonce de la gloire qui attendait son fils. Elle vit en songe un chien blanc qui, d'une voix infatigable, aboyait dans ses entrailles. C'était l'emblème de cette vie sans trêve et sans repos, tout entière consacrée à la garde du sanctuaire et à la poursuite

(1) Ibid.
(2) *Vita Petri Venerabilis, auctore Rodulvho,* 1, ap. Migne, t. CLXXXIX, col. 18.

des ennemis de la foi (1). Au reste, pour présager que Pierre se donnerait à l'Eglise, peu s'en faut qu'il ne suffît de penser aux impressions toutes religieuses qui allaient d'abord accueillir sa jeune âme et lui faire prendre son premier pli, le plus durable de tous : à la vertu pour ainsi dire claustrale, de ses parents ; aux traditions de foi, de dévotion, dès longtemps en vigueur dans sa sainte famille.

Son bisaïeul Hugues *Descousut*, qui par sa valeur et son influence tenait un rang distingué dans la noblesse d'Auvergne, s'était signalé, sur la fin de sa vie, par ses bonnes œuvres et ses fondations pieuses (2). Sa jeunesse n'avait pas été, paraît-il, exempte d'égarements. Une faute inconnue, que le Pape seul pouvait absoudre, l'obligea de prendre le chemin de Rome, dans l'année 966. Il dut promettre qu'en expiation de son péché, il bâtirait, de ses deniers, un monastère. Au retour, il fit halte, lui et sa femme qui l'accompagnait, chez un vieil ami, à Suze, au pied du Mont-Cenis. Comme il lui racontait l'objet de son pèlerinage et l'engagement qu'il avait contracté : « N'allez pas plus loin, lui dit son hôte ; voyez cette montagne (3), à douze milles d'ici ; on y invoque saint Michel, qui souvent l'a honorée des marques insignes de sa présence et de sa protection : vous ne trouverez pas de lieu plus propre à l'exécution de votre dessein. » La nuit suivante, les deux époux, déjà fort ébranlés par les instances de leur ami,

(1) Ratisbonne, *Histoire de saint Bernard*, p. 72.

(2) *Nobilis ac præpotens Arvernus... in armis strenuus, sed in Dei rebus circa finem magis devotus.* Ann. Bened., t. III, p. 580, 581.

(3) Cette montagne était appelée par les habitants du voisinage la montagne de Feu. Ann. Bened., t. III, p. 712.

eurent ensemble la même vision. L'Archange leur apparut :
il les presse, il leur ordonne de choisir l'endroit désigné
par leur hôte, pour y élever un monastère et se préparer
par là une demeure dans le ciel. Le parti du comte Hugues
fut pris aussitôt ; il alla trouver le marquis de Suze et de
Turin, et lui offrit tout ce qu'il avait amené avec lui, son
or, son argent, ses équipages, en échange de la sainte
montagne. On y contruisit d'abord, au milieu des rochers,
d'humbles cellules, dont les habitants furent mis sous la
conduite d'un pieux abbé de Lézat, Advert, chassé par ses
moines dont il ne pouvait souffrir le relâchement. Quelque
temps après, Hugues revint, avec de nouvelles sommes
d'argent, qu'il employa, moitié à se rendre propriétaire de
la terre de Cluse, voisine de la montagne, où le couvent se
trouvait à l'étroit, moitié à faire les constructions nécessaires et à doter les moines. L'abbaye de Saint-Michel de
Cluse prit une rapide extension ; à la fin du douzième
siècle, elle comptait sous sa dépendance plus de cent quarante monastères (1).

La fondation de Saint-Michel semble avoir été le premier
lien qui unit la famille des Montboissier et la famille de
Saint-Benoît. Celle-ci reçut plus tard les bienfaits du petit-
fils de Descousut, Pierre-Maurice, le père de notre abbé,
homme de grande piété, adonné aux œuvres charitables et
aux lointains pèlerinages, qui alla en Terre-Sainte et avait
projeté, dans ses derniers jours, de prendre l'habit religieux. Sans doute il eût fait profession au monastère de
Sauxillange, prieuré considérable de l'ordre de Cluny, tout

(1) Ann. Bened., t. III, p. 580, 712.

proche du château de Montboissier, où il fut peut-être
élevé, où on l'inhuma, et qu'il aimait, de son vivant, à
visiter et à protéger (1). Aussi sa mémoire fut-elle en
grande vénération chez les bénédictins. Elle a été célébrée,
avec une émotion sincère, mais en termes d'une empha-
tique vulgarité, par le panégyriste de son fils, le moine
Pierre de Poitiers : « Il était la lumière, l'honneur de sa
patrie, cet illustre Maurice, dont notre Aquitaine pleure
encore le trépas et qui aurait entraîné avec lui dans le tombeau la gloire et la puissance de sa nation, s'il n'avait laissé
cette noble famille, en qui reluit, sans altération, l'éclat de
la vertu paternelle (2). »

Dieu avait donné à Pierre-Maurice une compagne en tout
point digne de lui. Ses exemples et ses leçons durent être
pour ses enfants, dès le premier éveil de leur cœur et
de leur raison, comme autant de semences de vertu.
Raingarde vécut en sainte dans le siècle, et changea
d'habit plutôt que de mœurs, le jour où elle se résolut à
finir sa vie sous le voile de religieuse. On ignore de quelle
famille, de quel pays même elle tirait son origine : quelle
ait pris naissance en Auvergne (3) ou en Bourgogne (4),

(1) Petri Ven. Ep. II, 17, éd. Migne, t. CLXXXI, col. 215;
Cartulaire de Sauxillange, cité par M. Pignot, *Hist. de l'ordre de
Cluny*, t. III, p. 52.

(2) Petri Pictav. panegyricus, ap. Migne, t. CLXXXIX, col. 55.

(3) M. Pignot (*Hist. de l'ordre de Cluny*, t. III, p. 607) remarque
que le nom de Raingarde, très-commun en Auvergne, est à peu
près inconnu en Bourgogne.

(4) On s'est appuyé sur une allégation de dom Georges Burin
pour l'appeler Raingarde de Semur et lui donner pour père
Geoffroy II de Semur, fondateur du couvent de Marcigny, où elle
mourut. (Cucherat, *Cluny au XIᵉ siècle*, p. 71). Mais le peu d'auto-

il est à croire qu'elle ne le cédait pas en noblesse à son
mari. Ce qui est certain, c'est qu'elle le dépassa dans la
voie de la perfection évangélique. Entre tous ses fils,
Pierre avait la plus grande part à sa tendresse, et mieux
que les autres, il avait pu lire dans son âme, car elle n'eut
pas pour lui de secret (1). Heureusement pour nous, il
leur a confié tout ce qu'il savait de ses rares et fortes
vertus ; il l'a fait revivre elle-même, dans une lettre qu'il
leur adresse pour la pleurer avec eux, et afin, dit-il,
d'échapper au reproche de leur envier une connaissance
aussi utile, et de s'arroger à lui seul ce que la charité, ce
que la nature ordonne à des frères de mettre en commun (2).
Alors qu'elle vivait au milieu des vanités du monde, liée
au sort d'un époux, elle soupirait comme un captif après
la délivrance, comme un exilé après la patrie, et versait
devant Dieu, à la pensée des chaînes qui la retenaient, des
larmes ignorées des hommes. Aussi toutes les fois qu'un
citoyen de cette cité, objet de ses impatients désirs, venait
à se présenter, elle se jetait à ses genoux, le recueillait
dans sa demeure, et oubliant les soucis domestiques et les
exigences du monde, elle n'existait plus que pour lui
témoigner son zèle et son affection. Les moines, les ermites,
tous ceux qui étaient en réputation de piété, s'ils passaient
sur ses terres, devaient, de gré ou de force, devenir ses
hôtes, et tout un jour au moins, l'entretenir de Dieu, satisfaire à ses questions, entendre ses plaintes mêlées de

rité de dom Burin doit nous mettre en garde contre ses asser-
tions, lorsqu'elles ne sont confirmées par aucun autre témoignage.
(Pignot, loc cit.)

(1) Petri Venerab. Ep, II, 17, col. 223.
(2) Ibid., col. 212.

gémissements sur la loi du mariage, qui la rendait esclave du siècle, l'engageait dans mille tracas extérieurs, aux dépens de son âme qu'elle négligeait, la forçait à vivre tout entière dans le présent et à mettre l'avenir en oubli, la condamnait, en un mot, à amasser pour le jour du jugement des trésors de colère (1). La visite de Robert d'Arbrissel, qui séjourna quelque temps au château de Montboissier n'était point faite pour tempérer l'exaltation religieuse de Raingarde, ni pour la réconcilier avec les les obligations de la vie conjugale. Lorsque le saint homme parut, à l'aspect de sa mise étrange, de sa longue barbe et de ses pieds nus (2), la châtelaine sans doute ne fut pas choquée. Elle dut le comprendre tout de suite, et subir plus que personne l'incroyable ascendant de ce hardi prédicateur, dont l'autorité tenait en grande partie à son mépris des usages reçus, à l'audace avec laquelle il bravait l'opinion, jusque-là qu'il allait recruter des novices dans les mauvais lieux (3) et que des évêques se crurent forcés de le rappeler à la prudence (4). La foule suit les caractères excessifs et tout d'une pièce, de préférence aux esprits mesurés et circonspects. Ce n'est pas à dire que Raingarde, en écoutant Robert, obéit en aveugle à un pouvoir dont elle ne se rendait pas compte ; mais il y avait plus d'un rapport et comme une harmonie préétablie entre ce moine singulier et cette épouse, cette mère de famille, à qui les convenances et les devoirs de son état pesèrent tou-

(1) Ibid., col. 212, 213.
(2) Fleury, t. XIV, p. 93.
(3) Bayle, art. Fontevrault.
(4) Fleury, loc. cit.

jours comme une chaîne, et qui était moins destinée au foyer domestique qu'au cloître ou au désert. On devine le sujet de leurs entretiens. Ils convinrent ensemble, à l'insu de Pierre-Maurice, que, dès qu'elle serait libre par la mort ou par le consentement de celui-ci, elle se ferait religieuse et se rendrait à Fontevrault. Mais voici qu'au bout de quelques jours, elle ne peut plus porter son secret ; elle va trouver son mari, lui révèle tout, lui ouvre son cœur, et lui représentant avec force les horreurs de la damnation éternelle, l'anime au désir des joies du ciel, lui prêche le mépris des illusions du monde, et le conjure de s'y dérober au plus vite. Enfin elle le persuade et l'amène à un accord, en vertu duquel ils quitteront ensemble le siècle si Dieu les fait vivre au-delà d'un terme fixé, ou si l'un meurt avant l'autre, le survivant accomplira aussitôt son vœu (1).

À voir avec quelle facilité Raingarde convertit son époux à ses vues, on devine qu'elle était secondée par les religieuses dispositions du comte : on se rappelle involontairement aussi la vie monotone et un peu vide qu'on menait alors dans les châteaux. Les robustes barons du onzième et du douzième siècle étaient vite rassasiés des joies de la famille. Dans l'intervalle des guerres, le silence de leurs manoirs ne tardait pas à leur être à charge : les uns jetaient alors un regard d'envie sur le monastère voisin ; les autres, moins enclins à la dévotion, soupiraient après les lointaines aventures ou cherchaient dans les exercices violents de la chasse une compensation et une image des combats qui ne se livraient plus. Le duc

(1) Petri Ven. Ep. II, 17, col. 215.

Begon, l'un des héros de la chanson de *Garin le Loherain*, « était un jour à son château de Belin, il a près de
lui sa femme, la belle Béatrix, souriant à ses caresses ;
ses deux fils, tout jeunes encore, qui jouent avec d'autres
enfants. Le duc Begon les regarde et soupire ; Béatrix lui
dit : « Riche duc, pourquoi êtes-vous triste ? Vous avez de
l'or et des fourrures dans vos coffres, des faucons sur les
perches, des palefrois, des mulets, des roussins, et vous
avez battu vos ennemis. Tous vos vassaux sont prêts
à marcher pour vous servir. » Le duc répond : « Dame,
vous avez dit la vérité, excepté sur un point : ni l'or ni
les fourrures, ni les palefrois ne font la richesse ; ce sont
les parents et les amis. Le cœur d'un homme vaut tout
l'or d'un pays. Rappelez-vous le jour où, venant de vous
épouser, nous fûmes attaqués dans les landes. Sans mes
amis, malheur nous serait advenu. Pépin m'a confié la
garde de cette frontière, où je vis loin de mes proches.
Voilà sept ans que je n'ai vu mon frère, le Loherain Garin ;
j'en suis triste et malade. Je veux m'en aller vers lui ;
d'ailleurs on m'a dit que dans les bois de la Puelle gisait
un sanglier si beau, que personne n'en a vu de semblable ;
je le chasserai, je porterai sa tête à Garin. — Que dites-
vous là ! s'écrie Béatrix ; le bois de la Puelle est dans la
marche de Fromont-le-Puissant, auquel vous avez tué bien
des amis. N'allez pas à cette chasse ; le cœur me dit que
vous n'en reviendrez pas (1). »

En attendant que le temps fût venu d'exécuter leur pieux
dessein, Maurice et Raingarde semblaient commencer à

____

(1) Leroux de Lincy, *Vie privée dans les châteaux*, fol. VIII, dans
le *Moyen-âge et la Renaissance*.

Montboissier l'apprentissage de leur future profession. Avec une mère si fervente, et un père qui n'interrompait ses oraisons que pour faire l'aumône et ne s'éloignait de son château, où il exerçait l'hospitalité la plus large à l'égard de tous, sans acception de personnes et de rangs, que pour aller, chaque année, visiter les tombeaux des saints (1), il n'est pas étonnant que Pierre et quatre de ses frères se soient consacrés à Dieu (2). La maison paternelle avait été leur premier noviciat. Des trois autres, l'un, Othon, mourut fort jeune, sans doute avant d'avoir pu prendre parti entre le monde et l'Eglise (3) ; et il n'est pas sûr que le second, Hugues, après avoir eu deux filles, Marguerite et Poncie (4), n'ait point, à l'imitation de sa mère, terminé ses jours sous le froc. Dans une lettre à ses nièces, toutes deux religieuses à Marcigny, Pierre-le-Vénérable, voulant les fortifier dans la pratique des vertus de leur état, leur propose en exemple la foi de leur aïeule et de leur père (5). Restait Eustache, lequel, quoique laïque, n'avait pas dégénéré de la piété de ses ancêtres. « Je n'ai plus d'autre frère que vous dans le siècle, lui écrit l'abbé de Cluny ;... vous êtes l'unique espoir de notre race : je le dis d'autant plus volontiers que vous n'avez pas moins de zèle pour la

(1) Petri Ven. Ep. II, 17, col 215.

(2) *Ibid.*, 1. 16, p. 85 ; III, 4, p. 282, IV. 5, p. 306 — Cf. Radulph., col. 28 ; Bibl. clun., p. 589 ; Gall. christ., t. IV, col. 1137.

(3) Petri Pictav. Paneg., col. 55.

(4) *L'Histoire littéraire* (t. XIII, p. 254) commet une erreur évidente en disant qu'elles « étaient peut-être filles d'Eustache ». Pierre le Vénérable dit positivement (Ep. VI, 39, col. 457) qu'elles avaient pour père son frère Hugues.

(5) Petri Ven. Ep. VI, 39, col. 457.

cause de Dieu, que de vaillance et de sagesse dans les affaires de ce monde (1). »

La piété, on le voit, faisait partie du patrimoine de cette famille. C'était, chez ces huit frères, même ferveur, même vertu, même empressement à reproduire les exemples de leur père ; et cependant Pierre les éclipsait tous et brillait parmi les siens comme Lucifer éclate au milieu des astres (2). — On a reconnu le style et la pensée facilement hyperboliques de Pierre de Poitiers. Mais l'histoire, cette fois, lui a donné raison. Elle a conservé le nom de l'abbé de Cluny, tandis qu'elle laissait tomber dans l'oubli celui de ses frères, parmi lesquels on compte pourtant de hauts dignitaires ecclésiastiques, un abbé de Vézelay, un abbé de la Chaise-Dieu, un archevêque de Lyon. Mais aucun d'eux n'a eu, de son temps, l'influence de Pierre ; aucun n'a même approché de la réputation de savoir et de sainteté, qu'il semble s'être acquise dès l'enfance, car, tout jeune encore, il voit venir à lui les distinctions, les honneurs du cloître.

Il avait à peine atteint l'âge de raison, ses parents, sous l'empire de la prédiction de saint Hugues et sur son avis, le mirent au couvent de Sauxillange. Il y fut admis, en qualité d'oblat ; il y fut élevé sous la discipline monacale (3). Il n'eut donc pas le temps de connaître d'autres mœurs, d'autres sentiments que ceux d'un religieux bénédictin. En le voyant passer, on se souvenait, j'imagine, de cette autre gloire de l'Eglise à cette époque, de Bernard de Tiron, que

(1) Ib. VI, 14, col. 416, 418.
(2) Petri Pictav. Paneg., col. 56.
(3) Bibl. clun., p. 589 ; Radulph., col. 17.

ses camarades, alors qu'il était écolier, avaient surnommé le moine (1). Aussi, dès l'âge de seize ou dix-sept ans, Pierre faisait profession, et recevait l'habit des mains de l'abbé Hugues, qui allait bientôt mourir (2), emportant la joie d'avoir vu sa prophétie s'accomplir, et le pressentiment que le jeune homme qu'il avait tant contribué à donner à Dieu et à Cluny, serait la lumière de son ordre et de de l'Eglise.

En effet, tout en s'exerçant aux observances de la règle bénédictine, notre novice n'avait pas négligé de s'instruire dans les lettres divines et humaines. Il avait parcouru, avec quel succès, nous le verrons bientôt, le double cercle de connaissances, où se résumait le savoir du moyen-âge, et que, d'après le nombre des facultés, groupées de part et d'autre, on appelait le *Trivium* et le *Quadrivium*. Ses progrès dans ces diverses branches d'études, Pierre de Poitiers n'a pas manqué de les constater en un distique, qui peut passer pour un programme complet de l'enseignement d'alors, et qu'on rangerait volontiers parmi ces vers techniques, laborieusement alignés pour définir l'objet ou énumérer les prescriptions d'un art, avec toute la précision, toute la brièveté possible, sans nul souci d'ailleurs de l'élégance et de la poésie : « Il est musicien, astrologue, arithméticien, géomètre — voilà pour le *quadrivium* ; — il est grammairien, rhéteur, dialecticien — voilà pour le *trivium*. »

(1) Fleury, t. XIV, p. 16.
(2) Bibl. clun., loc. cit.

Musicus, astrilogus (1), arithmeticus, geometra,
Grammaticus, rhetor et dialecticus est (2).

Est-il besoin de le dire? l'intarissable admiration du pieux disciple ne s'est point bornée à cette sèche nomenclature; et pour s'exprimer au juste, pour nous donner l'idée de tant de savoir, d'un pareil talent, elle va demander des termes de comparaison aux plus grands souvenirs de l'antiquité profane et sacrée : « Prosateur, c'est un nouveau Cicéron; poëte, un nouveau Virgile. Il argumente comme Aristote et comme Socrate. Veut-on le mettre en parallèle avec les sacrés interprètes de la religion : il égale les premiers, et surpasse de beaucoup les seconds. A peine Augustin discerne-t-il d'un œil plus pénétrant nos saints mystères; à peine Jérôme trouverait-il encore à lui enseigner quelque chose. Il ne pâlirait pas auprès de Grégoire, à la brillante et douce parole, ni auprès d'Ambroise, si éloquent (3). »

Fallût-il rabattre beaucoup de ces naïfs éloges, il n'en est pas moins remarquable que le jeune oblat soit loué pour son goût, pour son culte des lettres classiques, non moins que pour le zèle qu'il mettait à étudier les Pères de l'Église. Il était de règle, en effet, dans les monastères de l'observance de Cluny, qu'on menât de front l'étude de la littérature chrétienne et la lecture des auteurs païens. Ce n'est pas que plus d'un grave personnage, parmi les chefs

(1) Forgé probablement avec la première moitié d'*astriloquus*, qui se trouve dans Martianus Capella, et la seconde d'*astrologus*. Nous renonçons d'ailleurs à scander ce vers.
(2) Petri Pictav. Paneg., col. 48.
(3) Ibid.

et les législateurs de l'Ordre, ne se soit pris quelquefois de scrupule à la pensée des dangers que pourraient offrir les fictions des poëtes ou leurs peintures des passions du cœur. Une nuit, pendant son sommeil, saint Odon, vit un beau vase antique, d'une rare élégance de forme, mais au-dedans tout rempli de serpents qui, se jetant sur lui, l'enlacèrent de leurs replis, sans toutefois le mordre encore. A son réveil, il comprit que les serpents, c'était la doctrine des poëtes, et le vase où ils se cachaient, le livre de Virgile, qu'en ce moment même, il s'apprêtait à lire (1). Mais deux siècles plus tard, Virgile était encore aux mains des bénédictins de Cluny. Dans le dialogue d'un Cluniste et d'un Cistercien, œuvre piquante d'un disciple de saint Bernard, transfuge de l'Ordre de Cluny, la discussion suivante s'engage entre les deux moines rivaux sur ce sujet des lettres humaines.

LE CISTERCIEN.

« A vos paroles, à vos citations des poëtes, je reconnais un Cluniste, car vous prenez, vous et vos confrères, tant de plaisir aux mensonges des poëtes, que vous les lisez, que vous les étudiez, vous les enseignez aux heures mêmes que saint Benoît a formellement réservées pour la lecture de la Bible et le travail des mains. »

LE CLUNISTE.

« Si nous lisons les livres des païens, c'est afin de nous

(1) S. Odonis Vita, a Joanne monacho, ap. Migne, t. CXXXIII, col. 49.

perfectionner dans leur langue et par là de nous mettre en état de mieux comprendre les saintes Écritures ; car dans notre ordre, vous le savez bien, la lecture des saints Livres et l'oraison se succèdent sans interruption. De la lecture on passe à l'oraison ; de l'oraison on retourne à la lecture ; et de même que votre ordre est actif et qu'il s'est choisi, à bon droit, la part laborieuse de Marthe, ainsi le nôtre est contemplatif et a préféré, à juste titre, le saint repos de Marie ; et comme celle-ci, au témoignage de Jésus-Christ, a pris la meilleure part, je ne doute point que notre ordre ne vaille mieux que le vôtre (1). »

Cet argument du Cluniste, qui voit dans l'explication des écrivains profanes, une utile introduction à des études plus en rapport avec la vocation religieuse, un contemporain, Pierre de Blois, l'a présenté aussi, mais sous cette forme subtilement pédantesque, où se complaisait sa plume : « Pour tirer Jérémie de la basse-fosse où on l'avait jeté, écrit-il dans une de ses lettres, les cordes n'ont pas suffi, il a fallu de vieux lambeaux d'étoffes usées, qui en adoucissent le contact. Ainsi pour vous élever des ténèbres de l'ignorance à la lumière de la science, vous avez besoin de lire assidûment les écrits des anciens (2). »

A cette libérale école, sous cette discipline sage et éclairée, Pierre de Montboissier profita si bien, qu'on a pu dire de lui, qu'il avait été nommé Vénérable « pour sa connaissance éminente des sciences divines et humaines, jointe à l'insigne intégrité de sa vie (3). » N'allons pas toutefois

---

(1) Martène, *Thes. nov. anecdot.*, t. V, col. 1573.
(2) Pierre de Blois, Ep. 101, Bibl. max, PP. t. 24, p. 1049.
(3) « Cognomento Venerabilis ob eximiam divinarum et huma-

nous le figurer comme un humaniste accompli, comme un de ces rares esprits — il y en a eu dans l'Eglise — épris tout ensemble de la beauté antique et des grandeurs du christianisme, unissant à la piété la plus vive, l'intelligence la plus fine des chefs-d'œuvre païens. On a pu le comparer à Fénelon pour la noblesse et l'aménité de son caractère, pour l'onction et la pureté de sa vertu (1). Il n'avait pas ce sentiment exquis de l'art ancien, qui faisait que l'immortel auteur du *Télémaque* et des *Dialogues* savait goûter et si bien définir « l'aimable simplicité du monde naissant. » Mais qui donc l'avait de son temps ? il n'était pas commun même au dix-septième siècle (2). Au douzième, on n'avait pas appris à recueillir, sous la lettre des orateurs et des poëtes, l'esprit et comme le parfum de la belle antiquité. Comment s'en seraient-ils pénétrés, ces grammairiens, ces philosophes, qui défiguraient à plaisir, qui torturaient les textes, pour y transporter leurs pensées, leurs croyances ? Le professeur de littérature et de grammaire le plus renommé de l'époque, Bernard de Chartres, ne voit dans l'*Enéide* qu'une longue allégorie morale (3). Enée, c'est l'emblème

narum scientiarum cognitionem cum insigni vitæ probitate conjunctam. » Gall. christ., t. IV, col. 1137.

(1) M. de Rémusat, *Abélard*, t. Iᵉʳ, p. 250.

(2) Boileau l'avait-il, lorsqu'il croyait imiter Pindare dans l'ode sur la prise de Namur ? Je ne parle pas de Lamotte, à qui cependant Fénelon adresse le mot charmant que nous venons de rappeler.

(3) *Commentum Bernardi Sylvestris super sex libros Æneidos,* manuscrit, à la Bibl. nat., fonds de Sorbonne, 526 A. — Nous en avons publié les passages les plus importants dans notre thèse latine pour le doctorat ès-lettres. *De Bernardo Carnotensi, grammatico professore et interprete Virgilii.*

de l'âme, enfermée dans sa prison de chair. *Æneas*, en effet, vient de deux mots grecs : *Ennos* (Ἔνναιος) et *demas* (δέμας), qui signifient, *habitant du corps*. Les six premiers livres du poëme répondent aux six âges de la vie humaine ; l'âme sous la figure d'Enée, les traverse tour à tour. Dans le premier, le héros troyen aborde au rivage carthaginois, comme l'âme aborde au rivage de la vie ; dans le second, il raconte à Didon ses malheurs, avec la prolixité d'un enfant qui s'éveille à la pensée et commence à user de la parole ; dans le troisième, il assiste à l'incendie de Troie, image des passions dévorantes de la jeunesse ; et ainsi de suite, jusqu'au sixième livre, où Enée, devenu homme, après s'être exercé, dans les quatre jeux célébrés en Sicile, aux quatre vertus de tempérance, de courage, de prudence et de justice, doit choisir entre les divers chemins qui descendent aux enfers et, sur les pas d'Orphée et d'Hercule, s'engage dans celui de la vertu, qui va le conduire à la sagesse, en attendant l'immortalité. Singulier commentaire, qui faisait loi dans les écoles du temps ! Jean de Salisbury, un délicat pourtant, un homme d'une immense lecture et d'une vaste érudition, voit, lui aussi, dans Virgile un moraliste qui, sous le voile de ses fictions, nous offre la somme complète de la philosophie (1) ; et il adopte, il reproduit, en son nom, toutes les rêveries de Bernard (2). J'estime que Pierre-le-Vénérable n'eût pas fait difficulté d'y souscrire, lui qui, dans Horace, admire surtout « un sage (3). »

(1) Salisbury, *Policraticus*, VI, 22 ; éd. Giles, vol. IV, p. 56.
(2) Ibid., VIII, 24, p. 371.
(3) Ep. II, 44, col. 267.

Mais il faisait grand cas des ouvrages des anciens. Il tenait en cela de son siècle, qui les citait, qui les imitait partout, jusque dans les chansons des Gestes (1), et qui prétendait rattacher l'origine des peuples modernes aux Romains, aux Troyens, aux dieux mêmes de l'Olympe (2). C'était mériter d'avance toute l'estime, toute l'affection de Pierre, que de se montrer également instruit dans les choses de la religion et dans les choses de l'antiquité. Il n'avait pas encore vu Bernard de Clairvaux, et déjà il l'aimait : pourquoi? il va le lui dire, au risque de contrister l'austère abbé, si mortifié dans tous ses goûts, qu'il se reprochait sans doute, comme un acte de sensualité, le plaisir qu'il avait pu prendre aux œuvres du génie humain : « Je savais à quel point votre érudition profane et, ce qui est de beaucoup plus utile, votre connaissance des lettres divines avaient rendu votre esprit solide et brillant; je savais que, sorti de l'Egypte, vous étiez tout chargé des dépouilles des Egyptiens et des richesses des Hébreux, que, dans votre opulence, vous pouviez venir au secours de la

(1) Homère et Virgile sont nommés dans la *Chanson de Roland*, ch. IV; et l'on sait que les souvenirs de l'antiquité, bien dénaturés à la vérité, ont présidé à la formation de tout un cycle épique au moyen-âge, le cycle de Rome ou d'Alexandre.

(2) Frédégaire, au VIIe siècle, dit que les Francks eurent pour premier chef Francion, fils de Priam; Nennius, moine armoricain du IXe siècle, donne pour premier roi aux Bretons, Brutus ou Brito, petit-fils d'Enée, et descendant de Caïn, par Jupiter : « Brito, filius Silvii, filii Ascanii, filii Æneæ, filii Anchisæ, filii Assaraci, filii Tros, filii Dardani, filii Jovis de genere Caïn. » Etienne Pasquier, au XVIe siècle, est un des premiers qui aient osé mettre en doute nos origines troyennes : « Quant à moi, ditil, je n'ose ni bonnement contrevenir à cette opinion, ni semblablement y consentir librement. » (*Recherches de la France*, I, 14.)

pauvreté d'autrui et, sur les questions épineuses, rendre une sentence infaillible (1). » C'est presque son propre éloge que Pierre a tracé en louant saint Bernard. Lui-même, à tout moment, il se pare des dépouilles de l'Egyptien, et les mêle aux richesses de l'Hébreu ; volontiers sur un point de morale, sur l'amitié par exemple, il fortifiera l'opinion d'un Père de l'Eglise par le sentiment d'un auteur païen ; il citera Cicéron à l'appui de saint Grégoire (2). Aussi lorsqu'il écrit au patriarche de Constantinople qu'il voudrait voler vers lui, qu'il se voit déjà en esprit dans cette merveilleuse cité, au milieu de ces admirables édifices, au milieu surtout de ces apôtres, de ces évêques, de ces martyrs, dont les ossements, apportés de toutes les parties du monde, reposent là comme dans le cimetière de la chrétienté (3), on ne peut s'empêcher de songer au voisinage de la Grèce, de croire que ce beau ciel, que les souvenirs de cette terre fameuse l'appelaient aussi ; et on se souvient, cette fois, de Fénelon, alliant, dans ses rêves d'apôtre, le profane avec le sacré, et désirant de ramener « la Grèce entière à la religion, à la philosophie et aux beaux-arts, qui la regardent comme leur patrie. »

Par la culture et la vivacité de son esprit, non moins que par l'exemplaire régularité de sa vie, Pierre avait de bonne heure attiré l'attention de ses supérieurs. L'un des premiers actes de l'abbé Pons de Melgueil, successeur de saint Hugues, fut de l'élever, malgré sa grande jeunesse, à la double charge de docteur des anciens et de gardien de

(1) Petri Vener. Ep. I, 28, col. 112.
(2) Id. Ep. II, 45, col. 268.
(3) Id. Ep. II, 40. col. 262.

l'Ordre (1), dans le monastère de Vézelay. Le seul titre de docteur des anciens indique assez les fonctions qui s'y trouvaient attachées, et le cas que l'on faisait de l'érudition du jeune profès, jugé digne d'instruire ceux qui, peut-être, le devançaient par l'âge. Quant au gardien de l'Ordre, appelé aussi prieur claustral, il était comme le vicaire et le substitut du grand-prieur, le remplaçait en son absence et, en tout temps, veillait au maintien de la discipline du couvent (2). Dix années,durant, Pierre s'acquitta de ces emplois, avec le zèle le plus édifiant. Les fruits de son enseignement furent des plus abondants : son biographe compare sa parole douce et grave à une rosée, qui féconda la terre de Vézelay (3). Lui-même ne pouvait plus tard sans attendrissement revenir sur cette époque de son existence religieuse, où il vivait côte à côte avec un de ses frères, Pons, le futur abbé de Vézelay, dont le nom sera lié à l'une des plus célèbres révolutions communales du siècle. Bien des années après, il lui écrivait : « Cette cohabitation de près de dix ans, vous en souvenez-vous encore? Moi, je ne l'ai pas oublié, ce temps marqué par tant de pieux colloques, où l'on s'exhortait au mépris des choses présentes et au désir des biens éternels. Et cette ardente charité, qui nous rendaient tout de feu l'un pour l'autre ! au commencement, le seul mouvement de la nature m'avait porté vers vous ; je ne vous aimais plus à la fin qu'en Dieu et à cause de Dieu. Au milieu de mes troubles, lorsque la tentation

(1) Radulph., col 17. — *Bibl. clun.*, p. 589.
(2) *Consuetudines Cluniacensis monasterii, collectore S. Uldarico,* ap. d'Acheri, *Spicil.*, t. IV, p. 173.
(3) Radulph., loc. cit.

venait à gronder comme les flots de la mer, vous étiez l'abri, le port où je trouvais repos et sécurité. Avec quelle joie je vous entendais m'annoncer la cessation de mes tourments et la fuite de l'ennemi ; avec quelle patience, de votre côté, vous écoutiez mes plaintes, l'aveu de mes misères, les cris que je poussais vers le ciel, en demandant à Dieu de m'épargner (1). »

A voir une âme si tendre, si ouverte aux affections de la famille, et qui ne trouvait dans l'esprit de sa vocation qu'un moyen de les épurer sans les affaiblir, on devine aisément l'émotion qu'il dut ressentir, lorsque, dans le temps même de son séjour à l'abbaye de Vézelay, il reçut la nouvelle que son père était à la mort et demandait à le voir une dernière fois. Il nous a dépeint lui-même les derniers moments de ce ferme chrétien, et l'attitude saintement héroïque de Raingarde qui, vivant déjà par la pensée, par le désir, dans le cloître auquel elle s'était vouée, sut cependant montrer, en assistant le moribond, que la vraie piété trempe fortement le cœur, mais ne le dessèche pas. On la voyait, assise à côté du lit, d'où elle ne s'éloignait plus, s'oubliant elle-même, et ne songeant à rien, qu'au salut de son époux. Elle s'employait, de toute l'énergie de son âme, à le procurer ; et de peur qu'il ne fût un instant distrait de ce grand objet, elle voulut le décharger de toute autre préoccupation ; en sa présence, elle dicta le testament, mit ordre aux affaires en litige, institua les héritiers, fit le partage des châteaux, et ne laissa pas le plus petit détail sans y avoir pourvu. Cela fait, continue Pierre-le-Véné-

______

(1) Petri Ven. Ep. I, 16, col. 85.

rable, je l'entendis l'exhorter, comme du haut de la chaire ; le presser de scruter sa conscience, de confesser tous ses péchés, de faire des largesses aux pauvres, aux monastères, de redouter le terrible jugement de Dieu, et de se confier aussi en sa miséricorde. Tout retentissait, à l'entour, de cris, de plaintes, de lamentations ; ces huit enfants qui formaient une couronne autour de leur vieux père, les serviteurs de la maison, les nobles du voisinage, tout le monde fondait en larmes ; seule, les yeux secs malgré sa profonde douleur, elle ne se départit pas de son inflexible constance. Enfin lorsqu'après avoir rempli tous ses devoirs et reçu le corps du Christ, il eut rendu le dernier soupir, elle le fit revêtir de la coule monacale, qu'il n'avait pu porter de son vivant, et la première derrière les restes de son mari, en tête du cortége des amis et de tout le peuple, elle le conduisit à Sauxillange, et pria les moines de l'inhumer dans leur cimetière, comme l'un des leurs. Puis, elle se mit à parcourir la province, à visiter les églises, les couvents, à distribuer d'abondantes aumônes aux pauvres, à prier pour lui, à prier pour elle-même, demandant à Dieu la rémission des péchés du défunt, et la conversion de celle qui survivait. Cependant les amis les plus influents de sa famille l'engageaient à se remarier ; elle pouvait espérer un brillant parti, et ajouter par là aux richesses, à la puissance de sa maison : « Oui, leur répondait-elle, je ferai ce que vous me conseillez, et le plus tôt possible ; je ne tarderai guère à me donner à un nouvel époux. » La voici enfin à la veille d'accomplir son dessein. La nuit qui précéda le dernier jour qu'elle devait passer dans le monde, elle se rend sur la tombe de Pierre-Maurice, à l'insu de tous

les siens, en compagnie d'un seul moine, à qui elle s'était
ouverte de son secret; elle se jette à genoux, donne alors
un libre cours à sa douleur, et arrose la terre de ses larmes ;
la plus grande partie de la nuit était déjà écoulée, elle pleurait encore; elle voulut ensuite se confesser, repasser toute
sa vie, redire tous ses péchés, ceux aussi de son époux,
qui semblait s'accuser par sa bouche et se repentir en sa
personne. De retour à Montboissier, elle annonce l'intention
d'aller en pèlerinage à Cluny. Elle part, avec une escorte
convenable à son rang. Arrivée dans la célèbre abbaye, elle
y fait ses dévotions, elle y laisse des offrandes, à la fois
dignes de sa haute naissance et de sa grande piété, puis
reprend en toute hâte, le chemin de son pays ; mais
une fois à Marcigny, elle s'arrête : c'est là qu'elle
avait résolu de dire adieu au monde. Elle avait renoncé à
Fontevrault, depuis que Robert d'Arbrissel n'était plus, et
d'ailleurs elle préférait la règle de Marcigny, plus sévère
à l'endroit de la clôture et qui défendait à toute religieuse
entrée dans le couvent, d'en repasser jamais le seuil. Rien
n'ayant transpiré de sa détermination, personne à Marcigny, ne s'attendait à sa venue. Toutefois un événement
merveilleux, arrivé peu auparavant, fut commenté dans la
suite comme un présage de son entrée en religion. Il y
avait alors au monastère un saint homme, le moine Gérard
qui, souvent dans ses prières, demandait à Dieu de visiter
la maison qui lui était consacrée, et de pourvoir à tous les
besoins de ses servantes. Or, un jour qu'il était à l'autel,
célébrant la messe, il entendit une voix qui descendait du
ciel et lui disait : « Tu es exaucé, tu en auras bientôt la
preuve. » Le soir même, quand il se fut endormi, une

colombe lui apparut en songe, d'une blancheur éclatante et d'une beauté singulière, qui voltigeait au-dessus de sa tête, à l'entour de son lit, et s'approchant familièrement, semblait l'inviter à la prendre. Il s'en saisit et la porte à Hugues, le prieur des sœurs. Celui-ci la reçoit avec joie, lui brise les ailes, de peur qu'elle ne s'échappe, et l'enferme dans une cage de bois. Ces précautions étaient-elles bien nécessaires? on en peut douter : c'est, à coup sûr, de bonne grâce et de plein gré que Raingarde fit le sacrifice de sa liberté. Le jour qu'elle avait choisi pour mettre une infranchissable barrière entre elle et le monde, en présence de toutes les religieuses réunies, le prieur du couvent à leur tête, elle appela ses compagnons de voyage, qui ne prévoyaient guère ce qui allait se passer devant eux, puis elle leur fit ainsi ses adieux : « Assez longtemps, mes chers amis, nous avons vécu de la même vie dans ce siècle périssable. Nous voici de la sorte arrivés à la vieillesse. Tout ce qu'on peut voir, goûter, posséder ici-bas, nous l'avons connu. Richesses abondantes, nombreux parents, amis plus nombreux, noblesse de la naissance, bien-être et honneurs, est-il rien qui nous ait été refusé, rien que nous ayons encore à désirer? Nous avons reçu tout ce que la terre peut promettre, tout ce qu'elle peut donner. Mais voyez si tout cela nous peut suffire. Nous avons beaucoup vécu : n'est-ce point comme si nous n'avions existé qu'un instant? Toutes ces jouissances éprouvées, tous ces biens possédés, ils sont aujourd'hui comme s'ils n'avaient jamais été. Il nous faut donc chercher ailleurs, de quoi étancher notre soif. Nous savons trop combien le monde est infidèle à ses amis, combien il

trompe qui met en lui son espérance. Un exemple seulement, et je ne vais pas le prendre fort loin. Mon époux
qui a si bien mérité de vous tous, qui ne vous a épargné
ni les armes, ni les chevaux, ni l'argent, ni les terres,
vous ses fidèles, ses intimes, ses amis de cœur, comment
l'avez-vous payé de retour, depuis qu'il est mort? Qui avez
vous prié pour son salut éternel? Quel sanctuaire avez-
vous visité? Quel monastère avez-vous mis dans ses intérêts? Quelles aumônes avez-vous faites à son intention? » — Comme ils baissaient la tête, et avouaient qu'ils
n'avaient rien fait de tout cela : « Vous êtes mes juges, re-
prit-elle, et je m'en tiens à votre sentence. Je ne dois donc
pas attendre de vous ce que vous avez refusé à votre maître,
à votre ami. C'est à moi de prendre soin de moi-même,
sans me reposer sur autrui de l'affaire de mon salut. En un
mot, voici ma conclusion, car il est temps de tout vous
dire : vous voyez cette porte, elle va se refermer sur moi;
le monde, ce ciel ne me reverra plus; je ne quitterai plus
le cloître que je choisis pour mon tombeau. » A ces paroles,
ils ne se possèdent plus et, comme pris de démence dans
l'excès de leur douleur, ils menacent de démolir le couvent, si on l'y retient; enfin les voyant fondre en larmes,
elle leur dit : « Après la tempête, le calme, après la pluie,
la sérénité, à ces pleurs succéderont les rires et votre
gaieté ordinaire. Retournez donc aux occupations du siècle,
moi, je m'en vais à Dieu. » A peine a-t-elle achevé, qu'elle
se retire dans le cloître, entourée des sœurs; sa chevelure
est rasée, ses riches vêtements remplacés par l'habit des
novices, et, comme dans la vision de Gérard, la blanche
colombe se laisse enfermer, toute joyeuse de se voir as-

sociée à la vie, aux vertus de ces saintes femmes. C'est dans ce monastère de Marcigny qu'elle achèvera sa vie ; c'est là qu'avant de mourir, elle recevra souvent la visite de son fils bien-aimé, de Pierre-le-Vénérable, désireux de se retremper auprès d'elle dans le mépris des biens qui passent et dans l'amour des trésors invisibles, et qui croyait, en l'écoutant, que ce n'était pas une femme qui lui parlait, mais un évêque, tant il y avait de gravité, de sainteté dans ces discours, tant sa conversation était remplie du sel de la sagesse divine, et respirait comme le parfum du ciel (1).

Peu de temps après les événements que nous venons de rapporter, Pierre-le-Vénérable changeait lui-même de résidence. Il était appelé à gouverner le prieuré de Domène, au diocèse de Grenoble (2). Son passage y fut de courte durée — une seule charte de ce couvent porte son nom (3) — ; et cependant il en resta des traces profondes. On n'oublia pas les exemples qu'il y avait donnés par son assiduité à l'étude et son respect pour la discipline. Tout entier aux graves et pieuses méditations, le jeune prieur se préparait dès lors au grand rôle qu'il devait remplir un jour. Quand il parlait, on était sous le charme de cette éloquence abondante et harmonieuse. Mais ce qu'on louait particulièrement en lui, c'était son extérieur plein de grâce et de dignité (4). Aucun de ses biographes n'a négligé ce

(1) Petri Ven. Ep. II, 17, col. 215 et sq.
(2) Radulph., col. 17.
(3) *Cartul. S. Petri de Domina*, Lyon, 1859, p. 230, cité par M. Piguot, t. III, p. 61.
(4) Radulph., loc. cit.

trait de sa physionomie : « Il était, dit l'un d'eux, d'une taille imposante, et entre tous les hommes de son temps, on le remarquait pour la beauté de son visage, pour la noblesse de son attitude, image et expression de la parfaite ordonnance de son âme et de sa vie (1). » C'est que les qualités du corps étaient en grand honneur à Cluny : peu s'en faut qu'on n'y vît un signe de la vocation du ciel et le pronostic d'une haute destinée ; du moins, si l'on en croit les historiens des abbés les plus vénérés de l'Ordre, elles s'ajoutaient presque toujours en eux aux dons de l'âme. Lorsque saint Odilon rencontra pour la première fois saint Mayeul, il fut frappé de sa beauté non moins que de sa vertu, et désira aussitôt de se lier avec lui d'amitié. Odilon, d'ailleurs, ne le cédait pas en ce point à Mayeul. Un de ses disciples a écrit sa vie ; il nous le représente avec son admirable tête de moine, amaigrie par les jeûnes et d'une pâleur pleine de distinction sous sa couronne de cheveux blancs. Son port, son geste, sa démarche donnaient l'idée de l'autorité de son caractère, de l'élévation de son esprit, de la paix qui régnait dans son cœur. Ce n'est pas, dit le naïf écrivain, que nous ayons oublié le mot de saint Ambroise, et que nous fassions consister la vertu dans la beauté du corps ; mais nous ne refusons pas notre estime à la grâce (2). Ne reconnaît-on pas, à cette parole, un moine de Cluny, un membre de cette riche et somptueuse congrégation, qui mettait à si haut prix la belle architecture, les belles peintures, les beaux chants d'Eglise ? Par ses talents naturels ou acquis, par cet ensemble de

(1) Bibl. clun., p. 589.
(2) Jotsald, *S. Odilonis vita*, ap. Migne, t. CXLII, col. 889 et sq.

mérites solides et brillants, le prieur de Domène était, sans contredit, l'un des représentants les plus complets et les plus considérables de son ordre ; et il ne fallait plus qu'une occasion pour l'élever aux premières charges, pour le porter même à la tête de tous ses frères. Elle s'offrit plus tôt qu'on n'avait lieu de le supposer. L'abbé Hugues II mourut après trois mois de gouvernement ; il s'agissait de lui choisir un successeur, et Pierre se rendit à Cluny, pour prendre part à l'élection.

CHAPITRE II

PIERRE-LE-VÉNÉRABLE DEVIENT ABBÉ DE CLUNY; SITUATION DE
L'ORDRE; PREMIERS ACTES DE PIERRE. — SCHISME A CLUNY;
PILLAGE DE L'ABBAYE; FIN DU SCHISME.

Le Chapitre général de l'Ordre dut éprouver quelques
appréhensions et un sentiment très-vif de sa responsabilité,
lorsqu'il se trouva réuni pour procéder à un choix, toujours grave en lui-même, et que les circonstances rendaient
tout particulièrement délicat et difficile. Il y avait quatre
mois à peine, on avait vu un abbé de Cluny, cédant à
l'animosité qu'il avait provoquée autour de lui, aller de
dépit remettre son bâton pastoral aux mains du Pape et
abdiquer sa charge. Pons de Melgueil, homme d'une
haute naissance, doué de tous les avantages de la figure
et d'une grande distinction d'esprit, avait été élu, tout
jeune encore, pour succéder à saint Hugues. Ses commencements justifièrent les espérances qu'il avait fait
concevoir : on admirait sa prudence et sa modestie. Mais
bientôt son caractère vain et léger prit le dessus. Il est
vrai qu'il avait bien mérité de la Congrégation, par le zèle
et la vigueur qu'il avait mis à défendre ses prérogatives.
Au concile de Reims, en 1119, sur la plainte du primat
de Lyon, qui lui reprochait les dommages qu'il portait aux

églises et son indépendance à l'égard des évêques, tous les assistants, prélats, religieux et clercs, éclatèrent contre lui en insultes et en menaces : le tumulte était à son comble ; lui, attendant le silence, se leva et, dès qu'il put parler, réfuta l'accusation, d'une voix douce et tranquille, en quelques mots dont le calme et la brièveté faisaient mieux ressortir la hauteur : « L'Eglise de Cluny, dit-il, ne relève que de l'Eglise de Rome, elle appartient en propre au Pape, qui lui a conféré, dès son origine, des priviléges qu'on veut abolir et nous arracher par la violence. Apprenez donc tous, bienheureux Pères, ici présents, que moi et mes frères, nous prétendons conserver les droits dont le bienheureux Hugues et tous nos saints prédécesseurs nous ont transmis la garde... Et d'ailleurs à quoi bon m'embarrasser de ses soins? C'est affaire au seigneur pape de prendre sous sa protection et sous sa tutelle les églises, les dîmes et tous les biens qu'il m'a lui-même confiés (1)... Par malheur, il portait la même arrogance dans ses rapports avec ses religieux. Surtout, il ne pouvait souffrir les représentations de quelques-uns des plus sages et des plus anciens, touchant ses prodigalités, qui ruinaient le monastère, et ce grand train, qui le faisait prendre pour un général d'armée, quand on le voyait, dans ses tournées, mener après lui cent mulets chargés de ses bagages (2). Le mécontentement gagnait de proche en proche ; deux partis se formèrent, dont l'hostilité fut, pendant près de dix ans, inconnue au dehors. Mais le malaise prit, à la fin, de telles proportions, que le bruit s'en répandit au loin ;

(1) Orderic Vital, XII, 9, ap. Migne, col. 878.
(2) *Hist. de l'Egl. gall.*, t. VIII, p. 450.

arriva jusqu'à Rome et parvint aux oreilles du Souverain-Pontife. A la nouvelle des accusations dont il était l'objet, Pons, enflammé de colère, court en Italie et presse le Pape de l'affranchir de la charge pastorale. Callixte II, qui tenait alors le Saint-Siége, l'exhorta de tout son pouvoir à ne pas céder à un premier mouvement, où peut-être il entrait plus d'emportement que de réflexion ; mais, comme il le vit inébranlable, il reçut son abdication, puis, informant les religieux de Cluny de ce qui venait de se passer, leur enjoignit, en vertu de son autorité apostolique, de nommer un nouvel abbé (1). C'est alors qu'on avait jeté les yeux sur le vénérable Hugues, prieur de Marcigny, celui-là même qui avait admis à profession la mère de Pierre de Montboissier. Le saint vieillard ne garda que trois mois la dignité dont on l'avait investi malgré toutes ses résistances. Sur le tombeau de pierre qu'on lui éleva, dans la partie septentrionale de l'église, on lisait l'épitaphe suivante :

« Ci-gît Hugues II, abbé de Cluny, dont le père était de Besançon et la mère de Lyon, homme d'une religion éminente, qui, jusqu'à l'extrême vieillesse, vous servit avec amour, avec piété, avec un zèle toujours joyeux, ô souverain Créateur. Qu'il repose avec vous, heureux pour l'éternité (2). »

Il fallait le remplacer et lui donner un successeur, capable de resserrer les liens, trop longtemps relâchés, de la discipline et de ramener l'ordre dans le temporel du couvent ; capable aussi de résister, au besoin, aux entre-

(1) Petri Ven. *de Miraculis,* II, 12, col. 922.
(2) Orderic Vital, XII, 15, col. 894.

prises de Pons, dont l'humeur mobile donnait à craindre qu'il ne regrettât bientôt les honneurs qu'il avait quittés, et ne cherchât à s'appuyer, pour les reconquérir, sur les partisans qu'il avait conservés à l'intérieur et dans le voisinage de l'abbaye, les uns qui se souvenaient des complaisances de son gouvernement facile et peu scrupuleux, les autres qui avaient tant aimé l'affabilité de ses manières et ses largesses inépuisables (1).

L'an de l'Incarnation 1122, dans l'octave de l'Assomption de la sainte Vierge, des évêques, nombre d'abbés et tout un peuple de moines arrivèrent au chef-lieu de l'Ordre (2). C'était toujours un imposant spectacle que celui d'une élection abbatiale. Après les jeûnes prescrits par la règle, cette foule de religieux assemblés de toutes les provinces, prenait place dans la salle du chapitre, et se prosternait à terre. Le grand-prieur, qui présidait, entonnait les psaumes graduels (3); on chantait les sept premiers. Ensuite le prieur se levant, au milieu de la communauté toujours à genoux, récitait la prière suivante : « Nous voici, Esprit saint, nous voici, retenus dans les liens de nos péchés, mais réunis spécialement en votre nom; venez à nous, soyez avec nous et daignez descendre en nos cœurs; montrez-nous ce qu'il faut faire, la route qu'il faut suivre, le parti qu'il faut prendre, afin qu'avec votre secours nous puissions vous plaire en toutes choses. Soyez notre salut,

____

(1) Ibid., col. 895.
(2) Petri Ven. *de Miraculis*, II, 12, col. 923.
(3) On sait qu'on appelait ainsi les Psaumes que les Hébreux chantaient en montant les degrés du Temple. Ils sont au nombre de quinze, et vont du Ps. 119e au Ps. 134e.

notre inspiration, l'auteur de notre décision, vous qui, seul avec Dieu le Père et son Fils, êtes en possession de la vraie gloire. Ne permettez pas que nous trahissions la justice, vous qui chérissez la souveraine équité ; ne permettez pas que l'ignorance nous fasse dévier du droit chemin, que la faveur dicte notre choix, que nous nous laissions séduire à l'intérêt, que nous fassions acception de personne. Joignez-vous à nous, et qu'assistés de votre grâce, nous ne fassions qu'un avec vous, toujours fermes dans la voie de la vérité. Puissions-nous, rassemblés en votre nom, accomplir une œuvre toute de justice et de piété, afin qu'après avoir rendu, en ce jour, une sentence conforme à votre sainte volonté, nous soyons éternellement récompensés d'avoir bien agi. » A cette prière, tous répondaient : *Amen,* puis le prieur leur rappelait qu'ils étaient sous le regard de Dieu et que sa grâce ne pouvait leur faire défaut ; on recueillait enfin les voix (1). On n'avait pu encore, dans le chapitre de 1122, tomber d'accord ni reconnaître l'élu de Dieu, lorsque Pierre entra dans la salle. A sa vue, toute hésitation cessa ; évêques, abbés, prieurs, désunis l'instant d'auparavant, n'ont plus qu'un sentiment, qu'un vœu ; tous les suffrages se réunissent en faveur du prieur de Domène. Il n'y a qu'une voix pour le proclamer digne d'un tel honneur, lui à qui ne manque aucun mérite. N'est-il pas, disent-ils, de noble naissance, de mœurs éprouvées, d'une foi ardente, d'une religion sans tache, humble et doux, éminent en sagesse, zélé pour la discipline, adonné, dès l'âge le plus tendre, à tous les genres d'études ? On se

____

(1) Spicil., t. IV, p. 160.

lève, on l'entoure, on se saisit de lui (1), et après avoir récité l'antienne *Confirma hoc Deus*, au chant du psaume *Si vere utique*, on se rend processionnellement à l'église, on le mène au siége abbatial et tous les frères viennent, un à un, recevoir de lui le baiser de paix et le reconnaître pour leur seigneur et leur père. Il n'avait pas trente ans (2). L'archevêque de Besançon se trouvait là : on le pria de consacrer, sur l'heure même et sans attendre au lendemain, le nouvel élu (3). On retourne au chapitre. A trois reprises, l'archevêque adjure tous les assistants, de par l'autorité épiscopale, de ne point se taire s'ils connaissent quelque motif de tenir l'ordination pour illégitime et contraire à la volonté de Dieu. Personne ne s'étant levé, on confirme l'élection en présence du prélat. Puis on reprend le chemin de l'église, en chantant le même psaume que la première fois. L'abbé Pierre avait revêtu l'aube, l'étole et la chape; l'archevêque avait pris les mêmes ornements, ainsi que deux abbés qui conduisaient l'élu par la main. Arrivés devant l'autel, ils se prosternent tous quatre sur les tapis étendus dans le sanctuaire; on récite les litanies, le consécrateur procède ensuite à la bénédiction, suivant les rites en usage dans cette solennité. La cérémonie accomplie, toutes les voix, tous les cœurs entonnent le *Te Deum*, et aux accents graves et joyeux de l'hymne d'action de grâces, la communauté va, une seconde fois, donner l'accolade à son maître (4).

(1) Radulph., col. 18.
(2) Ibid.; Spicil. loc. cit.; Bibl. clun., p. 589.
(3) Bibl. clun. loc. cit.
(4) Spicil., t. IV, p. 162.

Grande fut la joie de toute la famille clunisienne, lorsqu'on apprit qu'elle avait à sa tête ce jeune moine, si grave et si instruit, que saint Hugues avait béni à sa naissance, et à qui sans doute il avait transmis son esprit en lui donnant de ses mains l'habit religieux. On n'oubliait pas non plus le crédit de ses parents : car si la Règle ordonnait de choisir toujours le plus méritant, fût-il de la plus humble extraction, elle ne défendait pas de l'aller chercher dans un haut rang (1). D'ailleurs, le chapitre général avait, tout à la fois, voté sous l'impression de la supériorité personnelle de Pierre, et dans le désir d'assurer à l'Ordre le bénéfice d'une puissante influence, toujours utile en ces temps troublés, mais particulièrement nécessaire à ce moment, où l'abbaye était pour ainsi dire sous la menace d'un événement qui, d'un jour à l'autre, pouvait réveiller les dissensions de l'administration précédente et les porter au comble. Aussi Pierre de Poitiers s'est-il gardé de passer sous silence ce qui peut-être, aux yeux de plusieurs, était l'un des meilleurs titres du nouvel abbé. « Applaudissez, s'écrie-t-il, réjouissez-vous, heureux Clunistes ! Hugues vous est rendu ; il va revivre en son successeur. Il était de noble race, issu d'illustres aïeux. Celui-ci peut se vanter d'une aussi glorieuse origine (2). »

Rome ne devait pas rester indifférente à l'élection qui venait d'avoir lieu à Cluny : elle avait vu de trop près les maux dont l'Ordre était si récemment travaillé ; elle n'était pas non plus sans appréhension au sujet de l'avenir. Non-seulement Callixte II écrivit à Pierre pour lui faire savoir

(1) *Regula sancti Benedicti*, ap. Migne, t. LXVI, col. 880;
(2) Petri Pictav. *Paneg.*, col. 48.

que le Saint-Siége confirmait son élévation, et l'exhorter à régir sa congrégation en vue du bien spirituel de ses frères et de la prospérité matérielle du monastère (1) : il écrivit aussi aux Clunistes. Cette dernière lettre, datée du mois d'octobre 1122, met dans tout son jour la situation de la célèbre abbaye à cette époque, et les périls que, dès ses premiers pas, Pierre allait rencontrer. Il la faut transcrire en entier.

CALLIXTE, ÉVÊQUE, SERVITEUR DES SERVITEURS DE DIEU, A SES CHERS FILS EN JÉSUS-CHRIST, LES MOINES DE L'ABBAYE DE CLUNY, SALUT ET BÉNÉDICTION APOSTOLIQUE.

« Nous avons appris les épreuves qui vous ont assaillis et les dommages qui en sont résultés pour vous. Nous en avons été d'autant plus vivement contristé, que vous nous êtes plus chers et que votre Eglise tient à celle de Rome par des liens plus étroits. Mais, nos fils bien-aimés en Notre-Seigneur, ces troubles ne doivent pas nous surprendre : vous savez que ceux qui veulent mener une vie pieuse sous la loi du Christ, endureront la persécution. On n'arrive à la victoire que par les tribulations et par la lutte. L'Apôtre l'a dit : Celui-là seul sera couronné, qui aura soutenu vaillamment le combat. Ne vous laissez donc pas aller à la crainte et au découragement : Dieu ne peut manquer de venir à votre aide, lui qui n'abandonne jamais ceux qui espèrent en lui. Pour nous, croyez que nous ne cesseront de vous aimer comme nos fils les plus chers, de vous secourir autant qu'il sera en nous et de vous protéger si Dieu le permet. Nous confirmons l'élection que vous

(1) Callixti II, Ep. 189, ap. Migne, t. CLXIII, col. 1256.

venez de faire, à l'unanimité des suffrages, de l'abbé Pierre, qui procurera la gloire de Dieu et le bien de votre monastère. Nous le confirmons aussi, lui et votre abbaye, dans la possession des droits, des priviléges que vous ont concédés nos prédécesseurs et dont vous avez joui jusqu'ici sans contestation. C'est encore notre volonté expresse qu'aucun de vos frères, qu'aucun étranger ne vienne à causer du scandale à l'occasion de Pons, qui fut autrefois votre abbé. Nous lui avions d'abord confié, de la part de saint Pierre et de l'Eglise romaine, le gouvernement de votre monastère ; mais il s'en est déchargé depuis, en remettant le bâton pastoral à saint Pierre et à l'Eglise romaine, et il a renoncé du même coup à l'espoir de recouvrer jamais le pouvoir qu'il abdiquait. Si, en dépit de notre défense, quelqu'un, ce qu'à Dieu ne plaise ! ne craignait pas de troubler votre congrégation, il encourra l'indignation du Seigneur, de saint Pierre et du Siége apostolique ; au contraire, tous ceux qui, sans chercher à innover, rendront à l'abbé Pierre le respect et l'obéissance qui lui sont dus, obtiendront la faveur du Seigneur tout-puissant, celle des apôtres Pierre et Paul et la nôtre, et ils mériteront, avec la grâce de Dieu, la rémission de leurs péchés (1). »

A peine installé dans sa nouvelle charge, Pierre-le-Vénérable fut effrayé de la tâche qui lui était dévolue. Dans ce vaste et beau champ de l'ordre de Cluny, il y avait, nous dit-il, beaucoup à émonder, beaucoup à déraciner (2). Il se souvint alors d'un homme à qui sa vertu sans tache avait acquis parmi ses frères une grande réputation, une

(1) Callixti II, Epist. 90, ap. Migne, t. CLXIII, col. 1256.
(2) Petri Vener. *de Miraculis*, col. 921.

haute autorité, le prieur Mathieu, de Saint-Martin des Champs. Ce n'est pas lui qui aurait transigé avec les vices ou les faiblesses des moines. Une régularité parfaite régnait dans son prieuré, sous la garde d'une discipline de fer. On fouettait les pécheurs jusqu'au sang, on les chargeait de chaînes, on leur mettait les entraves aux pieds et on les jetait dans de noirs cachots, où ils enduraient la faim, la soif et mille humiliations. Une fois même — « une fois seulement » dit Pierre-le-Vénérable —, un religieux scandaleux fut condamné à la sépulture pérpétuelle. « Il était mort spirituellement, écrit le pieux abbé de Cluny, on l'ensevelit dans un souterrain, et grâce à l'art infini déployé par le zélé prieur auprès de cette âme qu'on désespérait de sauver, celui qui n'avait pas su vivre sur la terre, apprit enfin à vivre dans le tombeau. Epouvanté par cette image de la mort, il rentra en lui-même, renonça de cœur à ses égarements, et prit des sentiments de contrition et d'humilité, qu'il conserva jusqu'à son dernier jour (1). » Mathieu n'était pourtant pas sans entrailles. Toutes les misères connaissaient le chemin de Saint-Martin des Champs, où elles trouvaient toujours un accueil cordial et une assistance efficace ; on avait surnommé le couvent, l'hôtellerie générale de toute la France : la France y affluait en effet, et les bâtiments étaient trop étroits pour la foule des voyageurs, évêques et moines, clercs et laïques, nobles et bourgeois, qui les encombraient, sans compter les mendiants, qui n'y manquaient jamais (2). Tel était l'homme, que Pierre-le-Vénérable appela auprès

(1) Ibid., col. 919.

de lui, l'année même de son élévation. Il le connaissait déjà, et l'avait depuis longtemps pour ami. A Cluny, leur union se resserra et devint indissoluble. Le zèle et l'amour de Mathieu pour les règles claustrales, le rendaient merveilleusement propre à remettre en honneur l'ordre et la discipline, dans l'intérieur de l'abbaye. Il fut chargé de ce soin. Habituée à travailler la vigne du Christ, sa main vigoureuse s'attaquait à tous les abus. Dans le boire, dans le manger, il fallut renoncer au superflu ; il fallut se retrancher toutes les aises, dont la plupart s'étaient fait une douce habitude. Cependant, au bout de peu de temps, Mathieu, qui, en venant à Cluny, avait gardé le titre de prieur de Saint-Martin des Champs, fut renvoyé à Paris. Pierre nous dit que son ami avait mené son œuvre à fin et qu'il n'y avait plus qu'à recueillir, après lui, le fruit de ses efforts. Il nous donne à entendre aussi que la réforme n'avait pu s'accomplir sans que le réformateur eût à briser plus d'un obstacle, à souffrir même du mauvais vouloir des opposants (1). Il se peut qu'on ait hâté son départ, dans la crainte d'irriter des regrets, que plusieurs n'avaient cessé de nourrir en secret, qui commençaient sans doute à se produire au dehors, et qui d'ailleurs s'attachent volontiers aux régimes tombés, parce que leurs fautes, qui les décriaient tant qu'ils étaient debout, s'effacent dès qu'on n'en souffre plus, pour ne laisser voir que les avantages où leurs ennemis mêmes trouvaient souvent leur compte.

Tandis que l'abbé Pierre inaugurait ainsi son gouvernement, Pons était en Palestine, parcourant Jérusalem, le

____

(1) Ibid., col. 921.

mont Thabor, tous les saints lieux où le Seigneur Jésus avait habité corporellement au milieu des pauvres Nazaréens. En effet, après s'être démis de sa dignité entre les mains du Pape, sans lui demander son congé ni sa bénédiction, il avait gagné précipitamment la Pouille et s'était embarqué pour l'Orient. Il se promettait alors d'y demeurer toujours. Mais, en dépit de la considération dont il jouit en Judée, où on le traitait comme un haut et saint personnage, l'humaine inconstance le décida bientôt à quitter la terre des prophètes et des apôtres (1). Il revenait de l'Orient qui nous a donné la lumière, dit Pierre-le-Vénérable, il nous en rapporta les ténèbres. Ayant pris terre en Italie, il n'eut garde de se montrer à Rome ; il se fixa au diocèse de Trévise et y bâtit un petit monastère, d'où il tournait souvent ses regards du côté de la France. Il n'y resta pas longtemps. Un jour, sous prétexte d'aller revoir ses frères et ses amis et tout en protestant qu'il n'ira pas jusqu'à Cluny, il part et se rend tout près de l'abbaye (2).

C'est alors, deux années à peine après le retour de Mathieu à Paris, qu'une violente tempête vint assaillir le vaisseau du Christ, l'Eglise de Cluny. La guerre civile, ajoute Pierre-le-Vénérable, éclata dans notre république (3). L'esprit de Satan souffla, dit l'historien Orderic Vital, et une hideuse dissension s'éleva parmi nos frères (4). Profitant de l'absence de Pierre, que les intérêts de son Ordre retenaient loin du monastère, Pons arrive, escorté d'une

(1) Orderic Vital, XII, 15, col. 894.
(2) Petri Ven. *de Miraculis*, II, 12, col. 923.
(3) Ibid., col. 922.
(4) Ord. Vital, loc. cit.

bande de soldats et de gens de la contrée, paysans et bourgeois, auxquels s'étaient joints quelques moines fugitifs. Le
prieur fait fermer les portes. C'était un homme d'énergie
qui avait servi dans les armées de la terre avant de s'enrôler dans la milice céleste. Déjà avancé en âge, Bernard
dit le Gros, n'avait rien perdu encore du feu de la jeunesse.
Pierre-le-Vénérable loue sa conduite dans cette rencontre,
et plus tard il lui témoigna sa reconnaissance dans un épitaphe (1) dont nous avons emprunté les traits, à l'aide
desquels nous avons essayé de le peindre. Orderic Vital
s'en prend au contraire à lui des malheurs de cette journée,
et l'accuse d'avoir lui-même allumé la sédition. Mais l'historien normand incline visiblement en faveur de l'abbé
Pons. Pour le disculper, il mettait tout à l'heure en cause
le démon, à qui maintenant il donne un complice dans la
personne de Bernard. Celui-ci ne semble avoir fait que son
devoir. Il est vrai que sa résistance fut impuissante et de
courte durée. Avant que le courageux prieur se fût mis en
mesure de tenir tête à l'envahisseur, la communauté
s'était partagée en deux factions opposées, l'une résolue à
lui résister jusqu'au bout, l'autre insistant pour qu'on le
reçût avec honneur, comme le légitime abbé. Le bruit de
cette division parvient aux oreilles des assaillants et les
enhardit : ils brisent les portes, se ruent dans le monastère,
dispersent Bernard et les frères qui lui prêtaient main-
forte. Il en est qui n'ont pu s'échapper : on use de menaces,
de voies de fait pour les contraindre à jurer fidélité à Pons ;
ceux qui s'y refusent sont chassés ou jetés brutalement en

(1) Petri Ven. *Carmina*, col. 1022.

prison. On vit alors un spectacle lamentable. Cette troupe de furieux franchit l'enceinte jusque-là protégée par la clôture, court au butin, comme dans une ville conquise et livrée à la violence des soldats en armes ; on fait main-basse sur le mobilier, sur tous les objets à l'usage des serviteurs de Dieu. Le dortoir, l'infirmerie, tous les secrets asiles où jamais laïque n'avait encore pénétré, sont envahis non-seulement par des hommes et des femmes honnêtes, mais par des bouffons et des courtisanes. Cependant Pons ne craint pas de s'emparer des vases sacrés, des croix d'or, des chandeliers, des encensoirs ; il ne respecte même pas les calices, encore moins les châsses d'argent ou d'or, qui contenaient les reliques de tant de martyrs et de saints. Tout est fondu et converti en énormes lingots qui servent à assouvir l'avarice des soldats. Le même jour, au rapport d'Orderic Vital, il arriva un terrible prodige. La grande nef de la basilique, bâtie depuis peu, s'écroula ; mais, par la protection du Seigneur, elle n'écrasa personne. Ainsi le bon Dieu, remarque Orderic, effraya, par cette catastrophe imprévue, les auteurs de cette téméraire invasion, mais, dans son immense miséricorde, il les épargna tous. Le peuple était alors répandu dans toute la maison et se livrait sans pudeur à ses vols sacriléges. La Providence ne voulut pas l'ensevelir sous les décombres, et préféra le réserver, d'une manière toute miraculeuse, pour le repentir et la pénitence. Mais l'avertissement ne porta pas tout de suite ses fruits. Pons envahit, dans les environs, les dépendances et les possessions de l'abbaye, les met à feu et à sang, y déchaîne toutes les horreurs de la guerre. Depuis le commencement du carême 1125, jusqu'au mois d'octobre, il n'y eut presque pas de jour qui ne fût marqué par des rapines, des meurtres, par tous les excès où s'emporte une soldatesque sauvage, fascinée par l'appât de l'or. C'est ainsi, dit Pierre-le-Vénérable, que par un secret mais juste jugement de Dieu, cette sainte et illustre maison de Cluny fut livrée pour un temps aux fureurs de Satan.

Trop faible pour réprimer ces attentats, ayant même grand'peine à s'y soustraire, Bernard se cachait où il pouvait, ainsi que les moines du parti de Pierre et les nobles laïques qui n'avaient pas voulu faire cause commune avec Pons. Ils attendaient, dans leurs retraites, que l'autorité ecclésiastique eût dissipé l'orage en faisant prévaloir la bonne cause. Pierre, de son côté, instruit de tous les outrages dont les serviteurs de Dieu étaient abreuvés, n'avait pas songé à soutenir ses droits à main armée; il avait mieux aimé s'en remettre à la décision du Souverain-Pontife, à qui la cause avait été déférée. Déjà l'archevêque de Lyon, Humbald, avait porté une sentence d'excommunication contre l'usurpateur. Mais le Pape Honorius n'eût pas plutôt appris le scandale qui, au grand dommage de la religion, venait d'éclater à Cluny, qu'il envoya le cardinal Pierre, en France, avec mission de prononcer l'anathème, au nom du Saint-Siége, contre Pons et les Pontiens — c'est ainsi qu'on appelait les fauteurs du schisme. Comme ces mesures ne suffisaient pas à rétablir l'ordre, le Pape évoqua l'affaire à son tribunal et assigna les parties à comparaître devant lui, pour se défendre en sa présence. Au mois de septembre 1126, dans l'octave de la saint Michel, Pierre entre dans la ville éternelle, avec tous les religieux qui lui étaient restés fidèles et le prieur Mathieu, qu'il avait choisi pour avocat. Pons arrive aussi, mais à son corps défendant. Ils avaient promis l'un et l'autre de se soumettre au jugement de la Cour romaine et, en garantie de leur parole, avaient échangé des otages par devant le cardinal Pierre. Avant le jour fixé pour les débats, Pons avait à se faire absoudre de la censure qu'il avait encourue ; car les lois ecclésiastiques ne permettaient pas qu'un excommunié plaidât devant le Pape ou fût jugé par un tribunal canonique. Des cardinaux vinrent le trouver, de la part d'Honorius et le pressèrent, à plusieurs reprises, de faire satisfaction. Son orgueil était trop irrité : il les reçut avec aigreur et leur déclara fièrement qu'il n'appartenait à personne, sur la terre, de le frapper d'anathème, que seul, dans le ciel, saint Pierre avait le droit de le condamner. Ces paroles, rapportées au Souverain-Pontife, l'émurent vivement ; elles coururent la ville, y jetèrent la consternation, et tout le monde s'accordait à dire qu'il n'était pas seulement excommunié, mais schismatique. Loin de l'imiter, ses partisans répondirent, dès qu'on les interrogea sur leurs dispositions, qu'ils étaient prêts à faire satisfaction. Ils se présentent au sacré palais, nus pieds, comme des coupables, avouent publiquement leur faute et en sont aussitôt absous. La plaidoirie commence. Le prieur de Saint-Martin expose les faits avec force et prudence, et demande instamment qu'on restitue à Pierre ce dont on l'a dépossédé, et qu'il soit fait justice des violences commises. A leur tour, les moines de la suite de Pons n'oublièrent rien de ce qui pouvait les servir, eux et leur maître. A les entendre, celui-ci avait été dépouillé par surprise, et n'avait jamais prétendu se démettre de l'autorité abbatiale. On produisit alors des témoins, dont la déposition, accablante pour les défenseurs de Pons, fut confirmée, par les registres du Pape Callixte, qu'on apporta et où on lut que ce Pontife, en recevant son abdication, lui avait dit : « Nous vous ordonnons de vous mettre en garde contre la mobilité de votre humeur et de renoncer à toute prétention sur l'abbaye dont vous venez de vous décharger entre nos mains. S'il vous arrivait de contrevenir à notre commandement, vous perdriez la faveur de saint Pierre et la nôtre, et si vous éleviez des réclamations près de nous, vous ne seriez pas écouté. » On lut aussi dans le même livre une lettre que Callixte écrivait à la congrégation de Cluny, avant que la révolution, à laquelle nous venons d'assister, eût éclaté, et qui prouva une fois de plus que les germes en fermentaient depuis longtemps dans les esprits. « Nous apprenons, disait le Pape, que des factions vous divisent et compromettent l'unité qui devrait régner parmi vous. Pons, qui autrefois a gouverné votre monastère, essaye de surprendre la simplicité de plusieurs : nous vous commandons à tous de répudier ses entreprises schismatiques, et de prêter une entière obéissance à notre très-cher fils Pierre, abbé de Cluny. Pons a renoncé pour toujours entre nos mains à son autorité sur l'abbaye : ne pensez donc plus à lui, car la cause est jugée, et nous ne reviendrons pas sur notre décision. Si quelqu'un avait la témérité de s'élever contre notre volonté, il mériterait l'anathème et la déchéance des dignités dont il pourrait être honoré. » Après la lecture de ces pièces, la Cour romaine se retira pour délibérer. Aux cardinaux et aux évêques s'étaient joints, outre le préfet de la ville, des membres distingués de la noblesse romaine et des hommes de lois, renommés pour leur savoir. On discuta longtemps : au bout de plusieurs heures, le Pape rentre, suivi de la cour, et remonte à son siége. Sur son ordre, l'évêque d'Ostie fait connaître la sentence. Il annonce d'abord que Pierre est investi de nouveau de la dignité d'abbé, qui lui appartient en toute justice ; que ses otages sont remis en liberté, à la différence de ceux de Pons qui demeurent liés par leur serment ; que les bourgeois de Cluny, qui ont pris part au pillage de l'abbaye, auront à réparer les dommages causés, et à subir une peine, dont l'étendue et la durée sont laissées à la discrétion de l'abbé. Ensuite Pons est condamné comme excommunié, envahisseur, déprédateur, sacrilége et schismatique. La sentence du dernier Pape à son endroit, de Callixte, de bienheureuse mémoire, qui lui défendait d'élever jamais aucune prétention sur l'abbaye de Cluny, est confirmée. Si quelqu'un, ajoute en terminant l'évêque, ose résister à l'arrêt qui vient d'être lu, s'il est laïque, qu'il soit frappé du glaive de l'anathème, s'il est clerc, qu'il soit suspendu de ses fonctions et privé de son office.

Ce jugement mit fin, en un instant, aux divisions dont l'ordre de Cluny souffrait depuis longues années. Ce grand corps recouvra son unité. Seul, Pons demeura inflexible et ne voulut point céder. Quelques jours plus tard le Pape le fit saisir par ses soldats, et jeter en prison. Tout à coup le mal romain se répand dans la ville ; vaincus et vainqueurs, moines et laïques, la contagion attaque tout le monde. Pierre en fut atteint et ne dut son salut, après plus de six mois d'intolérables souffrances, qu'aux prières de ses frères et aux soins d'un sayant clerc, fort habile dont l'art de la médecine. Quant à Pons, déjà miné par le chagrin, il ne put résister au fléau, il languit un mois à peine, et mourut : il mourut, dit Orderic Vital, au grand regret de nombre de gens. L'historien va même jusqu'à affirmer que des miracles, accomplis au grand jour, honorèrent son tombeau et attestèrent sa sainteté (1). Ne serait-ce point sur le seul témoignage d'Orderic Vital, que les rédacteurs du Martyrologe bénédictin ont cru devoir canoniser, de leur autorité privée, un abbé déposé et excommunié, et mentionner comme devant se célébrer, à Cluny, le 4 des calendes de janvier, la fête de saint Pons, abbé, illustre par sa doctrine et sa sainteté (2) ?

Une appréciation équitable ne placera pas si haut sa mémoire. La mort de l'infortuné a inspiré à Orderic lui-même une réflexion judicieuse et touchante, qui aurait dû l'arrêter sur la pente des exagérations, où l'a entraîné l'esprit de parti : « Chacun, dit-il, doit, lorsqu'il prie Dieu qui est souverainement bon, lui demander du fond du cœur d'achever en nous le bien qu'il y a commencé, de l'affermir, de le défendre contre les tentations de la bonne ou de la mauvaise fortune. » C'est qu'en effet Pons n'avait pas tenu, dans le cours de son administration et moins encore à la fin de sa vie, les promesses de ses débuts. Les sympathies, qu'il avait su conquérir et qui lui demeurèrent fidèles sont une preuve des qualités aimables et brillantes de sa riche nature : mais il était ambitieux et inconstant. Lorsque

(1) Orderic Vital, XI, 20, col. 843.
(2) Baronius, *Ann. cccl.*, t. XVIII, p. 392.

Gélase II était sur son lit de mort, à Cluny, où il rendit le dernier soupir, Pons le visitait souvent. Un jour il observa que le Pape tenait obstinément les yeux fixés sur lui : « Saint-Père, lui dit-il, pourquoi me regardez-vous ainsi ? — Parce que je vois que vous mourrez au pays de la Papauté (1). » C'en fut assez pour ouvrir le cœur du glorieux abbé à des espérances qui ont dû contribuer aux fautes et aux malheurs de sa vie, et dont il se souvint sans doute amèrement lorsqu'il se vit mourir au pays de la Papauté, mais dans une prison, seul et excommunié. Abbé de Cluny, élevé au premier rang de l'ordre monastique, il avait porté ces vues plus haut : descendu volontairement de cette dignité, il n'avait pas tardé à regretter les honneurs dont il s'était dépouillé à la légère, en jetant, dans un moment d'humeur, le fardeau de sa charge.

Malgré tous les torts de Pons, en souvenir peut-être des qualités qui se mêlaient à ses travers, le pape Honorius lui tint compte, après sa mort, de la grande place qu'il avait occupée : « Pons vient de quitter cette terre, écrit-il à Pierre-le-Vénérable. Il a causé beaucoup de mal à Cluny, et bien qu'on l'y ait fréquemment exhorté, il n'a pas voulu faire pénitence. Cependant, par égard pour ce monastère, auquel il avait appartenu, nous avons voulu qu'on l'ensevelît honorablement. » Enterré d'abord dans l'église de Saint-André, il en fut exhumé plus tard et ramené à Cluny. On le représenta, sur son mausolée, les jambes liées, un pied et une main coupés, en signe de la censure, dont il n'avait jamais été relevé. Lorsqu'il venait

(1) Ibid., p. 380.

s'agenouiller auprès de ce tombeau, Pierre-le-Vénérable pouvait se rendre ce témoignage, que nous trouvons dans une de ses lettres à saint Bernard : « J'ai droit de me dire, sans vanité, habitué à souffrir et à pardonner. Lors du schisme de Pons, dans la défection de tant d'hommes égarés à sa suite, au milieu de cette tourmente qui déshonora l'ordre monastique, je ne me suis jamais défendu par le glaive ni par la force ; jamais mes ennemis n'ont entendu sortir de ma bouche une parole amère (1). »

(1) Petri Ven. Ep. VI, 46, col. 467. — Id., *de Mirac.*, II, 12, 13, col. 922 et sq.; Orderic Vital, XII, 15, col. 894 et sq., Honorii, II, Epist. 48, ap. Migne, t. CLXVI, col. 1266 et sq. Cf. ep. 7, 8, 9, 10, 45; Gall. christ., IV, 1134; Baronius, t. XVIII, p. 380, 382, 393.

CHAPITRE III

RENAISSANCE MONASTIQUE AU DOUZIÈME SIÈCLE : LES CHARTREUX, LES CISTERCIENS. — RIVALITÉ DE CLUNY ET DE CITEAUX : L'APOLOGIE DE SAINT BERNARD ; RÉPONSE DE PIERRE-LE-VÉNÉRABLE. — RÉFORME A CLUNY ; CHAPITRE GÉNÉRAL DE 1132. — NOUVELLES DISSENSIONS ENTRE LES CLUNISTES ET LES CISTERCIENS.

De retour dans son abbaye, Pierre-le-Vénérable ne devait pas s'y livrer à l'inaction. La tempête de l'année précédente avait dissipé tous les fruits de la réforme de Mathieu. Il fallait se remettre à lutter contre les vieux abus, aggravés encore par une effervescence de près de vingt mois, incompatible avec le recueillement et la régularité du cloître, et dont les effets sans doute cédèrent moins promptement à la sentence pontificale que Pierre ne le donne à supposer, lorsqu'il nous dit qu'au lendemain de l'excommunication de Pons, le corps clunisien vit la plus parfaite harmonie régner entre ses membres (1). Au chant vingt-deuxième du *Paradis* de Dante, au milieu de cet entretien de saint Benoît avec le poëte, celui-ci, enhardi par la bienveillance du patriarche, ose lui adresser une

(1) Petri Ven. *de Miraculis*, II, 13, col. 925.

demande : « Je te prie, père, de m'apprendre si je puis acquérir assez de grâce pour te voir à face découverte. » Là-dessus, le saint : « Frère, tes sublimes désirs s'accompliront en haut dans la dernière sphère où s'accomplissent tous les autres et les miens… Notre échelle va jusqu'à elle, ce qui fait qu'elle se dérobe à ta vue. Le patriarche Jacob la vit avancer jusque là-haut sa partie supérieure, quand elle lui apparut si chargée d'anges. Mais, pour la gravir, personne maintenant ne retire ses pieds de la terre ; et ma règle ne sert plus là-bas qu'à gâter du papier. Les murs qui étaient une abbaye sont devenus des cavernes, et les capuchons sont des sacs pleins de mauvaise farine. Mais la plus lourde usure ne se soulève pas contre la volonté de Dieu, autant que le fait le fruit des richesses, qui rend le cœur des moines si insensé. Tout ce que l'Eglise épargne est à ceux qui demandent au nom de Dieu et non à des parents ni à d'autres plus infâmes. La chair des mortels est si délicate, qu'une bonne institution ne dure pas depuis la naissance du chêne jusqu'à la formation du gland. Pierre commença sans or et sans argent, et moi avec la prière et le jeûne… Et si tu regardes le principe de chacun, et qu'ensuite tu considères où il est arrivé, tu le verras changé du blanc au noir. Cependant le Jourdain reculant et la mer fuyant quand Dieu le voulut, furent plus merveilleux à voir que ne serait le remède à cet abus (1). » Avant que Dante la chantât, la vision de la *divine Comédie* avait dû remplir souvent les nuits de Pierre-le-Vénérable. Il avait foi aux songes, et inclinait à y reconnaître un avertisse-

(1) Dante, *Paradis*, ch. xxii, trad. Brizeux.

ment d'en haut (1). L'esprit sans cesse préoccupé de la méditation des saints mystères, les yeux partout frappés des grandes scènes de la religion, peintes ou sculptées dans cette somptueuse abbaye, véritable musée ouvert à tous les arts, quoi d'étonnant que le pieux cénobite crût revoir, pendant son sommeil, les élus, les anges, Dieu lui-même, en compagnie de qui s'écoulaient ses journées. Alors saint Benoît lui apparaissait, lui parlait, se plaignait à lui — il le pouvait déjà au douzième siècle — du relâchement des moines, et désavouait pour ses fils tant d'hommes qui n'avaient plus du religieux que l'habit et le nom. Et lui, strict observateur de la règle, n'ayant rien tant à cœur que les devoirs de sa charge et l'honneur de son Ordre, il priait le saint patriarche de se montrer à visage découvert, c'est-à-dire de faire revivre son esprit dans sa famille monastique ; puis, se sentant appelé à rétablir la ressemblance entre le père et les enfants, il se disait que la grâce du Seigneur ne manque jamais au bon vouloir de l'homme, et que « le Jourdain reculant et la mer fuyant quand Dieu le voulut furent plus merveilleux à voir » que ne serait le succès d'une pareille entreprise. Toutefois il ne s'en dissimulait ni les difficultés ni les périls. Au défaut de l'expérience, qui lui avait appris, par l'exemple de Mathieu, que ce n'est pas en les écrasant qu'on se rend maître des volontés, le seul instinct de sa nature prudente et tempérée l'aurait mis en garde contre les excès d'autorité, toujours nuisibles dans l'œuvre délicate du gouvernement des hommes. Il savait aussi qu'il

______

(1) Petri Ven. Ep. VI, 14, col. 416.

faut tenir compte des temps. Il disait que lorsque saint Benoît avait écrit sa règle, il vivait dans un âge robuste, au milieu de générations endurcies à la fatigue. « Aujourd'hui, ajoutait-il, le monde languit de vieillesse et déjà touche à sa fin (1). L'Eglise de Dieu, écrivait-il encore, a besoin de baume sur ses blessures ; n'y portez pas le fer et le feu. Donnez-lui un bâton pour se soutenir ; ne la secouez pas violemment : vous la jetteriez par terre ; car elle chancelle sur ses membres qui tremblent (2). » Mais sa prudence ne ralentissait pas son zèle. D'ailleurs, à côté des misères et des abus, s'offrait alors un spectacle, bien propre à le piquer d'émulation. Comme il arrive toujours dans l'Eglise de Dieu, où la sève de la sainteté ne peut entièrement s'épuiser, où elle ne se renouvelle jamais avec plus d'abondance que lorsqu'elle semble au moment de tarir, le douzième siècle était à la fois, pour l'ordre monastique, un siècle de relâchement et de réforme. « Dans tout l'Occident, écrivait Pierre lui-même, dans notre France surtout, des asiles s'élèvent chaque jour en l'honneur de la religion, les uns où naissent des ordres inconnus, les autres où se rajeunissent les anciens (3). »

Il y avait peu d'années que Pierre avait vu successivement mourir trois des plus saints ouvriers de cette rénovation religieuse. Robert d'Arbrissel, Bernard de Tiron, Vital de Mortain s'étaient réunis, sur la fin du siècle précédent, dans un désert, aux confins du Maine et de la Bretagne. Ils y menaient la vie la plus pauvre et la plus

(1) Ep. I, 28, col. 155.
(2) Ep. I, 34, col. 168.
(3) Ep. II, 2, col. 188.

mortifiée, logeant dans des huttes, construites avec des écorces d'arbres, et se nourrissant de potages d'herbes sauvages, qu'ils prenaient vers le soir et où ils ne mettaient du sel qu'aux jours de fête (1). Nos ermites devinrent apôtres dans la suite, et bientôt chefs de trois congrégations célèbres (2), qui attirèrent en peu de temps des foules de pécheurs convertis à leur parole, des moines et des clercs désireux d'atteindre à la perfection de leur état. Du vivant de Robert, Fontevrault abritait jusqu'à trois mille personnes de l'un et de l'autre sexe (3). Quelques années à peine après la mort de Bernard, au rapport d'un de ses disciples, cent maisons relevaient du monastère de Tiron (4).

Plus récemment, Pierre-le-Vénérable avait été témoin de la fondation de l'ordre des Prémontrés, ouvrage de Norbert, ce jeune seigneur allemand, qui ne respirait, à la cour de l'empereur, que l'amour du monde et du plaisir, en dépit du sous-diaconat dont il était déjà revêtu. Surpris, au milieu de cette vie dissipée, par un accident où il reconnaît l'appel de Dieu, il se convertit, se fait ordonner prêtre, s'élève contre le relâchement des clercs, souffre avec une indomptable humilité les persécutions que lui attire son zèle (5), et finit, en 1120, par faire refleurir la règle de saint Augustin dans une solitude du diocèse de

(1) Fleury, t. XIV, p. 17.
(2) Fontevrault fut fondé en 1106, par Robert d'Arbrissel; Savigny en 1112, par Vital de Mortain, et Tiron, par Bernard, en 1114.
(3) Ibid., p. 19%.
(4) Ibid., p. 202.
(5) Ibid., p. 240.

Laon, où il se fixe à la suite d'une de ces visions qui entourent et consacrent le berceau de la plupart des institutions de ces âges poétiques. La première nuit qu'il passa au désert de Prémontré dans une petite chapelle solitaire, il vit une grande multitude d'hommes vêtus de blanc, qui faisaient le tour d'une vallée voisine, tenant des croix d'argent, des chandeliers, des encensoirs et chantant les louanges du Seigneur (1). Ces hommes mystérieux, c'étaient les religieux Prémontrés, bientôt installés dans ce lieu sauvage, reconnaissables au long habit blanc qu'ils portent encore aujourd'hui, et dont l'un des soins principaux devait être le service de l'autel.

Mais à la tête de ce mouvement de renaissance cénobitique, se trouvaient deux ordres, qui appelaient, entre tous, l'attention de Pierre-le-Vénérable et auxquels, plus qu'aux autres, il devait porter envie. C'étaient les Chartreux et les moines de Cîteaux.

Depuis quarante années environ, les solitaires de la Grande-Chartreuse faisaient l'admiration et l'étonnement du monde. Jean de Salisbury, dont l'esprit caustique se plaît surtout à la peinture des travers et des ridicules, n'a pu taire des vertus qui honoraient son siècle, et où il voit le plus grand effort de la volonté humaine pour dompter les penchants de la nature. « Ces Chartreux, dit-il, ils ne combattent pas seulement leurs passions, ils posent des limites à leurs besoins ; ils ne se refusent pas seulement le superflu, ils se retranchent encore sur le nécessaire, de peur que, sous prétexte d'y pourvoir, on ne recherche la

____

(1) Ibid., p. 282.

satisfaction des appétits. Il faut les compter parmi les héros, et les plus grands, eux qui, dans ce temps de décadence et au déclin des âges, nous donnent un exemple suivi, je ne dis pas par peu de communautés, mais même par bien peu d'hommes (1). » Quant à Pierre-le-Vénérable, il mettait dans son estime — lui-même le dit — l'institut des Chartreux au-dessus de tous les autres (2), et voici en quels termes il fait leur éloge et décrit leur vie : « Il y a en Bourgogne un ordre monastique qui se distingue entre tous ceux de l'Europe, plus édifiant, plus exact que le plus grand nombre, fondé de notre temps par de pieux personnages, tous doctes et saints, maître Bruno, de Cologne, maître Landuin, originaire d'Italie, et plusieurs hommes vénérables et craignant Dieu. La tiédeur, la négligence et le relâchement de quelques anciens religieux, leur avaient ouvert les yeux ; et dans leur désir de renoncer au monde, il s'étaient munis, eux et leurs sectateurs, des plus grandes précautions contre les embûches du démon. Contre l'orgueil, ils avaient adopté des vêtements plus grossiers que ceux des autres moines, et si courts, si étroits, si hérissés et si sales qu'ils étaient horribles à voir. Pour couper racine à l'avarice, ils ont tracé, autour de leurs cellules, des limites qui enserrent une étendue plus ou moins grande selon la fertilité ou la stérilité du sol. Au-delà de ces bornes, ils n'accepteraient pas un pied de terre, quand même on leur offrirait le monde entier. Dans le même esprit, ils ont fixé, pour leur bétail, bœufs, ânes, moutons ou chèvres, un

(1) Salisbury, *Policraticus*, VII, 23, éd. Giles, vol. VI, p. 181.
(2) Petri Ven. Ep. VI, 24, col. 29.

chiffre qu'il n'est jamais permis de dépasser. Et de peur que la nécessité ne forçât d'enfreindre ces règles, il fut statué que, dans chaque monastère, il ne pourrait y avoir plus de douze moines, sans compter le prieur qui ferait le treizième, dix-huit frères convers et un petit nombre de serviteurs à gages. Pour dompter leur corps et l'asservir à la loi de l'esprit, ils ne quittent jamais le cilice et se condamnent à des jeûnes presque continuels. Ils ne mangent que du pain de son, et leur vin est tellement trempé d'eau, qu'à peine mérite-t-il encore le nom de vin. (1) Ils s'abstiennent absolument de chair, qu'ils soient malades ou en bonne santé. Ils n'achètent pas de poisson, mais s'il arrive qu'on leur en donne par charité, ils le reçoivent. Ils ne se nourrissent de fromage et d'œufs que le dimanche et le jeudi ; le mardi et le samedi, ils mangent des légumes et des herbes cuites ; le lundi, le mercredi, et le samedi, il se contentent de pain et d'eau. Ils ne font qu'un repas par jour, excepté pendant les octaves de Noël, de Pâques et de la Pentecôte ; les jours de l'Epiphanie, de la Présentation du Seigneur ou de la Purification de la sainte Vierge, de l'Annonciation, lorsqu'elle tombe dans le temps pascal, de l'Ascension du Sauveur, de l'Assomption et de la Nativité de sa sainte Mère, et quelques autres fêtes comme celles des apôtres, de saint Jean-Baptiste, de saint Michel, de saint Martin et la Toussaint. A la manière des anciens moines de l'Egypte, ils ont chacun leur cellule séparée, où ils vivent voués au silence, à la lecture, à l'oraison, au travail des mains et surtout à la transcription des livres. Ils se réunissent à

(1) Il y a dans le texte un jeu de mots intraduisible : *ut merito magis villum quam vinum dicatur.*

l'Eglise pour chanter les Matines et les Vêpres. Les autres parties de l'office se récitent en particulier dans les cellules, au signal donné par la cloche. Lorsqu'ils sont à l'Eglise, on ne les voit pas, à l'exemple de plusieurs, prier Dieu négligemment et comme pour l'acquit de leur conscience. Les yeux baissés, les cœurs élevés vers le ciel, ils mettent leur extérieur d'accord avec les dispositions de leur âme ; leur attitude, leur voix, leur visage respirent l'attention, le recueillement, l'oubli et le mépris de tout ce qui les entoure. Il faut excepter de ce règlement les jours de fête, énumérés plus haut, où ils mangent deux fois, non pas dans leurs cellules, mais au réfectoire et en commun, après Sexte et après Vêpres, et où ils chantent toutes les heures du Bréviaire à l'Eglise. Ces jours-là aussi et le Dimanche, ils célèbrent, pour leur salut et pour le salut du monde, cet auguste sacrifice, qu'en vertu d'un usage déjà ancien et à cause de sa destination, on appelle la Messe. *Quia Deo mittitur, Missa vocatur* (1). » Aujourd'hui encore, S. Bruno et ses compagnons pourraient se reconnaître dans leurs descendants : huit siècles n'ont pas fait vieillir le portrait, esquissé par Pierre-le-Vénérable. Rien d'essentiel n'a été changé : c'est la même vie d'austérités, de privations, de longues et ferventes oraisons. Et ne croit-on pas à une apparition des âges qui ne sont plus, lorsqu'on pénètre dans le saint vallon, ouvert au milieu de son enceinte de forêts et de montagnes, comme un asile où Dieu a voulu recueillir les âmes fatiguées du monde, lorsque, la nuit, on voit entrer dans l'Église, à la

______

(1) Id., *de Miraculis*, II, 28, col. 943 et sq.

lueur des petites lumières qui vacillent dans leurs mains, ces longues files de figures blanches, qui se rangent le long des murailles, prennent place dans les stalles et commencent l'office de Matines? Pierre avait vu de près ceux qu'il a si fidèlement dépeints. Lorsqu'il demeurait à Domène, il était voisin des Chartreux et les visitait souvent. Il s'était lié alors avec leur prieur, Guigues du Châtel, issu d'une noble famille du Dauphiné, homme de grande piété et d'un esprit cultivé (1). Séparé de lui, quand il devint abbé de Cluny, il lui garda dans son cœur, à lui et à tous ceux de son ordre, un souvenir tendre et fidèle. Toutes les fois qu'il pouvait s'échapper, il traversait les neiges, et bravant le froid et la fatigue, venait retrouver ses frères dans leur citadelle de rochers et se réjouir avec eux dans le Seigneur (2). Dans l'intervalle de ces voyages, les deux amis s'écrivaient souvent. Mais Pierre, dont l'esprit, dont le cœur surtout n'a jamais aimé la concision, se plaignait de la mode du temps, qui, d'accord avec notre paresse naturelle, imposait aux lettres modernes une brièveté désolante. Comment dire en quelques pages ce qui remplirait des volumes (3)? Il se faisait aussi, entre Cluny et la Grande-Chartreuse, un fréquent échange de livres. Le goût des choses de l'esprit, l'amour de l'étude étaient, entre le prieur et l'abbé, une ressemblance et, par suite, un lien de plus. Pierre adresse à Guigues les Vies de saint Grégoire de Nazianze et de saint Chrysostôme, la réponse de saint Ambroise à Symmaque, inférieure, à son gré,

(1) Hist. litt., t. XI, p. 646.
(2) Petri Ven. Ep. VI, 24, col. 429.
(3) Ibid., I, 24, col. 101.

malgré beaucoup d'éloquence et d'habileté, à l'ouvrage,
mêlé de prose et de vers, du poëte Prudence. Il lui demande en retour les Épîtres de saint Augustin : l'exemplaire de Cluny avait besoin d'être remplacé ; car il arrivait que ces livres étaient quelquefois exposés à de singuliers accidents. Tout à l'entour de Cluny, cachés dans les
montagnes boisées, posés sur le bord des cours d'eau, se
trouvaient des ermitages, de gaies et profondes solitudes,
où les moines et l'abbé lui-même allaient se délasser de la
vie commune ou des soucis de l'administration (1). Un
jour, en quittant une de ces obédiences (2), quelqu'un,
Pierre peut-être, y oublia les Epîtres du bienheureux
Père Augustin. On les retrouva plus tard, mais à moitié
dévorées par un ours (3). Ainsi les préoccupations littéraires de ces esprits éclairés et actifs se trahissent dans
leurs lettres ; ce qui toutefois abonde principalemeut dans
celles-ci, ce sont les pensées édifiantes et, à côté des épan-
chements de l'amitié humaine, les effusions de l'amour
divin. Guigues était l'une des âmes les plus monastiques
de son siècle (4). Sa vertu dominante, vertu rare même
dans le cloître et l'une de celles que Pierre-le-Vénérable
estimait le plus chez les autres et ambitionnait davantage
pour lui-même, était l'humilité. Pierre lui avait envoyé
un crucifix ; il avait accompagné son présent d'une lettre

(1) Bibl. clun., p. 600 ; *Annuaire du département de Saône-et-
Loire*, 1836, p. 227, cité par M. Pignot, t. III, p. 468 ; Petri Ven.
Ep. IV, 30, col. 360.

(2) V. Ducange. au mot *Obedientia*.

(3) Petri Ven. Ep. I, 24, col. 106.

(4) On sait qu'il rédigea les coutumes de son Ordre, que saint
Bruno s'était contenté d'expliquer de vive voix.

pleine d'affection, pleine aussi des témoignages de sa vénération pour son saint ami. Celui-ci en prit de l'ombrage.
« Crucifié vous-même, répond-il aussitôt, vous nous offrez
un crucifix, à nous qui devons être crucifiés. Merci pour la
valeur du don et pour la charité du donateur. Mais si
votre charité console notre faiblesse, votre humilité n'apporte pas moins de confusion à notre extrême bassesse.
Nous vous en prions donc, au nom de l'attachement dont
vous nous honorez, toutes les fois que votre sérénité dai-
gnera nous écrire, à nous chétif, qu'elle prenne soin de
notre édification et n'expose pas notre faiblesse au péril
de la vaine gloire. Par-dessus toute chose, nous vous de-
mandons, nous vous supplions, à genoux et prosterné à
vos pieds, de ne plus nous juger digne du nom de Père.
C'est assez, c'est trop d'appeler votre frère, votre ami,
votre fils, celui qui ne mérite même pas de se dire votre
serviteur (1). » Pierre n'en continuait pas moins à regarder, à consulter Guigues comme son maître. En l'écoutant parler, il croyait boire à la source de la charité et de
toutes les vertus (2). S'il ne pouvait aller le rejoindre :
« Que de fois, lui écrivait-il, je m'enfuis en pensée loin
d'ici ; que de fois, porté par les vœux de mon âme, je vais
vous chercher dans votre solitude, et vous demander un
remède pour cette mollesse d'esprit qui fait mon tourment,
un abri contre ce tourbillon d'affaires qui m'enveloppe et
étouffe en moi la piété ! Ayez compassion de moi, ô mes
amis ! Voyez cette lettre, mouillée de mes larmes ; tandis
que je verse ici des pleurs, daignez répandre pour moi des

(1) Guigonis I, Epist. 2, ap. Migne, t. CLIII, col. 594.
(2) Petri Ven. Ep. III, 9, col. 312.

prières devant notre très-miséricordieux Rédempteur (1). »

J'imagine qu'en réponse à ces plaintes et lorsque son ami regrettait de ne pouvoir jouir, sous la discipline de saint Bruno, de la paix de l'âme et des joies de la ferveur (2), Guigues lui adressait les conseils qu'il donnait à un prieur de son temps, lequel hésitait au sujet de l'observance à établir dans sa maison : « Les Cisterciens tiennent la voie royale, lui répondit-il. Leurs statuts peuvent conduire à toute perfection (3). » En effet, c'est à Cîteaux bien plutôt qu'à la Grande-Chartreuse, que Pierre devait trouver, pour sa réforme, des exemples et des encouragements. Cîteaux était une branche de la famille bénédictine : ses coutumes pouvaient plus facilement se greffer sur le vieux tronc clunisien. Où aurait-on cherché d'ailleurs un genre de vie plus austère et de plus hautes vertus? « Voici près de trente-sept ans, dit Orderic Vital, que l'abbé Robert est venu se fixer à Cîteaux ; l'affluence y fut telle, qu'en si peu de temps, on a vu naître soixante-cinq abbayes, qui toutes sont soumises à ce chef d'ordre. Ces religieux ne portent jamais de fémoraux ni de pelisses ; ils s'abstiennent de graisse et de chair. Leurs vertus luisent dans le monde, comme des lampes ardentes au milieu des ténèbres. En tout temps, ils s'étudient au silence. Ils n'achètent point de riches habits, mais le travail de leurs mains leur fournit à la fois la nourriture et le vêtement. Ils jeûnent tous les jours, excepté le Dimanche, depuis les Ides de Septembre jusqu'à Pâques. Chez eux la clô-

____

(1) Ibid., I, 24, col. 105.
(2) Ibid.
(3) Ann. Bened., t. VI, p. 257.

ture est strictement observée ; les lieux réguliers sont inaccessibles. Un moine étranger n'y est jamais admis ; il ne peut ni célébrer la Messe dans leur chapelle ni prendre part à leurs différents exercices. Des nobles, des savants, attirés par une nouveauté si étrange, ont embrassé spontanément ces rigueurs inouïes ; ils suivent, le cœur joyeux, la droite voie de l'Évangile et rendent au Christ de continuelles actions de grâces. Ils choisissent des lieux déserts et sauvages pour y construire de leurs propres mains leurs monastères, mais ils ont eu soin de leur donner des noms saints et de bon augure : la Maison-Dieu, Clairvaux, l'Aumône, et d'autres du même genre, dont la douceur invite à faire l'essai du bonheur qu'ils promettent (1). »

On comparait souvent ces deux ordres : Cluny et Cîteaux. Leur commune origine appelait forcément le parallèle. La sévérité des Cisterciens paraissait une critique de la facilité, parfois bien mondaine, des Clunistes. Il n'était pas rare de voir des religieux, appartenant à l'une de ces observances, l'abandonner pour la discipline rivale, où ils trouvaient plus de tolérance ou plus d'austérité. Saint Bernard avait un jeune cousin, Robert, fils de sa tante maternelle. Tout enfant, Robert avait été promis à Cluny, mais promis seulement, et non pas offert avec les cérémonies d'usage. « Jamais, lui écrit plus tard son oncle, vos parents n'ont signé en votre nom la pétition prescrite par la règle. Jamais ils n'ont enveloppé votre main, avec la pétition elle-même, dans la nappe de l'autel, afin de vous

(1) Orderic Vital, VIII, 25, col. 641.

offrir ainsi en présence de témoins (1). » Saint Benoit avait en effet statué que toutes les fois que des parents voudraient consacrer à la vie religieuse un de leurs fils en bas âge, ils auraient à rédiger un acte de donation à peu près en ces termes : « Nous consacrons cet enfant au service de Notre-Seigneur Jésus-Christ, en présence de Dieu et de ses saints, afin qu'il persévère tous les jours de sa vie, et reste moine jusqu'à sa mort. » L'acte était placé dans un pan de la nappe d'autel, qu'on enroulait autour des mains de l'enfant ; celui-ci tenait le calice avec le vin, la patène avec l'hostie : le prêtre disait la Messe et offrait ensemble le saint sacrifice et le jeune oblat (2). Les parents de Robert n'avaient pas contracté, en son nom, cet engagement solennel, et il vivait dans le siècle, lorsque, parvenu à l'adolescence, il alla, librement et en toute connaissance de cause, frapper à la porte de Cîteaux. Il eut beau prier, supplier qu'on l'admît : en raison de sa tendre jeunesse, il fut ajourné à deux ans. Ce temps écoulé, il revient, renouvelle ses prières avec larmes ; on le reçoit enfin et on l'éprouve toute une année, au bout de laquelle, sa patience, sa persévérance ne s'étant point un instant démenties, il fait profession et revêt l'habit religieux (3). Plus tard il alla rejoindre son oncle à Clairvaux. C'est là que les Clunistes vinrent chercher celui qu'ils regardaient comme un transfuge. « Un jour, dit saint Bernard, arrive un certain grand-prieur, député par le prince des prieurs. » — Le grand-prieur, c'était ce Bernard, dont nous avons

(1) S. Bernard, Ep. I, ap. Migne, t. CLXXXII, col. 74.
(2) Sancti Benedicti Regula, LIX, col. 839 et sq.
(3) S. Bernard, ep. cit., col. 75.

loué la ferme contenance pendant le sac de Cluny ; le prince des prieurs, c'était Pons, qui n'avait pas encore abdiqué. — « Il arrive, continue l'abbé de Clairvaux, avec l'extérieur d'un agneau et l'âme d'un loup dévorant. Il trompe les gardiens, qui le croient du troupeau. Hélas ! hélas ! il entre, et le voilà seul à seul avec lui, le loup seul à seul avec le petit agneau. Que dirai-je ? Il devient insinuant, séduisant, flatteur. Prédicateur d'un nouvel évangile, il prêche la bonne chère et condamne la mortification. A l'entendre, la pauvreté volontaire est un état digne de mépris, et il taxe de folie les jeûnes, les veilles, le silence, le travail des mains. Par contre, il décore l'oisiveté du nom de contemplation, et pour lui, la gourmandise, la loquacité, l'indiscrétion, tous les genres d'intempérance constituent la politesse. Est-ce un plaisir pour Dieu, ajoute-t-il, de voir que vous vous torturez ? En quel endroit la Sainte-Écriture ordonne-t-elle de se tuer ?... Pourquoi Dieu a-t-il fait les aliments, s'il est défendu d'en user ? A quoi bon nous donner un corps, si nous ne devons pas le nourrir ?. Et d'ailleurs, l'Ecclésiastique n'a-t-il pas dit : « Celui qui est mauvais à lui-même, sera-t-il bon pour autrui (1) ? » et l'Apôtre : « Nul, s'il est dans son bon sens, ne hait sa propre chair (2) ? » Bref, ses raisonnements circonviennent le crédule enfant ; il suit son séducteur, il est conduit à Cluny. Là on lui coupe les cheveux, on le rase, on le lave ; on le dépouille de ses habits grossiers, usés, sales : on lui met des vêtements fins, neufs, brillants. On l'amène au milieu de la communauté : il y est reçu avec honneur ;

---

(1) *Qui sibi nequam est, cui alii bonus erit ?* (Eccli., xiv, 5.)
(2) *Nemo enim unquam carnem suam odio habuit.* (Ephes., v, 29.)

avec respect, comme en triomphe. On lui donne le pas
sur tous ceux de son âge, même sur les plus anciens : un
adolescent est élevé au-dessus des vieillards. C'est à qui le
caressera, le complimentera davantage. On dirait des soldats en face du butin : ils se partagent cette dépouille. O
bon Jésus ! que ne fit-on pas pour la perte d'une pauvre
petite âme (1) ! » Longtemps saint Bernard attendit; il
priait, il pleurait en silence. Enfin il se décide à écrire au
fugitif. Tandis qu'il dictait sa lettre, en plein air, un orage
éclate : le secrétaire veut se lever et gagner un abri. Le
saint lui fait signe de rester : « C'est l'œuvre de Dieu, dit-
il ; à lui de nous protéger. » Alors on vit se renouveler le
miracle de la toison de Gédéon. La pluie tombait à tor-
rents et trempait la terre autour d'eux ; pas une goutte
d'eau n'atteignit la lettre (2). Touchante légende, et qui
sert d'introduction naturelle aux plaintes, aux prières
émouvantes du pasteur, du père, de l'ami, à la poursuite
de la brebis égarée ! « Assez, trop longtemps, ô mon cher
fils Robert, s'écrie en commençant saint Bernard, j'ai
patienté dans l'espérance que Dieu daignerait, dans sa
bonté, visiter votre âme en lui parlant, et la mienne en
vous renvoyant à moi. Mais jusqu'ici mon attente a été
frustrée, et je ne puis plus cacher ma douleur, réprimer
mes anxiétés, dissimuler mon désespoir. Je fais donc les
premiers pas ; blessé, je vais trouver celui qui m'a frappé ;
méprisé, celui qui m'a repoussé ; je prie celui qui devrait
me prier. Mais le chagrin, quand il est excessif, peut-il
délibérer, écouter la raison, avoir souci de sa dignité, ob-

(1) S. Bernard, ep. cit., col. 72, 73.
(2) Baronius, t. XVIII, p. 394.

server les convenances? Il ne sait plus qu'une chose : il a perdu ce qui faisait sa joie; il veut recouvrer ce dont il pleure la perte... Allons, j'oublie le passé; je ne vous demande pas pourquoi vous en avez agi ainsi, comment vous avez pu vous y résoudre. Je vous dis seulement : Je suis malheureux quand je ne vous ai plus, quand je ne vous vois plus, quand je suis sans vous, pour qui mourir serait la vie, en l'absence de qui la vie même est une mort. Non, je ne vous reproche pas de nous avoir quittés, mais de n'être pas encore revenu; je n'accuse pas les motifs de votre départ, mais les lenteurs de votre retour. Venez donc, et la paix sera faite, venez, c'est la seule satisfaction qu'on exige de vous. Venez, venez, et; joyeux, je chanterai : « Il était mort, et il est ressuscité; il était perdu, et il est retrouvé. » Oui, c'est ma faute, si vous êtes parti. Vous si délicat, si jeune, je vous ai traité durement, sans égard à votre âge et sans humanité. Voilà pourquoi, je m'en souviens maintenant, il vous arrivait de murmurer contre moi. Encore une fois, c'est ma faute. Mais vous seriez coupable à votre tour si vous refusiez le pardon à celui qui se repent, et avoue ses torts. J'ai pu pécher par un zèle indiscret, jamais par malveillance. Au reste je ne serai plus le même envers vous, vous me trouverez bien changé; vous craigniez le maître en moi, ayez confiance : vous ne verrez plus qu'un ami (1). » Si, comme on l'a vu, les noms de Fénelon et de Pierre-le-Vénérable s'associent naturellement, il en est deux autres qui peut-être vont encore mieux ensemble : le nom de saint Bernard et le nom de Bossuet.

(1) S. Bernard, ep. cit., col. 68, 70.

On les a souvent rapprochés, confondus dans les mêmes
éloges, et, faut-il le dire? dans les mêmes reproches. On
leur a dénié à tous deux la tendresse du cœur, on les a
l'un et l'autre accusés d'insensibilité. Bossuet insensible!
lui qui, à la nouvelle de la mort de Turenne, « pensa s'é-
vanouir (1), » qui, au chevet de Madame, sut trouver,
dans son émotion et dans sa piété, cette prière qui
« charma » tout le monde, où s'entremêlaient les actes de
foi, de confiance et d'amour, « épanchement naturel et
prompt d'un grand cœur attendri, qui fut comme le trésor
secret où il puisa ensuite les grandeurs touchantes de son
oraison funèbre (2). » Saint Bernard insensible! lui qui a
su exprimer comme on vient de le voir les déchirements
de l'affection blessée, qui nourrissait pour ce jeune homme,
le fils de ses soins et de sa tendresse, des sentiments plus
que paternels, et qui a pu lui dire : « Je ressemble à cette
mère, à genoux devant le trône de Salomon; son enfant lui
avait été dérobé par sa compagne qui avait étouffé le sien
durant son sommeil. Vous aussi, vous avez été arraché de
mon sein. Je vous pleure, et ne cesserai de vous réclamer.
Je ne puis oublier que je suis père. Tant qu'il me manquera
la meilleure partie de moi-même, se peut-il que l'autre ne
soit pas à la torture (3) ? » De tels accents, de tels exemples ne sont-ils pas le plus éloquent commentaire de la
parole de Bossuet: « Lorsque Dieu forma le cœur et les

(1) Sévigné, 31 Juillet 1675, éd. des *Grands Ecriv. de la Fr.*,
t. III, p. 536.

(2) Sainte-Beuve, *Causeries du lundi*, t. VI, p. 316. Cf. Floquet,
Études sur la vie de Bossuet, t. IV, p. 396.

(3) S. Bernard., Ep. cit., col. 76.

entrailles de l'homme, — on pourrait ajouter : des grands hommes surtout, — il y mit premièrement la bonté? » Non, Bossuet ni saint Bernard ne sont de ces « héros sans humanité, qui pourront ravir l'admiration, mais n'auront pas les cœurs. » Ce qui étonne, c'est que celui de Robert ait si longtemps été sourd à l'appel de son maître, qu'il ne se soit pas rendu en le voyant s'accuser de ses prétendus excès de sévérité, et prendre sur lui tous les torts de la défection du jeune moine. Mais l'enfant prodigue ne devait pas rentrer encore sous le toit paternel. D'ailleurs, Pons pouvait-il si aisément renoncer à l'avantage que Cluny avait, dans cette circonstance, remporté sur son émule, et se dessaisir de ce jeune homme dont il se parait comme d'un trophée? Il avait eu soin, dès l'arrivée de Robert dans son abbaye, d'envoyer à Rome et de faire présenter les choses sous un tel jour, que le Pape, convaincu qu'il s'agissait d'un véritable oblat, transfuge de Cluny après avoir rompu des engagements irrévocables, l'avait, par un rescrit, délié des vœux prononcés à Cîteaux et fixé pour toujours dans son nouveau monastère (1). Il y demeura jusqu'à l'avénement de Pierre-le-Vénérable. Celui-ci ne pouvait fermer les yeux sur la justice des réclamations de saint Bernard; s'il lut sa lettre, il ne le fit pas sans verser des larmes : un de ses premiers actes fut de renvoyer Robert à Clairvaux (2).

Ce qui l'en avait tenu si longtemps éloigné, c'était sans doute l'obstination intéressée de l'abbé Pons; c'était aussi, on le devine à certaines alarmes, que saint Bernard laisse

(1) Ibid., col. 73.
(2) Petri Ven. Ep. VI. 35, col. 448.

percer dans sa lettre, le goût du jeune religieux pour une vie plus commode : « Puissent-ils te sauver sans moi, s'écrie-t-il ; puissé-je mourir moi-même, pourvu que tu vives! Mais quoi! le salut réside-t-il dans l'élégance des habits, dans la recherche des mets, plutôt que dans un régime sobre et une mise modeste? Si les pelisses douces et chaudes, si les étoffes fines et précieuses, si les longues manches et les amples capuces, si les épaisses couvertures et les couches molles font les saints, qui m'empêche de te suivre? Mais ce sont là des secours pour un malade, et non des armes pour un soldat. Ceux qui sont richement vêtus habitent les cours des rois (*Matth.* XI, 8). Le vin et les gâteaux, l'hydromel et les ragoûts soutiennent le corps et non l'esprit. Les fritures n'engraissent pas l'âme, mais la chair. Beaucoup de solitaires, en Egypte, ont servi Dieu longtemps sans se nourrir de poisson. Le poivre, le gingembre, le cumin, la sauge, tous les condiments de cette espèce flattent le palais, mais enflamment les passions. Et vous voulez me faire croire que vous êtes en sécurité, que votre adolescence ne court aucun péril? Ceux qui mènent une vie sage et réglée se contentent, pour tout assaisonnement, de sel avec leur appétit. Mais on ne veut pas attendre que la faim se fasse sentir : on a recours alors à des sauces savamment composées qui stimulent l'estomac et provoquent la gourmandise (1). » Ce n'est pas seulement en faisant ces concessions, ces avances à la sensualité, que Cluny parvenait à soustraire ses sujets à Cîteaux. Parmi les déserteurs, quelques-uns n'avaient obéi qu'à leur pen-

____

(1) S. Bernard., Ep. I, col. 77.

chant pour l'étude, pour la science et les lettres, qu'ils savaient plus en faveur dans les maisons clunisiennes. Saint Amédée, mort évêque de Lausanne, était entré bien jeune, à l'âge de neuf ans, dans l'abbaye cistercienne de Bonnevaux. Son père, Amédée de Hauterive, seigneur de six bourgs ou châteaux, parent des empereurs d'Allemagne, réputé des plus braves à la guerre et recherché pour la gaieté de son caractère et l'agrément de son commerce, avait un jour dit adieu au monde, et s'était présenté à la porte de Bonnevaux, avec seize chevaliers de ses amis, qu'il avait déterminés à le suivre, et son jeune fils. Les chevaliers furent admis comme novices, et, après une année d'épreuve, reçus à profession ; l'enfant fut accueilli aussi dans le couvent, mais seulement pour y être élevé, en attendant qu'il fût d'âge à prendre un parti. Il y avait deux ans déjà qu'il étudiait dans ce monastère : les soins qu'il recevait, les progrès qu'il faisait ne répondaient pas au désir de son père qui le prit avec lui, quitta Bonnevaux et se rendit à Cluny. Il est vrai que le jeune Amédée n'y demeura pas longtemps ; au bout de quelques jours il fut envoyé en Allemagne, à la cour de son parent, l'empereur Henri V, qui lui donna les meilleurs maîtres et le fit instruire comme son propre fils. Il est vrai aussi que Cîteaux ne l'avait pas perdu pour toujours : ses études achevées, à peine âgé de quinze ans, il partit pour Clairvaux, y prit l'habit et fit l'apprentissage de la vie religieuse sous la conduite de saint Bernard (1).

(1) *Histoire littéraire*, t. XII, p. 575 ; *Mémorial de Fribourg*, notice de l'abbé J. Gremaud, ap. Migne, t. CLXXXVIII, col. 1277 et sq.

Cependant de tels faits, alors assez fréquents, ne laissaient pas d'aviver des sentiments de rivalité, que le seul contraste des deux observances avait fait naître. Les Cisterciens n'en voulaient pas seulement aux Clunistes de la perte momentanée ou définitive de quelques-uns de leurs confrères, mais aussi des scandales causés chez eux par plusieurs moines de cet Ordre, qui l'avaient quitté le trouvant trop conciliant, pour embrasser une règle, que leur zèle bientôt refroidi n'avait pu supporter. Ils avaient trop présumé de leurs forces, et, après avoir été quelque temps des Cisterciens fort tièdes, on les avait vus reprendre le chemin de leur première demeure et aller de nouveau frapper à la porte qu'ils avaient si étourdiment franchie (1). Cluny était donc en assez mauvaise odeur à Cîteaux. De leur côté, les Clunistes reprochaient à leurs censeurs de blesser la charité ; ils enveloppaient dans cette accusation d'intolérance saint Bernard lui-même. Ses amis s'en émurent, à commencer par ce Guillaume de Saint-Thierry, dont le nom doit de lui avoir survécu, beaucoup moins peut-être à ses écrits et à ses vertus qu'à sa liaison avec l'abbé de Clairvaux. Moitié par zèle pour la réputation du saint, moitié pour calmer ses propres scrupules, — car il ne pouvait voir sans alarmes les attaques dirigées contre la discipline de Cluny, en vigueur dans sa communauté —, il pressa Bernard de prendre la plume et d'exprimer sa pensée sur le différend.

Il ne pouvait s'y refuser ; plus d'une fois Guillaume avait conçu le projet de se démettre de la dignité abbatiale

____

(1) S. Bernard., *Apologie*, 13, ap. Migne, t. CLXXXII, col. 916.

et de venir se ranger, à Clairvaux, sous la direction de son saint ami ; celui-ci l'en avait toujours détourné, lui représentant qu'il ne devait pas déserter le poste où la Providence l'avait placé (1). Il se mit donc à l'œuvre, malgré ses répugnances, « Je ne vois pas bien, dit-il, ce que vous demandez de moi. Si je vous ai compris, il me faut faire réparation aux Clunistes, qui nous accusent d'être leurs détracteurs ; il me faut aussi reprendre, dans leur genre de vie, tous les abus que vous me signalez. Comment échapper au reproche de me contredire moi-même (2) ? » Saint Bernard ne se trompait pas. Tel est en effet le caractère, un peu équivoque, de son *Apologie*, empreinte au début de la plus charitable indulgence, mais qui se tourne bientôt en satire mordante du relâchement de ses adversaires, et ne fit qu'ajouter à leurs griefs contre l'auteur et sa Congrégation. « Puis-je me taire, s'écrie-t-il en commençant, lorsque j'entends dire que des misérables tels que nous osent juger le monde, sous leurs haillons et du fond de leurs cavernes, et que, plongés dans l'ombre de notre indignité, nous insultons aux lumières de la terre ? Quoi ! sous la peau des agneaux, nous serions donc, je ne dis pas des loups avides, mais des insectes nuisibles, des vers rongeurs, qui vont déchirant la vie des gens de bien, non point en public ; il ne l'oseraient pas ! mais en cachette et par leurs calomnies à mi-voix ? S'il en est ainsi, nous sommes plus orgueilleux que les Pharisiens, car nous dénigrons ceux qui valent mieux que nous : à quoi bon dès lors tant de privations dans le manger, tant de pauvreté

(1) Id., Ep. 85, col. 206 ; *Hist. litt.*, t. XII, p. 312.
(2) S. Bernard, *Apologie*, Préface, col. 896.

dans le vêtement ; à quoi bon tant de fatigues et ce conti-
nuel travail des mains ; à quoi bon ces jeûnes, ces veilles,
en un mot toutes ces austérités qui nous singularisent ? Si
nous faisons tout cela pour être vus de nos semblables, rap-
pelons-nous la parole du Christ : « Je vous le dis en vérité,
ils ont déjà reçu leur récompense. » Nous sommes donc les
plus misérables des hommes ! Ne pouvions nous trouver
une voie plus commode pour aller en enfer ? Si nous devons y descendre, que ne prenions-nous le chemin de tout
le monde, le plus large, celui qui conduit à la tristesse,
mais par la joie et non par la tristesse ? Malheur aux pauvres
orgueilleux ! Malheur, malheur encore une fois à ceux qui
portent la croix du Christ et qui ne suivent pas le Christ, à
ceux qui partagent ses souffrances et ne veulent pas de son
humilité (1) ! » Venant ensuite à considérer cette riche
variété d'observances religieuses, qu'on voit fleurir ensemble dans la chrétienté : «Laissez, dit-il, à l'Eglise sa belle tunique, sa tunique de mille couleurs, comme celle de Joseph,
et cependant sans couture, comme celle du Christ : oui, de
mille couleurs, à cause de l'infinie diversité des Ordres
qu'elle renferme, et sans couture, à cause de l'indissoluble
unité qui les rassemble tous dans les liens de la charité, Ne
morcelez pas l'héritage de l'Eglise ; tout le monde en fait
partie : Clunistes et Cisterciens, clercs réguliers et laïques,
en un mot tous les ordres, toutes les langues, tous les
sexes, tous les âges, toutes les conditions, en tout pays, en
tout temps, depuis le premier homme jusqu'au dernier...
Mais alors, me direz-vous, pourquoi n'embrassez-vous pas

(1) Ibid., c. i, col. 899.

toutes les observances, puisque vous les approuvez toutes?
— J'en embrasse une seule par la pratique, et toutes les
autres par la charité (1). » Nous venons d'entendre la profession de foi de saint Bernard. Il aurait désiré la faire au
nom de sa Congrégation tout entière. Elle comptait malheureusement plus d'un membre qui n'avait pas su allier
l'humilité à l'austérité, ni s'élever à cette impartialité si
chrétienne qui reconnaît, dans les différentes branches de
la grande famille cénobitique, des applications diverses
d'une même loi de perfection. Bernard s'attaque à un esprit de corps si excessif et si étroit : « Il y en a dans notre
Ordre, dit-il, qui ont oublié cette parole : « Ne jugez point,
jusqu'à ce que le Seigneur soit venu, qui éclairera les ténèbres et ce qu'elles recèlent, qui manifestera les cœurs et
leurs pensées. » Ils insultent aux autres Ordres ; j'ai tort
de dire qu'ils sont du nôtre : ils ne sont d'aucun Ordre.
Leur vie est régulière, mais leur langage respire l'orgueil.
Vrais citoyens de Babylone, la ville de la confusion, enfants de ténèbres, ils sont dignes de la géhenne, où ne règne aucun ordre, mais une éternelle horreur. Vous ne vous
rappelez donc plus la parabole du Pharisien et du Publicain;
vous vous croyez donc seuls justes, seuls saints, seuls
moines, et tous les autres ne sont que des violateurs de la
Règle ?... Vous leur reprochez leurs habits, leur régime...
Quelle illusion ! Vous mettez tous vos soins à vêtir vos
corps suivant la Règle, et contrairement à la Règle, vous
n'avez nul souci de l'ornement de votre âme. C'est donc
la tunique, c'est donc la coule qui font le moine, et non pas

(1) Ibid., c. iii, iv, col. 902, 903.

la piété, l'humilité, véritables vêtements du cœur ? Couverts de vos tuniques et le cœur gonflé d'orgueil, vous n'avez pas assez de mépris pour les pelisses : comme si l'humilité, enveloppée de fourrures, ne valait pas mieux que la superbe en tunique ! Vous nourrissez votre corps de fèves et votre esprit d'orgueil ; puis vous condamnez la recherche des mets : comme s'il ne valait pas mieux faire quelques concessions à la faiblesse du tempérament sans préjudice de l'humilité, plutôt que de s'emplir de légumes jusqu'à en crever de vanité (1) !... Est-ce à dire que, parmi nos règles, celles qui regardent l'esprit doivent nous faire oublier celles qui ont trait au corps ? Nullement, il faut observer les unes, et ne pas négliger les autres. Mais si l'on vous mettait en demeure d'opter, il faudrait préférer les premières, qui l'emportent autant sur les secondes que l'esprit est au-dessus du corps (2). »

Si saint Bernard s'était arrêté là, nul doute, comme il le dit, qu'il ne se fût entièrement lavé des soupçons qu'il avait encourus. Mais il a peur de passer pour complice des abus qui régnaient à Cluny. Il veut, de ce côté, prendre aussi ses sûretés : il se le devait à lui-même ; il le devait à Guillaume, qui n'attendait pas seulement des excuses pour les Clunistes, mais des lumières pour sa gouverne. La seconde partie de l'*Apologie* se concilie-t-elle de tout point avec la première ? Nous n'oserions l'affirmer. Toujours est-il que, si les Clunistes avaient provoqué Guillaume de

---

(1) Nous sera-t-il permis de traduire ainsi ce membre de phrase, peu fait pour des oreilles françaises : *Quam ventoso legumine usque ad ructum exsaturari?*

(2) S. Bernard, *Apologie*, c. v, vi, vii, col. 904 et sq.

Saint-Thierry à faire parler Bernard, ils durent s'en repentir, et trouver que la retractation les compromettait plus que les insultes dont ils s'étaient plaints ; car le saint abbé, après les avoir caressés d'une main, les avait, de l'autre, bien rudement flagellés. Les atteintes qu'ils avaient portées à la pureté de leur règle, il les dénonce sans pitié ; il en fait un tableau, où se révèle la touche d'un peintre, où l'on voit revivre, dans ses membres, il est vrai, les moins édifiants, l'un des ordres les plus célèbres de l'Institut monastique. « On croit, dit-il, et l'on a raison, que nos saints fondateurs ont voulu assurer au plus grand nombre possible les avantages d'une vie si parfaite, et qu'ils ont pu, en considération des infirmes, tempérer les rigueurs de la Règle, sans la détruire. Mais loin de moi de penser qu'ils aient jamais prescrit, qu'ils aient jamais concédé les vanités, les superfluités que je vois dans la plupart des monastères. J'admire comment a pu se glisser chez des moines une telle intempérance dans le manger, dans le boire, un tel luxe dans les vêtements, dans les lits, dans les équipages, dans les édifices. Plus on y apporte de soin, de raffinement, de faste, plus on croit faire pour l'affermissement de l'ordre et l'accroissement de la religion. On taxe l'économie d'avarice, la sobriété de rigueur excessive, le silence de mauvaise humeur. Par contre, le relâchement est traité de prudence, la profusion de libéralité, le babil de savoir-vivre, le rire immodéré d'aménité ; c'est tenir son rang que d'avoir de riches habits et de brillants équipages ; c'est estimer la propreté que de parer sa chambre d'ornements superflus. Passer tous ces déréglements à ses frères, c'est être charitable ;

Triste charité, qui détruit la charité; triste prudence, qui confond la prudence! Miséricorde pleine de cruauté, qui entretient le corps et qui tue l'âme! Qu'est-ce qu'une charité, qui flatte la chair et néglige l'esprit? Qu'est-ce qu'une prudence, qui donne tout au corps et rien à l'âme? Qu'est-ce qu'une miséricorde qui nourrit la servante, et laisse périr la maîtresse?.. Au commencement, lorsque naquit l'Ordre monastique, croyait-on qu'il en viendrait à une telle décadence? Oh! que nous sommes loin de ces temps où vivaient les disciples de saint Antoine. Quand ils se visitaient, de loin en loin, par charité, telle était l'avidité avec laquelle ils recevaient, les uns des autres, le pain de l'âme, qu'ils oubliaient la nourriture du corps et passaient des jours entiers sans manger; mais leur esprit n'était pas à jeun... Aujourd'hui, qui cherche, qui distribue l'aliment céleste? Jamais il n'est question des Saintes Ecritures, jamais du salut des âmes; toujours des riens, des quolibets, des paroles en l'air. Pendant que la bouche engloutit les mets, les oreilles se repaissent de frivolités, qui vous absorbent tellement, que vous ne savez plus mettre fin à vos repas. Aussi, apporte-on plat sur plat. A la place des viandes, la seule chose qui vous soit interdite, de grands corps de poissons paraissent à double rang sur la table. Êtes-vous rassasiés des premiers : on dirait, à vous voir aux prises avec les seconds, que vous n'avez même pas goûté des autres. Mais l'industrie des cuisiniers est si grande, si grand est l'artifice de leurs assaisonnements! Les services peuvent succéder aux services : les premiers ne nuisent pas aux suivants, et la satiété ne diminue pas l'appétit. Le palais, stimulé par des sauces de nouvelle invention, sent, à tout moment, se réveiller ses désirs. L'estomac n'a plus d'yeux; il se charge toujours, et la variété prévient le dégoût... Qui dira, par exemple, toutes les manières dont on sait apprêter les œufs : on les tourne, on les retourne, on les bat, on les délaie, on les durcit, on les hache; on les fait frire, on les fait bouillir; on les farcit, on les sert seuls ou mêlés à d'autres aliments... Et l'eau! faut-il en parler, puisqu'il n'est plus admis qu'on en mette dans son vin? Chose bizarre! à peine sommes-nous moines, nous voilà malades de l'estomac; nous n'avons garde alors d'oublier que l'Apôtre nous conseille l'usage du vin, l'usage *modéré*, il est vrai ; mais je ne sais pourquoi, nous oublions l'épithète. Encore si l'on se contentait d'une seule espèce de vin ! J'ai honte de le dire; vous rougirez de l'entendre peut-être : ayez du moins le courage de vous corriger. Trois ou quatre fois par repas, on vous apporte une coupe à demi-pleine; vous la subodorez, vous la touchez à peine du bout des lèvres, et avec un flair aussi rapide qu'infaillible, vous choisissez toujours le vin le plus généreux. Mais ce n'est pas tout; et faut-il croire que, dans certains monastères, il est d'usage, aux grandes fêtes, de servir des vins mélangés de miel ou saupoudrés d'épices? Serait-ce donc pour soutenir les estomacs débiles? Après ces repas, on se lève de table, les veines gonflées, la tête lourde, et pour quoi faire, sinon pour dormir? S'il faut, dans cet état, aller à l'office, pourra-t-on chanter, et de quel nom peut-on nommer les sons rauques qu'on tirera péniblement de sa poitrine?.. A table, on ne veut pas satisfaire un besoin, mais goûter un plaisir; dans les vêtements, on ne cherche pas de quoi se

couvrir, mais de quoi se parer. On a des habits qui garan-
tissent moins du froid qu'ils ne soulèvent le vent de l'orgueil. Ah! que je suis à plaindre d'avoir assez vécu pour
voir notre Ordre déchoir à ce point, cet Ordre qui fut le
premier dans l'Eglise, que dis-je? par où l'Eglise a commencé; qui était le plus semblable aux hiérarchies angéliques, le plus voisin de la Jérusalem céleste, soit pour
l'éclat de la pureté, soit pour l'ardeur de la charité; qui a
eu les Apôtres pour fondateurs, et pour premiers membres,
des hommes que Paul appelle toujours des Saints! Chacun
d'eux n'avait à lui que ce qui lui était nécessaire : rien
pour la curiosité, rien pour la vanité; dans les vêtements,
rien que ce qu'il fallait pour couvrir la nudité et défendre
des intempéries. Auraient-ils acheté des habits de galebrun
et d'isambrun (1)?... Mais nous, c'est à peine si dans nos
provinces, nous trouvons encore des étoffes dignes de
nous vêtir. Le chevalier et le moine prennent chacun la
moitié du même drap, l'un pour son habit de guerre,
l'autre pour sa coule. Les plus grands seigneurs, le roi
lui-même, fût-il empereur, ne dédaigneraient pas nos vêtements, à la forme près... Je parlerai, je parlerai,
dussé-je passer pour présomptueux, je dirai la vérité.
Comment la lumière s'est-elle obscurcie? Comment le
sel de la terre s'est-il affadi? Ceux dont la vie devrait
nous montrer le chemin, nous donnent l'exemple de l'ostentation; ce sont des aveugles qui conduisent des aveugles. Quoi donc! est-ce une preuve d'humilité, de voyager
en si grande pompe et en si grand appareil, entouré de

____

(1) V. Ducange, aux mots *galabrunum* et *isembrunum*.

cette foule empressée de valets à longs cheveux, avec une suite qui suffirait à deux évêques? Je mens, si je n'ai pas vu un abbé traîner après lui soixante chevaux et plus. Vous diriez, à les voir passer, non des pasteurs de couvents, mais des seigneurs de châteaux, non des directeurs d'âmes, mais des gouverneurs de provinces. Il faut porter, dans leur bagage, du linge de table, des coupes, des aiguières, des candélabres, de grands coffres remplis de tous les ornements de leur lit. Dès qu'ils vont à quatre lieues de chez eux, il leur faut tout leur mobilier, comme s'ils partaient pour la guerre, ou qu'ils dussent traverser un désert. Est-ce que le même vase ne pourrait pas servir pour l'eau qu'on verse sur leurs mains et pour le vin qu'ils boivent? Ne pourraient-ils voir clair, sans des chandeliers d'or ou d'argent? Ne pourraient-ils dormir sans toutes ces riches tentures? Le même valet ne pourrait-il panser leur cheval, les servir à table et faire leur lit? Pourquoi tout cet encombrement? Serait-ce pour être moins à charge à vos hôtes? portez donc aussi votre nourriture, pour leur épargner toute dépense (1). »

Il serait difficile de surpasser l'âpre vigueur et l'ironie mordante de ces censures, et l'on a quelque peine à comprendre qu'elles aient été dictées par un homme, qui disait : « Quoi! parce que je suis Cistercien, me faudra-t-il réprouver les Clunistes? Loin de là! je les aime, je les loue, je les exalte (2). » Eh bien! veut-on voir le pendant de l'éloquente invective de saint Bernard : écoutons un Cluniste, écoutons Pierre-le-Vénérable : « Que dire, s'é-

(1) S. Bernard, *Apologie,* c. VIII, IX, X, XI, col. 908 et sq.
(2) Ibid., c. IV, col. 903.

crie-t-il, de tous ces monastères, qui n'en sont pas, vraies synagogues de Satan ? Leurs habitants ont-ils rien du moine, que le nom et l'habit ? Où trouver, je ne dis pas les vertus, mais l'apparence des vertus monastiques : de l'humilité, de la charité, de la pauvreté ? Ils se disent moines ; les moines vivent solitaires et séparés du monde ; et ceux-ci habitent, de corps et d'esprit, au milieu des foules et du tumulte. Ils prétendent mener la vie des apôtres, qui avaient tout mis en commun. Et c'est beaucoup si l'église, si le réfectoire, si le dortoir sont les mêmes pour tous ; bien entendu qu'ils n'auront ni le même cœur pour prier à l'Eglise, ni le même ordinaire au réfectoire, ni des lits pareils au dortoir. Oui, ce serait beaucoup pour eux, et plût à Dieu qu'il en fût toujours ainsi ! On ne les verrait pas aller manger, aller séjourner dans les maisons étrangères et qui ne sont pas de leur Ordre. Ce qui arrive alors, je le tais, moins pour eux que pour moi, qui en rougis, et par respect pour le saint nom de notre Ordre... Errants, inconstants, légers, orgueilleux, ambitieux, avares, leur profession est la prévarication, leur stabilité le vagabondage, la conversion de leurs mœurs l'aversion de Dieu, leur obéissance l'indiscipline, leur cloître l'univers entier ; ils n'ont d'autre Dieu que leur ventre, d'autre abbé que leur volonté propre, n'acceptent aucun joug et ne pratiquent pour toute mortification, que la recherche de tous les plaisirs de la chair (1). » Il ne faut pas s'étonner que l'abbé de Cluny et l'abbé de Clairvaux soient ainsi tombés d'accord ; ils écrivaient tous deux sous l'empire du même esprit : un

____

(1) Petri Ven. Ep. II, 2, col. 186.

esprit de zèle, plus passionné chez l'un, plus contenu mais non moins profond chez l'autre, pour les intérêts et pour l'honneur de l'Eglise. Ils étaient les champions d'une cause commune. Ils ne pouvaient se consoler ni se taire, quand ils voyaient commencer à se flétrir l'un des rameaux les plus florissants du grand arbre monastique, à l'ombre duquel ils s'abritaient ensemble ; car ils étaient, au même titre, enfants de saint Benoît : comme ils aimaient à le dire, « leurs congrégations portaient le même nom, appartenaient au même Ordre (1) ? » (*unius nominis et ordinis maximas congregationes.*)

Cependant il y avait entre elles plus d'une différence. Ce n'est pas seulement au costume qu'on distinguait un Cluniste d'un Cistercien. On reconnaissait en lui une autre éducation, d'autres idées, en un mot, un autre esprit. Cette opposition va se marquer dans la dernière page de l'*Apologie* de saint Bernard. Il avait déclaré qu'il ne faisait pas la guerre à l'Ordre dans la personne de ses membres, mais aux membres, à cause de leurs vices. Les abus, ajoutait-il, se sont glissés dans l'Ordre ; ils ne sont pas l'Ordre lui-même (2). N'est-ce pas pourtant au génie même de l'Ordre qu'il se prend, lorsqu'il attaque un des goûts dominants de la plupart de ses membres, et des plus saints, qui a peuplé la France de merveilles et puissamment aidé au progrès de l'art chrétien : le goût de la belle architecture ? « Je passe sous silence, dit-il, ces églises et leur hauteur à perte de vue, leur longueur démesurée, leur largeur exa-

---

(1) Id., Ep. IV, 17, col. 338 ; Cf. Mabillon, *ad S. Bern.*, Ep. I, n. 57, col. 75.

(2) S. Bernard, *Apologie*, 7, col. 908.

gérée, ces somptueux ornements, ces riches peintures, qui attirent le regard des fidèles, dissipent la dévotion et me rappellent les cérémonies judaïques. Mais je le veux, tout cela est pour la plus grande gloire de Dieu. Je vous demande — je suis moine, et je parle à des moines — je vous demande ce qu'un païen demandait à des païens : Dites-moi, prêtres, que fait l'or en un sanctuaire (1) ? Et je puis ajouter : Dites-moi, pauvres (si tant est que vous soyez des pauvres), que fait l'or dans le sanctuaire ? Autre est la condition des évêques, autre celle des moines. Les évêques se doivent aux sages et aux fous. Les hommes charnels, sourds au langage de l'âme, se laissent toucher aux objets sensibles. Mais nous, qui avons quitté les rangs du peuple, qui avons renoncé aux richesses, aux pompes du monde pour l'amour du Christ ; nous qui foulons aux pieds tout ce qui brille aux yeux, tout ce qui flatte les oreilles, les plaisirs de l'odorat, du goût, du toucher, de tous les sens, et les regardons comme du fumier au prix de Jésus-Christ ; pour qui, je vous le demande, tout cet étalage ; quel fruit en voulons-nous recueillir ? les applaudissements des sots ou les offrandes des simples ? Nous sommes encore du siècle ; nous participons à ses œuvres et nous encensons ses idoles. Je parlerai ouvertement : n'est-ce pas l'avarice, cette idolâtrie véritable, qui nous inspire ? Que cherchons-nous : la conversion des peuples, ou leurs présents ? Et comment s'y prend-on ? On ne saurait assez l'admirer. Il y a un art de semer l'or, qui le multiplie. Il coule comme les rivières, et s'accroît dans son cours.

(1) Perse, sat. ii, v. 69.

Ces somptueuses, ces merveilleuses vanités portent les hommes à donner plus qu'à prier. L'argent attire l'argent : car je ne sais comment il se fait que plus on est riche, plus on reçoit. Les reliquaires sont tout couverts d'or : les yeux se repaissent de cette vue, et les bourses de s'ouvrir. On expose les images des saints : plus elles sont parées, plus elles semblent vénérables. Le peuple court les baiser, et fait son offrande, puis se retire, plus frappé de la beauté du travail que de la sainteté de l'objet. On suspend, dans l'église, je ne dis pas des couronnes, mais de grandes roues, garnies de lumières, étincelantes de pierres précieuses. En guise de candélabres, on dresse des arbres gigantesques, d'airain massif, ciselés avec un art infini, où les cierges jettent moins d'éclat que les pierreries. Que se promet-on de tout cela? la componctiou des visiteurs ou eur admiration? O vanité des vanités, ô folie! L'Eglise resplendit dans ses murailles et manque de tout dans ses pauvres. Ses pierres sont revêtues d'or, et ses enfants sont nus. Les ressources des pauvres servent à charmer les yeux des riches. La curiosité est satisfaite, la misère ne reçoit aucun secours. Encore si nous respections les saintes images! mais elles forment le pavé du temple, et on marche dessus. Ici on crache sur le visage d'un ange; là les traits d'un saint s'effacent sous le pied des passants. A quoi bon ces vives couleurs, ce dessin si correct, si tout cela doit être souillé de poussière? Et d'ailleurs, ces choses conviennent-elles à des pauvres, à des moines, à des hommes spirituels? A moins que vous ne répondiez au poëte, dont je vous citais les paroles, par le mot du prophète : « Seigneur, j'ai aimé la beauté de votre demeure, le séjour de votre gloire. » Soit ! passe encore pour les églises ; ce luxe peut enfler la vanité et nourrir l'avarice, il peut aussi entretenir la dévotion des simples. Mais dans les cloîtres, sous les yeux des frères, occupés à lire, à quoi bon ces monstres grotesques, ces difformités belles, ces beautés difformes ? à quoi bon ces singes grimaçants, ces lions en fureur, ces centaures moitié hommes et moitié bêtes, ces tigres tachetés, ces soldats sur le champ de bataille, ces chasseurs avec leurs trompes ? Ici, c'est une tête à plusieurs corps, là un corps à plusieurs têtes ; plus loin un quadrupède avec une queue de serpent, un poisson avec une tête de quadrupède ; à côté, une tête de cheval avec un corps de chèvre ; une tête surmontée d'une corne et une croupe de cheval. Au milieu de ces chimères, de ces extravagances, les yeux se porteront-ils sur le marbre ou sur les livres ? Les journées se passeront-elles à contempler ces sculptures ou à méditer la loi de Dieu ? Mais pour le ciel ! si vous n'avez pas honte de ces folies, rougissez du moins des dépenses qu'elles entraînent (1). » Pierre-le-Vénérable aurait-il souscrit sans réserve à cette violente sortie contre la richesse des temples et le luxe des bâtiments ? Nous en doutons. Il ne priait jamais mieux que dans une belle église. Un de ses amis, l'évêque de Troyes, lui semblait appelé à la vie religieuse ; il le presse d'échanger son siége contre une cellule de Cluny : « Avez-vous oublié, lui écrit-il, cette église, la plus belle, et de beaucoup, de toute la Bourgogne, les peintures qui la décorent, toute la vie du Christ, ses miracles, merveilleusement représentés

(1) S. Bernard, *Apologie,* c. XII, col. 914.

par nos peintres? Où trouver un lieu mieux fait pour le recueillement et la contemplation (1)? » Pierre était dévoré du zèle de la maison de Dieu, et pour ajouter à la décence, à l'éclat du culte, il ne savait rien épargner. Un moine de son Ordre n'a pas assez d'éloges pour les deux beaux reliquaires d'argent, incrustés d'or, ornés d'émaux et de pierreries, qu'il avait fait placer sur le maître-autel (2). Sous son gouvernement, s'acheva et fut dédiée cette basilique de Cluny, la plus vaste alors du monde chrétien, et dont Saint-Pierre de Rome a seul surpassé, dans la suite, les proportions colossales (3). Pierre-le-Vénérable avait toutes les vertus de son état; il était, on l'a dit, « l'idéal du moine » (4), mais du moine de Cluny. C'était un titre à la reconnaissance de cet Institut, que d'en avoir accru et embelli les édifices. Un des abbés les plus honorés de l'Ordre, un saint, Odilon disait : « J'ai trouvé une abbaye de bois, et je la laisse de marbre (5). » Au contraire, à Cîteaux, on se glorifia long-temps de ce qu'on appelait « le monastère de bois (6). » Cluny, c'était le cloître, mais bâti par la main des arts; c'était la prière, mais entrecoupée d'études variées; la pratique des conseils évangéliques, mais dans la sérénité et sous le rayon du Thabor, plutôt que dans les larmes et la

(1) Petri Ven. Ep. II, 50, col. 273.
(2) Ap. Petri Ven. op. col. 44.
(3) Lorrain, *Essai historique sur l'Abbaye de Cluny*, p. 66. Saint-Pierre de Cluny avait 555 pieds de long ; Saint-Pierre de Rome en a 564.
(4) Rémusat, *Saint Anselme*, c. i, p. 3.
(5) Viollet-le-Duc, *Dict. d'architecture*, t. Ier, p. 251.
(6) Ibid., p. 263.

désolation du Calvaire. Cîteaux, c'était le renoncement
absolu ; le vœu de pauvreté, compris avec une rigueur singulière ; il y avait un luxe de l'esprit qu'il n'excluait pas
moins que les richesses ; là aussi, cependant, le travail
succédait à l'oraison, mais le travail des mains, qui défri-
chait les terres abandonnées, desséchait les marais, créait
des usines, et parfois réunissait à la même charrue le
pauvre colon et le haut baron, jadis puissant dans le
siècle (1). Lorsqu'on se dirigeait vers Cluny, de loin les
yeux étaient frappés par la masse imposante de la grande
église, par son double transept, ses quatre tours hautaines,
qui surmontaient les collines et les forêts, la tour *du
chœur* surtout, plus élevée, plus large que les autres, et
d'où s'échappaient les volées de ses dix-huit cloches (2) ;
et l'on reconnaissait cette congrégation si respectée qu'on
a vu des Papes solliciter son appui, si opulente qu'un de
ses abbés, Pierre lui-même, a pu l'appeler « le trésor de la
république chrétienne (3). » Le caractère des Cisterciens
ne se traduisait pas moins dans leurs églises, dépourvues
de sculptures, de peintures, aux vitraux de couleur blanche,
sans croix ni ornements, et dont les clochers devaient être,
disaient les constitutions, d'une hauteur modeste, en rapport avec la simplicité de l'Ordre (4). Ces constructions
austères, nues, basses, presque écrasées faisaient songer à
des pénitents, prosternés dans la prière et dans l'humilité.

(1) Ibid., p. 264.
(2) Pignot, *Hist. de l'Ordre de Cluny*, t. II, p. 506.
(3) Petri Ven. Ep. III, 8, col. 312 : *Totius reipublicæ christianæ
ærarium.*
(4) Viollet-le-Duc, *Dict. d'architecture*, t. Iᵉʳ, p. 269.

Mais quoi ! faut-il se prononcer entre les deux observances, entre les deux esprits ? Proscrire les splendeurs artistiques et l'activité littéraire de Cluny, c'eût été suspendre cette patiente et glorieuse tradition, qui nous a valu les chefs-d'œuvre de l'antiquité, ralentir cet élan de la piété de nos pères qui, suivant un mot célèbre, a couvert la France de cette blanche robe d'églises, aujourd'hui encore, une de ses plus belles parures ; c'eût été priver le peuple de cette prédication, dont saint Bernard, on l'a vu, ne méconnaît pas l'efficacité, de ces monuments qui étaient « comme un livre ouvert pour la foule, dont les frises, les chapiteaux retraçaient les histoires sacrées, les légendes populaires » (1), dont les superbes clochers rappelaient moins au fidèle l'orgueil des moines que la pensée du ciel. Car Chateaubriand n'a-t-il pas été bien inspiré, quand il a dit : « Un paysage paraît-il nu, triste, désert, placez-y un clocher ; à l'instant, tout va s'animer : les douces idées de pasteur et de troupeau, d'asile pour le voyageur, d'aumône pour le pèlerin, d'hospitalité et de fraternité chrétiennes, vont naître de toutes parts (2) ! » D'un autre côté, réprouver l'austérité de Cîteaux, en l'accusant, comme on l'a fait dans la chaleur de la dispute, de briser la vigueur du corps et d'alanguir l'esprit (3), tandis que saint Bernard, dans des membres exténués par le jeûne, trouvait la force de gouverner son siècle, et que les mille bras de ses moines fertilisaient les solitudes et y portaient le commerce et l'industrie, c'eût été détruire une puissante et nécessaire

(1) Ibid., p. 278.
(2) Chateaubriand, *Génie du Christianisme*, 3ᵉ partie, l. Iᵉʳ, c. vi.
(3) Petri Ven. Ep. 1, 28, col. 157.

influence, qui vint s'opposer à temps au torrent du relâchement, et retenir l'ordre monastique sur cette pente, dont parle le poëte et qui entraîne toute chose, ici-bas, vers l'inévitable décadence :

Sic omnia fatis
In pejus ruere, ac retro sublapsa referri (1).

C'est donc ici le lieu de répéter, avec saint Bernard, que la robe de l'Église est sans couture mais qu'elle a mille nuances. On peut ajouter qu'il y a plusieurs demeures dans le royaume de Dieu, que toutes les observances y sont à l'aise, pour travailler, chacune selon sa vocation, à l'œuvre commune, et confondre la variété de leurs efforts dans l'unité d'un même but.

L'*Apologie* de saint Bernard, on le comprend, ne mit pas fin à l'antagonisme des deux Ordres. Elle ne convertit personne, pas même les Cisterciens, qui n'en continuèrent pas moins à censurer leurs émules. Comme le différend ne portait pas seulement sur des abus que tous les religieux dignes de ce nom s'accordaient à blâmer de part et d'autre, mais que les caractères essentiels de l'une de ces Congrégations se trouvaient en cause, c'était le devoir de ses membres, de ses chefs surtout, de prendre en main leur défense. Pierre-le-Vénérable n'y manqua pas. Un de ses premiers soins, après que l'orage soulevé par Pons eût été apaisé, fut d'écrire à saint Bernard. Il fit, lui aussi, son Apologie. Celle de l'abbé de Clairvaux avait paru depuis plusieurs années déjà (2); il ne l'a pas directement en vue,

(1) Virgile, *Géorgiques*, I, v. 199.
(2) Nous ne pouvons partager, en effet, l'opinion qui place la

mais sa réponse embrasse quantité d'accusations, que saint Bernard n'avait pas énoncées, que les moines de Cîteaux avaient sans cesse à la bouche et qui formaient comme les chefs principaux du procès. Ce qui montre aussi qu'il ne prenait pas à partie le grand homme, auquel nous le verrons témoigner toujours une déférence si profonde, c'est la vivacité de quelques-unes de ses répliques. Ce n'est pas à Bernard, à coup sûr, mais à ceux de ses moines que lui-même n'avait pu, par ses exhortations, ramener à une modestie plus indulgente, que s'adresse cette véhémente apostrophe : « O Pharisiens ! vous avez une postérité, vous voilà revenus au monde ! Ce sont vos fils, ceux qui se mettent hors de pair, s'élèvent au-dessus des autres ; le prophète leur avait déjà fait dire : « Ne me touchez pas : je suis saint. » Mais voyons, dites-moi, stricts observateurs de la Règle, comment vous targuez-vous d'y être si fidèles, vous qui n'avez nul souci de ce petit chapitre, où

composition de l'*Apologie* sous l'administration de Pierre-le-Vénérable, vers l'année 1124. Dans une lettre à Guillaume de Saint-Thierry écrite vers 1125, Saint Bernard, lui dit qu'il n'a pas encore écrit la Préface de cet opuscule ; mais elle a pu n'être ajoutée que longtemps après la rédaction de l'opuscule lui-même ; Saint Bernard, dans cette lettre, dit qu'il n'avait pas cru qu'elle fût nécessaire. (S. Bernard, Ep. LXXXV, col. 209.) D'autre part, comment admettre que saint Bernard n'eût pas apporté des réserves à son portrait des abbés scandaleux, supposé qu'il l'ait écrit à une époque où, depuis deux années déjà, l'abbé Pierre avait donné tant de gages de son attachement à la discipline ? Ce portrait nous semble peint d'après Pons, de son vivant et sous son administration. Nous placerions donc la date de l'*Apologie* entre 1119, année de la promotion de Guillaume comme abbé de Saint-Thierry (S. Bernard, dans la suscription de l'*Apologie*, le qualifie de *Père*, titre qui ne convenait qu'aux abbés) et 1122, époque de l'élection de Pierre-le-Vénérable.

elle enjoint au moine de s'estimer le plus vil et le dernier des hommes, et cela non-seulement dans ses discours, mais au fond du cœur? Avez-vous ces sentiments, quand vous ne cessez de dénigrer les autres et de vous exalter vous-mêmes, de les mépriser et de vous complaire dans vos mérites? Avez-vous oublié ce que dit l'Evangile : « Quand vous aurez accompli tous les préceptes, confessez que vous êtes des serviteurs inutiles »; ce que dit le Psalmiste : « Nul homme vivant ne sera trouvé juste devant vous, Seigneur »; ce que dit Isaïe : « Notre justice est semblable à un vêtement souillé? » Et vous, ô saints, ô hommes uniques, seuls moines véritables, perdus au milieu de tous ces religieux faux et corrompus, vous vous dressez dans votre isolement, vous portez avec orgueil un costume de couleur insolite, et pour vous distinguer de tous les moines du monde, vous étalez vos robes blanches au milieu des frocs noirs. Et cependant ces habits de couleur noire, nos pères les avaient adoptés par humilité : vous les rejetez; vous vous croyez donc meilleurs que nos pères? Ce grand et admirable saint Martin, un vrai moine, lui ! lit-on qu'il allât vêtu de blanc et d'une robe courte, ou de longs habits noirs? Vous le voyez donc, vous aimez mieux paraître les défenseurs que d'être les observateurs de la Règle. Vous êtes atteints et convaincus de la violer, puisqu'en dépit de ses prescriptions, vous renoncez aux livrées de la pénitence et de l'humilité, pour prendre celles qui, dans l'Ecriture, annoncent la joie et le triomphe (1). »
En lisant ces lignes, on se rappelle Pascal, et l'éloquence

____

(1) Petri Ven., Ep. I, 28, col. 116.

indignée, qu'il a mise au service d'une cause moins bonne que celle de Pierre-le-Vénérable. Ce n'est plus Pascal, c'est saint François de Sales, cette âme sœur de l'âme si tendre de l'abbé de Cluny, dont le souvenir s'éveille en nous, quand nous venons à des passages comme ceux-ci : « La charité prévaut sur toutes les lois canoniques... La rectitude de la Règle réside dans la charité (1)... La charité est une mère de famille, tout entière au soin de sa maison, qui partage le travail entre ses serviteurs, envoie les uns à la charrue, les autres à la vigne, d'autres à la forêt; ceux-ci doivent allumer le feu, ceux-là apporter l'eau ; il en est enfin qui vont au marché. Ainsi la mère de famille donne des ordres différents, mais qui ne se contrarient pas et concourent également à la prospérité de la maison. La charité en use de même ; elle n'ordonne rien que dans l'intérêt de la maison de Dieu, et ne se contredit pas, lorsqu'elle varie ses ordres selon les temps et les personnes. C'est elle qui, ne négligeant aucun moyen de procurer le salut des hommes, a permis qu'on reçût à profession les novices avant la fin de l'année de probation, qu'on donnât aux religieux les vêtements exigés par la rigueur du climat ou de la saison, qu'on délaissât les travaux manuels pour l'étude (2). » Une qualité de l'intelligence venait en aide, chez Pierre-le-Vénérable, à cette tendresse naturelle du cœur. Le bon sens était un de ses traits distinctifs. Cette raison droite et éclairée, d'accord avec sa charité, lui ouvrait les yeux sur les besoins de ses frères, lui faisait rechercher, sous la lettre où s'arrêtaient

(1) Ibid., col. 149.
(2) Ibid., col. 154.

ses adversaires, l'esprit même de la loi bénédictine, et le portait à subordonner les constitutions écrites à ce qu'il a si bien nommé « la Règle de la raison et de la charité. *Regula rationis et charitatis* (1). » Une ironie sans amertume vient parfois se mêler à ce ferme jugement, et en animer le langage. « Vous nous objectez, dit Pierre à ses accusateurs, que lorsque des hôtes arrivent où se retirent, on ne voit point chez nous l'abbé, à la tête de sa communauté, se mettre à genoux, s'incliner devant eux, leur verser de l'eau sur les mains, leur laver les pieds (2). —O hommes! vous agissez en enfants : vous courez après les papillons, vous frappez l'air de vos coups. Vous ne suivez pas la sagesse, mère des vertus; c'est pourquoi vous déviez du droit chemin: A vous entendre, on viole ses vœux, on est digne de la damnation à Cluny, parce qu'à l'arrivée et au départ des hôtes, la congrégation ne vient pas, avec l'abbé, se prosterner devant eux, leur laver les pieds et les mains. Il faudra donc que le couvent émigre dans l'hôtellerie, ou que les hôtes soient hébergés dans le cloître. L'affluence des visiteurs est telle, qu'on ne pourrait autrement s'acquitter à la lettre de ces obligations. Ainsi les voilà, ces hommes dont vous voulez faire des moines parfaits, qui ne sont plus des moines ; car, demeurant au milieu des séculiers, ils perdront leur nom avec l'esprit de leur état. Pour s'attacher sans discrétion à ce seul point de la Règle, ils abandonneront tous les autres, au risque de ne pas même satisfaire entièrement à celui-là. Il arrivera que des moines vivront pêle-mêle avec des

(1) Ibid., col. 134.
(2) Cf. S. Bened., *Regula,* c. LIII; col. 749.

clercs, des soldats, des paysans, des écuyers, des bateleurs, des hommes de toute espèce, et même, car la charité ne les exclut pas de nos hôtelleries, avec des femmes. Et ces êtres à part, qui étaient morts au monde, à qui vous refusiez jusqu'au droit de respirer le même air que leurs semblables, vont partager les mœurs de ceux qu'ils avaient quittés pour toujours. Les étrangers sont si nombreux, que s'il fallait s'incliner, se prosterner devant tous, leur laver à tous les pieds et les mains, tous les frères devraient s'y employer, depuis le lever du soleil jusqu'à son coucher ; encore le jour, bien souvent, n'y pourrait-il pas suffire. On renoncerait alors à l'office divin ; plus de Prime, de Tierce, de Sexte, de None, plus de Vêpres, plus de Complies ; on ne célèbrerait plus la Messe ; on abandonnerait tout pour laver les pieds et les mains. L'Église serait muette, ou on louerait des chantres pour suppléer les frères. Quelle folie ! quelle aberration ! quelle stupidité (1) ! Nous faisons cependant ce que nous pouvons. Chaque jour de l'année, nous lavons les pieds et les mains à trois pèlerins, nous leur présentons le pain et le vin. Tout le monde s'acquitte de ce devoir à tour de rôle, l'abbé comme les autres ; personne n'en est exempté, à l'exception des malades. Ainsi nous accomplissons ce point de la Règle dans la mesure du possible, sans préjudice du reste. Vous le voyez, la raison elle-même, si nous nous taisions, réfuterait votre accusation, et la mettrait à néant (2). » C'est encore la raison, et la plus haute, qui, par la bouche de Pierre-le-Vénérable, va répondre à un autre grief des Cisterciens.

(1) *Nonne hæc non debere fieri, ipsa bruta animalia vociferarentur?*
(2) Petri Ven. Ep. I, 28, col. 130.

Préoccupés surtout de la sanctification personnelle des moines, s'inspirant de cet esprit de pauvreté qui avait donné naissance à leur institut (1), ils s'élevaient contre les vastes possessions des Clunistes, maîtres de châteaux, de villages avec leurs paysans, de serfs de l'un et de l'autre sexe, et dont les abbés comptaient parmi les plus grands seigneurs terriens de l'époque. Pierre avouait que ces immenses domaines et les soins qu'ils réclamaient pouvaient nuire parfois au recueillement des religieux, les contraindre à quitter le cloître, à comparaître en justice comme parties ou comme témoins, à plaider comme avocats (2), mais il était surtout frappé des avantages sociaux qu'offrait alors la propriété monastique : « Qui ne sait, dit-il, que tous ces biens sont mieux administrés par les moines que par les laïques ? Un château nous est-il donné : le voilà transformé. On n'en voit plus sortir à tout moment des soldats partant pour la guerre ; on n'y connaît plus d'autres armes que les armes spirituelles. On y combattait pour la cause du démon ; on y combattra désormais pour la cause du Christ. Une caverne de brigands se change en une maison de prière. Mais que dire des paysans, des serfs et de leurs femmes ? Personne n'ignore les traitements que les seigneurs laïques font subir à leurs serfs des deux sexes. Non contents du service qui leur est dû, ils revendiquent sans pitié les biens et les personnes, les personnes et les biens. Outre le cens accoutumé, trois ou quatre fois par an,

(1) Ils ne devaient posséder que les biens, sans lesquels le travail manuel, prescrit par la Règle, était impossible ; le reste était contraire à la pureté de l'institut monastique. (Darbois de Jubainville, *Etude sur l'état intérieur des abbayes cisterciennes*, p. 277).

(2) Petri Ven. Ep. I, 28, col

7

et aussi souvent que le veut leur caprice, ils s'emparent de leur avoir, les accablent de charges insupportables et sans nombre. Aussi voit-on ces malheureux déserter le sol qui les a vus naître et s'enfuir au loin. Mais chose plus affreuse ! on trafique de ces âmes, que Jésus-Christ a rachetées de son sang, et on les vend à prix d'argent. Les moines, au contraire, quand ils exercent la même autorité, en usent tout autrement. Ils n'exigent des colons que les services légitimes et dus ; ils ne les fatiguent pas d'exactions, ne leur imposent aucun joug trop lourd ; s'ils les voient dans le besoin, ils viennent à leur secours. Ce ne sont pas pour eux des serviteurs, des esclaves, mais des frères et des sœurs. Et voilà pourquoi les moines possèdent aussi légitimement, à meilleur titre même, que les laïques (1). » L'histoire a ratifié l'argumentation de Pierre-le-Vénérable. Ses interprètes les moins prévenus en faveur des priviléges des corporations religieuses ont reconnu que « les terres d'Eglise étaient alors les seuls asiles de l'ordre et de la paix, et que leurs défenseurs faisaient œuvre charitable et humaine (2). » Leurs meilleurs défenseurs, au surplus, c'étaient « les peuples qui, à l'ombre des couvents, se livraient à leur industrie, cultivaient leurs champs avec plus de sécurité que sous les murs des forteresses féodales ; qui trouvaient un soulagement à leurs souffrances morales et physiques dans ces grands établissements où tout était si bien ordonné, où la prière et la charité ne faisaient jamais défaut ; lieu d'asile pour les âmes malades, pour les grands repentirs, pour les espérances déçues, pour le tra-

(1) Ibid., col. 145.
(2) Michelet, *Histoire de France,* éd. 1852, t. II, p. 260.

vail et la méditation, pour les plaies incurables du cœur, pour la faiblesse et la pauvreté (1). »

Après qu'il eut envoyé sa lettre à saint Bernard, Pierre-le-Vénérable ne se crut pas quitte envers l'Ordre qu'il dirigeait. Celui-ci n'avait pas seulement besoin d'un apologiste : il demandait une réforme. Nous avons vu quels abus y avaient altéré la discipline, ce que Pierre en pensait, et comment, depuis son retour à Cluny, il avait conçu le dessein d'y porter remède. Il lui sembla enfin que le moment de l'exécution était venu.

« L'an de l'Incarnation du Seigneur 1132, dit Orderic Vital, Pierre, abbé de Cluny, envoya des courriers avec des lettres dans toutes ses maisons, et convoqua tous les prieurs d'Angleterre, d'Italie et des autres royaumes, leur enjoignant de se trouver à Cluny, le troisième dimanche de Carême, afin de recevoir des règlements monastiques, plus sévères que ceux qu'ils avaient jusqu'alors observés (2). » On s'empressa de déférer à la volonté du puissant abbé. Au jour fixé, deux cents prieurs, douze cent douze frères étaient réunis au chef-d'ordre. D'imposantes cérémonies précédèrent la tenue du Chapitre général. « J'étais là, continue Orderic ; j'eus la consolation de voir cette glorieuse armée, rassemblée au nom de Jésus-Christ ; avec elle, je sortis le dimanche en procession de la basilique de Saint-Pierre, prince des Apôtres, et traversant le cloître, j'entrai dans l'église de la Vierge-Mère (3), où l'on com-

(1) Viollet-le-Duc, *Dict. d'architecture*, t. Ier, p. 253.
(2) Orderic Vital, XIII, 4, col. 935.
(3) Cette église, située à droite de la grande basilique de Saint-Pierre et attenante au petit cloître, était dédiée à la sainte Vierge, aux saints Martyrs et « au très-pieux et très-doux père saint

mença les prières. A ce moment, Raoul, évêque d'Auxerre, et les abbés Albéric de Vézelay et Adelard de Melun, moines du même Ordre, vinrent augmenter l'assemblée ; leur présence et leurs exhortations secondèrent efficacement les efforts de l'abbé Pierre (1). » Ce n'était pas trop de l'appui de ces amis influents, pour assurer le succès de l'œuvre du réformateur. Il ne s'agissait pas seulement de rétablir, dans toute leur vigueur, des constitutions, énervées par le relâchement des religieux mondains et par l'incurie d'un indigne abbé. Comme l'annonçaient les lettres de convocation, des dispositions nouvelles devaient être introduites dans la Règle, et en aggraver l'austérité. Les jeûnes allaient être plus fréquents, la loi du silence, pratiquée dans une plus large mesure (2). Ce vieux levain d'opposition, qui avait résisté aux anathèmes de la cour pontificale, ne pouvait manquer de se montrer : il se traduisit en murmures, dont Orderic Vital, toujours si favorable au parti vaincu, s'est fait l'écho fidèle : « Les frères, dit-il, accoutumés à obéir au maître, ne voulurent pas, en lui résistant, s'écarter de la soumission qui est le devoir des religieux ; ils acceptèrent des commandements qu'ils trouvaient bien durs. Ils se permirent seulement de représenter que le vénérable Hugues, et ses prédécesseurs Mayeul et Odilon, avaient cru tenir la voie étroite, et voulu y faire entrer à leur suite leurs disciples les Clunistes, pour les conduire

Odilon. » Elle avait été consacrée sous le gouvernement de saint Hugues, au mois de novembre 1064. (Ann. Bened., t. IV, p. 661).

(1) Orderic Vital, loc. cit.

(2) Sur la loi du silence, Cf. *Consuet. Clun.*, ap. *Spicil.*, t. IV, p. 118, et Petri Ven. *Statuta*, col. 1032.

au Christ. Ils ajoutaient, avec respect et humilité, mais avec beaucoup de raison, qu'il devait suffire, pour accomplir la volonté de Dieu, de marcher, le cœur joyeux, sur la trace de ces hommes, dont les miracles avaient si manifestement déclaré la sainteté. Mais l'austère réformateur, oublieux du précepte de Salomon : « Ne dépassez pas les antiques limites posées par nos pères » (Prov., xx, 28), et jaloux d'imiter les Cisterciens et les autres novateurs, poursuivit son œuvre et regarda comme une honte de renoncer, pour le moment, à ses plans. Toutefois il s'adoucit dans la suite, céda au sentiment de ses subordonnés et, se rappelant que la discrétion est la mère des vertus, il compatit à la faiblesse humaine et se relâcha, sur quelques points, de la sévérité de ses ordonnances (1). »

Cette dernière allégation est-elle parfaitement fondée? Orderic n'aurait-il pas attribué à une concession de l'autorité, les libertés que, d'eux-mêmes, lui et quelques-uns de ses confrères avaient prises peu à peu avec les nouveaux règlements? Que les religieux, qui représentaient le parti de la tolérance et en qui survivait l'esprit des Pontiens, aient accueilli avec hostilité les statuts proposés par Pierre-le-Vénérable ; que, faute de les avoir pu faire rapporter, ils aient tout mis en œuvre pour les éluder dans la pratique : c'est ce qui ne saurait être nié. Mais il ne paraît pas que Pierre soit entré en accommodement avec une résistance, inspirée par des habitudes de relâchement, qu'il avait justement pour objet de déraciner. Quatorze ans plus tard, dans la vingt-quatrième année de

____

(1) Orderic Vital, loc. cit.

son administration, il réunit les constitutions, qu'il avait promulguées jusque-là. Il mit en tête une préface, que lui-même qualifie d'apologétique : « Si j'ai fait quelques changements aux anciens usages, dit-il, ne croyez pas, comme quelques-uns le chuchotaient naguère, dans les coins, aux oreilles de leurs frères, pour les aigrir, que je m'estime au-dessus de mes prédécesseurs : je marche au contraire sur les pas de ces saints personnages, qui m'ont donné l'exemple d'innover toutes les fois qu'il en serait besoin. D'ailleurs je n'ai pas pris ces mesures de ma seule autorité, mais, ainsi que le veut la Règle, par le conseil de personnes prudentes et craignant Dieu. Et puis j'ai pour moi l'assentiment du Chapitre général (1). » Il pouvait aussi se prévaloir de l'approbation, de l'appui du Saint-Siége. En 1137, il avait sollicité et obtenu d'Innocent II un bref, qui lui donnait plein pouvoir de modifier les statuts de son Ordre, de décréter tout ce qu'il jugerait utile, sans que personne eût le droit de réclamer ni de faire appel. Le Pape ratifiait et confirmait d'avance les sentences que l'abbé croirait devoir porter contre les rebelles, et s'engageait à en assurer l'exécution (2).

La réforme s'était donc accomplie, selon le désir de Pierre-le-Vénérable, en dépit du mauvais vouloir plus ou moins ostensible des uns, à la satisfaction et aux applaudissements des autres qui, plus attachés à la sainteté de leur état et plus soucieux de l'honneur de leur Ordre, se réjouissaient de le voir entraîné à la suite des Cisterciens et de ceux qu'Orderic Vital appelle des novateurs, dans ce

(1) Petri Ven. *Statuta*, col. 1026.
(2) Acta Concil., t. IV, 2ᵉ p., col. 1167.

mouvement général de renaissance religieuse, dont nous avons parlé, et qui était moins une dérogation aux vieilles coutumes qu'un retour à la pureté primitive de la règle bénédictine. Du haut du ciel, du milieu de ces étoiles qui lui font cortége dans la vision de Dante, saint Benoît dut sourire à son disciple et bénir ses efforts. Au reste, Orderic n'a pas tort de reconnaître l'influence de Cîteaux, l'émulation excitée par ses exemples ou ses critiques, dans les décrets publiés au Chapitre de 1132. Si l'on n'eut garde de rien retrancher aux pompes du culte, du moins il fut statué que, lorsqu'on porterait les derniers sacrements aux frères malades, on leur donnerait à baiser, non une croix d'or ou d'argent, mais une croix de bois. « Lorsque le prêtre vous présente le crucifix, ajoute Pierre-le-Vénérable dans le commentaire de ses constitutions, il ne dit pas : « Voici l'or, l'argent de la croix ; » mais : « Voici le bois de la croix, où le salut du monde a été attaché ; adorez-le. » Ce n'est pas sur l'or, sur l'argent, mais sur le bois que Jésus-Christ a expiré. Je n'ai pourtant pas en pensée de condamner, de proscrire les croix d'or ou d'argent : elles servent à honorer Dieu, et le culte catholique les a toujours adoptées. L'éclat du métal peut frapper l'esprit des simples, et augmenter leur vénération pour la croix ; le bois est mieux fait pour attendrir l'âme des personnes spirituelles, et accroître leur amour envers le crucifié (1). » La magnificence, le luxe des temples pouvaient encore trouver un partisan, un défenseur dans Pierre-le-Vénérable ; il n'en était pas de même du luxe des tables ou des vêtements.

(1) Petri Ven., *Statuta*, col. 1042.

La frugalité fut ramenée, dans les repas, par des prescriptions spéciales sur la qualité des mets, sur celle des boissons surtout, et l'on enjoignit formellement aux moines d'éviter, dans leur mise, toute recherche et toute coquetterie. Il est à remarquer cependant que, jusque dans ses rigueurs, Pierre ne s'est point départi de cette douceur qui fait le fond de son caractère, de cette modération qui est inhérente à son esprit. Il prohiba sévèrement ce vin mêlé de miel et d'épices, dont les moines de Cluny étaient si amateurs ; il permit toutefois d'en user le Jeudi saint, en raison d'un antique usage, qui avait apporté cet adoucissement aux mortifications et aux fatigues de la semaine sainte (1). Les étoffes de soie, le vair, cette fourrure si appréciée au moyen-âge (2), les robes de couleur furent défendus, mais avec cette réserve que les religieux d'Angleterre et d'Allemagne pourraient s'en servir s'ils ne . trouvaient pas, dans leurs pays, des habits plus conformes à la Règle (3).

Si le zèle de Pierre-le-Vénérable lui aliéna le cœur des membres les moins fervents de sa communauté, il lui concilia l'estime , l'affection de saint Bernard. Ils ne s'étaient jamais vus, ils ne se connaissaient que de nom, lorsque Pierre écrivit son plaidoyer en faveur des Clunistes (4). Bientôt une étroite amitié se forma entre

(1) Ibid., col. 1029.
(2) Voir dans Joinville, la dispute du sénéchal avec Robert de Sorbon : « Dont faites-vous bien à blasmer, dit celui-ci, quant vous estes plus noblement vestu que le roy ; car vous vous vestez de vair et de vert, ce que le roy ne fait pas. »
(3) Petri Ven., *Statuta*, col. 1030.
(4) Id., Ep. I, 28, col. 1030.

eux, qui ne put être brisée que par la mort. L'abbé de
Cluny n'avait plus qu'un désir : c'était de se voir délivré
des soucis, des périls du gouvernement, et réuni à son ami,
sous le même toit, dans une intimité dont la charité serait
le lien et Jésus-Christ le garant (1). Bernard ne demeurait
pas en reste avec Pierre, de tendres protestations d'attachement. Pierre se rendit à Rome sous le pontificat d'Eugène III ; Bernard s'empressa de le recommander au Pape.
« Il semble bien téméraire à moi, dit-il, de vous écrire en
faveur de l'abbé de Cluny, comme s'il m'appartenait de
protéger celui que tout le monde voudrait avoir pour protecteur. Mais si mon ami n'a pas besoin de ma lettre ; elle
est nécessaire à mon affection pour lui. Elle l'accompa-
gnera du moins, puisque je ne peux le suivre moi-même.
Qui pourrait nous séparer ? Ce n'est ni la hauteur des Alpes,
ni leurs neiges éternelles, ni la longueur du chemin...
Recevez-le honorablement... C'est un vase d'honneur,
plein de grâces, de science, de vertu... Mais au nom du
Seigneur Jésus, prêtez l'oreille à ce qui suit. S'il arrivait,
ce que je soupçonne et ce que je crains, qu'il vous priât de
le décharger du gouvernement de son abbaye, sachez que
personne, parmi ceux qui le connaissent, n'oserait en conscience acquiescer à un tel vœu. Depuis le jour de son élection, il n'a cessé d'améliorer les réglements de son Ordre,
surtout en ce qui touche les jeûnes, le silence et les vêtements des moines (2). » Il faut l'avouer, ce n'est pas
toujours en termes aussi flatteurs, que saint Bernard a
parlé de Pierre-le-Vénérable dans ses lettres aux Souve-

(1) Petri Ven. Ep. II, 19, col. 247.
(2) S. Bernard., Ep. CCLXXVII, col. 482.

rains-Pontifes. Quelques nuages, en effet, s'étaient par instants élevés entre nos deux abbés. L'orage une fois passé, leur amitié n'en était que plus solide et mieux éprouvée. Elle ressemblait, au dire de Baronius, à ces arbres profondément enracinés dans le sol, qui, loin d'être ébranlés par la tempête y puisent une force et une stabilité nouvelles (1). La comparaison est-elle d'une parfaite justesse ? La fable du chêne et du roseau nous porterait à en douter. Si cette affection résista au choc des contestations que les deux amis eurent ensemble, c'est que l'un d'eux — est-il besoin de dire que ce fut Pierre ? — joua toujours le rôle du roseau. Dans l'année 1138, l'évêché de Langres vint à vaquer. Saint Bernard attachait la plus grande importance au choix d'un prélat, qui devait avoir juridiction sur Clairvaux (2). Le Chapitre de la cathédrale de Langres lui avait promis de ne rien faire sans son agrément, sans ses conseils. Bernard se trouvait alors à Rome, auprès du Pape Innocent. Il revient en France : à peine a-t-il traversé les Alpes, on l'informe que l'élection est terminée, que le jour du sacre est fixé (3), et que le nouvel évêque est un moine de Cluny, perdu de réputation, et dont il ne veut, par pudeur, répéter au Pape ce que la renommée lui en avait appris (4). De son lit, où la maladie le fait moins souffrir que ses anxiétés, il écrit à Innocent, il écrit aux évêques, aux cardinaux de la Cour Romaine : « Ils ont placé sur nos

(1) Baronius, t. XVIII, p. 394.
(2) On sait que les Cisterciens étaient soumis à l'autorité des évêques, à la différence des Clunistes, affranchis de la juridiction de l'Ordinaire. V. Petri Ven., Ep. I, 28, col. 137.
(3) S. Bernard., Ep. CLXIV, col. 322.
(4) Id., Ep. CLXVII, col. 327.

têtes, dit-il, un homme que les bons ont en horreur et qui est la risée des méchants... Mais les dieux de la terre se sont levés : je parle de l'archevêque de Lyon et de l'abbé de Cluny. Forts de leur puissance, confiants dans leurs richesses, ils m'attaquent, ils me résistent, et non-seulement à moi, mais à tous les serviteurs de Dieu, à vous-même, à Dieu, à l'honneur et à l'équité (1). » Pierre, de son côté, écrivit à saint Bernard, mais sur un ton bien différent. Il ne lui adresse qu'un reproche : « Vous auriez dû, lui dit-il, vous souvenir que celui qu'on diffamait, était le fils de l'abbé que vous aimez (2). » Il s'efforce ensuite d'effacer la mauvaise impression que des rapports, calomnieux selon lui, ont produite sur l'esprit de Bernard. « Je l'ai fait venir, ajoute-t-il, cet homme, je lui ai parlé comme un père ; je lui ai demandé, je l'ai prié, conjuré de ne me cacher pas la vérité. Il m'a ouvert son cœur, m'assurant qu'il me répondait comme il répondrait à Dieu. Il est innocent de tous les crimes qu'on lui impute... C'est un religieux pieux, sage, lettré... Enfin je dirai toute ma pensée ; pourquoi des Cisterciens auraient-ils peur d'un Cluniste ? pourquoi des moines se défieraient-ils d'un moine ? Voyez donc les animaux : ceux de la même espèce, dociles à l'instinct de la nature, s'aiment et se rassemblent. Est-ce que l'auteur de la nature ne saurait se faire obéir aussi des hommes et des moines ? Soyez-en sûr, l'évêque de Langres, parce qu'il est moine, aimera les Cisterciens et tous les moines ; il les aimera dans son intérêt, et parce qu'il

(1) Ibid., Ep. CLXVIII, col. 328.
(2) Petri Ven., Ep. I. 29, col. 159.

n'oserait pas ne pas aimer ceux que nous chérissons (1). »
Pierre-le-Vénérable répugnait à croire au mal ; n'a-t-il pas
trop favorablement jugé de son religieux ? Ce qui est
certain, c'est que celui-ci ne fit pas preuve, en cette
affaire, de droiture et de franchise. Il venait d'arriver
à Lyon, où il devait recevoir la consécration épiscopale.
Apprenant que saint Bernard s'y trouvait déjà, il ne des-
cend pas au palais de l'archevêque, prétextant qu'une
pareille demeure ne convient pas à un moine. Il ajoute
qu'il ne saurait donner les mains à ce qui avait été fait à
son sujet, et qu'il décline absolument un honneur dont
il se sent indigne. Puis il part, se dirige, en toute hâte,
vers la cour du roi, obtient de lui l'investiture des ré-
gales, et envoie partout des lettres pour annoncer que le
lieu de son sacre est changé et que le jour en est avancé (2).
Toutefois, saint Bernard finit par avoir gain de cause. L'é-
lection fut cassée : à la place du moine de Cluny, on nomma
un moine de Cîteaux, un parent de saint Bernard, Geoff-
froy, prieur de Clairvaux, que saint Bernard appelle « le
bâton de sa faiblesse, la lumière de ses yeux, son bras
droit (3). » La douceur que Pierre-le-Vénérable avait
montrée, pendant le débat, ne se démentit pas après le
dénoûment. Il n'éleva pas la moindre réclamation, pas la
moindre plainte. Il était en droit d'écrire plus tard à son
ami : « Qui pourra jamais éteindre, étouffer la tendre
affection de mon cœur envers vous, puisque tant d'orages
n'ont pu le faire jusqu'ici, et qu'elle a résisté tour à tour

(1) Ibid., col. 160, 161.
(2) S. Bernard., Ep. CLXIV, col. 329.
(3) S. Bernard., Ep. CLXX, col. 329, 330.

au flot de la rivalité de nos Ordres, au torrent des dîmes, à la tempête de Langres (1). »

Le second démêlé auquel Pierre vient de faire allusion, celui des dîmes, laissa des traces plus durables, sinon au cœur des deux abbés, du moins dans l'esprit de leurs subordonnés. Il remontait à l'an 1131. Avant cette époque, un assez grand nombre de maisons cisterciennes étaient tributaires des Clunistes. Ceux-ci possédaient, en effet, des paroisses dont ils percevaient les dîmes. Au lendemain du règne de Charlemagne, dans la confusion qui suivit et troubla l'Eglise comme la société, les seigneurs laïques s'étaient emparés des biens du clergé, des temples mêmes, surtout des paroisses. Plus tard, ouvrant les yeux sur un état de choses qui, presque partout, avait avili la religion, ils remirent en de plus dignes mains les églises qu'ils avaient usurpées. Mais elles ne firent pas retour, au moins pour la plupart, aux clercs séculiers qui parurent aux uns trop peu édifiants dans leur vie pour procurer le bien des âmes, et aux autres trop pauvres pour acquérir ce qu'on ne voulait restituer qu'à prix d'argent. Les religieux devinrent donc, en beaucoup de lieux, propriétaires des domaines paroissiaux, et levèrent les redevances qui s'y trouvaient attachées : c'était le droit de celui qui desservait l'autel ; ce droit du reste leur fut, à plusieurs reprises, confirmé par les conciles et par les papes (3). Ils ne l'exerçaient pas seulement sur les laïques, mais aussi sur les établissements monastiques de leur voisinage et de leur

(1) Petri Ven., Ep. II, 17, col. 323.
(2) Thomassin, *Discipline de l'Eglise*, t. III, p. 59.
(3) Ibid., p. 64 ; Cf. Petri Ven., Ep. I, 28, col. 141.

ressort (1). Les Cisterciens, à qui leurs constitutions défendaient de recevoir des églises pour leur compte, avaient payé les dîmes aux desservants de leurs paroisses, jusqu'en 1131. A cette époque, ils profitèrent du passage d'Innocent II à Clairvaux, pour demander l'exemption de cette charge. Le Pape avait vu de ses yeux le dénûment de Bernard et de ses disciples. Il avait pleuré, lui et les évêques qui l'accompagnaient, à la vue de leurs saintes rigueurs, de leur modestie qui, en sa présence et devant toute sa cour, ne leur avait pas permis, quelle que fût leur joie, de lever les yeux ; à la vue de leur pauvreté qui éclatait dans les habits, dans les bâtiments, dans les murailles nues de la chapelle, au réfectoire surtout. On avait servi du pain de son, et non de fleur de farine ; un espèce de raisiné au lieu de vin cuit (2) ; et en guise de turbots, des herbes, auxquelles on avait ajouté quelques légumes en l'honneur des convives de distinction ; on avait trouvé aussi à grand'peine, pour le mettre devant le Pape, un unique poisson, si petit qu'il semblait être là pour être vu plutôt que pour être mangé (3). Au sortir de Clairvaux, Innocent se rendait à Cluny, où d'ailleurs il avait déjà séjourné. Le contraste était trop frappant, et le Pape n'eut pas de peine à concéder aux Cisterciens la dispense qu'ils sollicitaient. Il n'était pas juste que l'indigence des pauvres entretînt la richesse de leurs opulents confrères (4). Cette année même, venait de s'ouvrir, au diocèse de Lyon, une nou-

(1) Thomassin, op. cit., p. 47.
(2) V. Ducange, aux mots *Carenum* et *Supa*.
(3) Baronius, t. **XVIII**, p. 472.
(4) Ibid.; p. 474.

velle maison de l'observance de Cîteaux, l'abbaye du Miroir, tout proche de l'abbaye clunisienne de Gigny. Les moines du Miroir ne furent pas plutôt installés, que ceux de Gigny, en dépit de la décision du Souverain-Pontife, leur réclamèrent la dîme. En apprenant le peu de cas que l'on faisait de ses ordres, Innocent menaça les Clunistes de mettre en interdit leur église, si, dans un délai de quarante jours, ils ne s'étaient pas désistés de leurs prétentions (1). C'était la première fois qu'une maison de cet ordre illustre était l'objet d'une pareille sévérité de la part de Rome. Jamais une censure pontificale n'avait frappé un de ses membres, à l'exception de Pons et de ses partisans (2). Tout ému d'un tel scandale, Pierre-le-Vénérable écrivit au Pape : « Vous voulez donc, lui disait-il, dépouiller cette Eglise de Cluny, qui vous est si chère, d'un droit que tout le monde lui reconnaissait depuis plus de deux cents ans... Je comprends votre affection pour vos plus jeunes enfants ; mais ils ne doivent pas chasser les aînés de votre cœur. Si Esaü n'avait pas vendu son droit d'aînesse, jamais Jacob, malgré toute sa vertu, n'eût été préféré, égalé même à son frère. Nous qui sommes vos premiers-nés, il n'est pas juste qu'on nous enlève, au profit de nos cadets, un privilége que nous n'avons pas aliéné (3). » Pierre écrivit aussi aux Cisterciens ; il leur adressa, presque coup sur coup, deux lettres (4), dont la seconde avait pour but d'atténuer le fâcheux effet de certaines vivacités de la première. « J'ai

(1) Petri Ven. Ep. I, 33, col. 164.
(2) Ibid., 34, col. 168.
(3) Ibid., 33, col. 164, 165.
(4) Ibid., 35, 36, 171, 174.

pu vous blesser, disait le doux abbé ; eh bien ! je vous en conjure, donnez-moi les moyens de vous faire entière satisfaction, à vous qui êtes mes frères bien-aimés. C'est en vous que je trouve mon repos et ma joie. Je ne me séparerai pas de vous, quand même cette affaire tournerait à mon détriment (1). » C'est ce qui arriva : l'exemption des Cisterciens fut maintenue. La querelle s'assoupit, mais pour se réveiller, à vingt ans de là, avec une tout autre violence. Au fond, les moines de Gigny n'avaient pas pris leur parti de leur échec ni de l'immunité octroyée à leurs adversaires. En 1150, les serviteurs de l'abbaye, à l'instigation du prieur et sous la conduite de quelques religieux, se jetèrent en armes sur le Miroir. Ils expulsèrent les habitants à coups de bâtons, à coups d'épées, en blessèrent un grand nombre, en tuèrent plusieurs, puis mirent le feu aux bâtiments et convertirent en solitude la pauvre demeure des disciples et des membres du Christ (2). Saint Bernard vint à Cluny, où les moines de Gigny avaient été convoqués ; après quatre jours de pourparlers, on ne put arriver à un accord. En réparation des dommages qu'ils avaient causés, les coupables offraient une indemnité dérisoire, que Pierre-le-Vénérable, à qui l'abbé de Clairvaux rend pleine justice et qui, dit-il, s'entremit avec plus de zèle que de succès, n'osa même pas proposer. Bernard comprit qu'une intervention plus puissante était nécessaire : il recourut au Souverain-Pontife (3). Eugène répondit qu'il donnait vingt

(1) Ibid., 36, col. 174.
(2) Eugenii III, Ep. CCCCLXXXIX ; ap. Migne, t. CLXXX, col. 1518.
(3) S. Bernard. ; Ep. CCLXXXIII, col. 489.

jours aux agresseurs pour satisfaire ceux qu'ils avaient si injustement offensés, et que si, passé ce terme, ils n'avaient pas obéi, leurs couvents, leurs églises seraient frappés d'interdit, le prieur, l'hôtelier, le doyen, quelques moines nommément désignés comme les principaux fauteurs de l'attentat, excommuniés et l'anathème, solennellement dénoncé par l'archevêque de Lyon et l'archevêque de Besançon, en présence des religieux, tenant à la main des cierges allumés qu'ils devaient, en entendant la sentence, jeter par terre et éteindre sous leurs pieds (1). Pierre-le-Vénérable trouva moyen d'offrir au Miroir une compensation suffisante de ses pertes, sans user de contrainte à l'égard des religieux peu dociles de Gigny. Un sous-diacre romain, du nom de Baron, avait déposé une partie de ses biens à l'abbaye de Cluny, qui devait en hériter, à moins qu'il ne les reprît avant sa mort. Quand il eut cessé de vivre, on trouva un testament qui faisait don de cette somme à Clairvaux et à Cîteaux. La loi voulait que le dépôt, qui n'avait pas été retiré du vivant du propriétaire, restât aux mains des Clunistes. Pierre aima mieux consulter la charité, et agir dans l'intérêt de la paix. Il fit aux religieux du Miroir l'abandon de la succession du sous-diacre (2). Saint Bernard accepta, et remercia son ami qui, dit-il, ne lui avait pas payé une dette, mais fait un présent (3).

(1) Les chartes n'offrent pas d'exemple de cette cérémonie, si propre à frapper l'imagination, avant l'année 1136. Voici les paroles qu'on prononçait en éteignant les flambeaux : *Sicut extinguitur lucerna de manibus nostris projecta, sic in die judicii lucerna ejus cadat extincta, ne possit videre gloriam Dei... fiat, fiat, amen.* (Dom de Vaines. *Dict. de diplomatique*, éd. 1865, t. I, p. 657.)

(2) Petri Ven. Ep. VI, 3, col. 403.

(3) S. Bernard., Ep. CCCXXXIX, col. 595.

On le voit, la réconciliation n'était jamais difficile entre Pierre et saint Bernard ; elle ne fut ni si prompte ni si aisée entre les deux congrégations. L'abbé de Cluny cependant ne s'y épargna point. Il serait long d'énumérer tous ses bons procédés à l'égard d'un ordre, qui le payait rarement de retour. Des moines, des abbés même de Cluny avaient-ils le désir de se donner à Cîteaux : il suffisait d'un mot de saint Bernard ; Pierre ne faisait pas attendre son agrément, et s'empressait de se dessaisir de ses sujets les plus chers en faveur d'églises étrangères, pour ne pas dire enne-mies (1). Des Cisterciens venaient-ils à passer par Cluny : on les accueillait comme des frères ; tous les lieux réguliers leur étaient ouverts, hormis le grand cloître, asile de la communauté ; partout ailleurs, les moines blancs avaient accès à l'égal des moines noirs (2). Il s'en fallait que les Cisterciens fussent aussi hospitaliers à l'endroit des Clu-nistes. Ceux-ci se voyaient défendre impitoyablement l'en-trée de l'église, du cloître, du dortoir, du réfectoire : « Vous êtes trop habitués aux aises de la vie, leur disait-on à Clairvaux, l'austérité de nos règles, la frugalité de notre table vous rebuteraient ; de peur d'un régime si dur, vous aimeriez mieux ne plus remettre, à l'avenir, le pied dans nos couvents. » Pierre souffrait d'une exclusion, si bles-sante pour son Ordre : « Sommes-nous donc des Juifs, s'écrie-t-il ? Je m'estimais chrétien, et l'on me traite en païen. Je me croyais moine, et on me repousse comme un publicain. Je me regardais comme leur concitoyen, et on

(1) Petri Ven. Ep. VI, 35, col. 440.
(2) Ibid., VI, 4, col. 407 ; Cf. IV, 26, col. 357.

me chasse comme un Samaritain (1). » Aux approches d'un chapitre des abbés cisterciens, qui devait se tenir le jour de la Toussaint, il écrivit à saint Bernard, pour le prier d'agir sur ses confrères, d'en obtenir l'abrogation d'une loi qui entretenait la défiance entre les deux ordres et faisait que les moines blancs et les moines noirs se considéraient réciproquement comme des monstres et des prodiges (2). Il s'adressa aussi au secrétaire de l'abbé de Clairvaux : « Représentez-lui, disait-il, que l'affaire est pressante ; qu'il doit triompher des oppositions, s'il s'en produit, et faire agréer une requête qui, j'en suis sûr, répond à son désir (3). » Sans doute Pierre ne se trompait pas sur les sentiments de saint Bernard ; celui-ci dut porter devant ses confrères les plaintes de son ami, exposer éloquemment ses vœux ; mais il ne semble pas que le chapitre y ait déféré. Ce n'est qu'au siècle suivant, à une époque où depuis long-temps Pierre-le-Vénérable avait rendu son âme à Dieu, que l'on trouve, dans les statuts de Cîteaux, une disposition favorable à Cluny. Le chapitre de 1280 associa à l'Ordre l'abbé de Cluny et sa congrégation, et décida qu'il serait inscrit au nécrologe, que, chaque année, dans la séance de clôture du chapitre général, on ferait mémoire de lui parmi les amis de la communauté, qu'on réciterait à son intention une oraison spéciale (4).

(1) Ibid., VI, 4, col. 406.
(2) Ibid., col. 405.
(3) Ibid., 5, col. 408.
(4) Thes. anecdot., t. IV, p. 1470.

CHAPITRE IV

SCHISME A LA MORT D'HONORIUS II ; L'ANTIPAPE ANACLET ET
LES CLUNISTES. — INNOCENT II EN FRANCE : IL SÉJOURNE A
CLUNY ET FAIT LA DÉDICACE DE LA GRANDE BASILIQUE ; IL
EST RECONNU AU CONCILE D'ÉTAMPES. — DERNIERS EFFORTS
DE PIERRE-LE-VÉNÉRABLE POUR L'EXTINCTION DU SCHISME.

L'action d'un abbé de Cluny ne pouvait se renfermer
dans les limites du cloître. Comment les affaires générales
de l'Eglise auraient-elles échappé à l'influence de ce prince
de l'Ordre monastique, indépendant des évêques, ne
relevant, quant au spirituel, que d'une seule autorité, celle
du Pape, battant monnaie sur son territoire comme le roi
de France dans sa ville de Paris (1), exerçant sur ses trois
cent quatorze monastères un pouvoir plus absolu que celui
du roi de France lui-même, car, à la différence de leurs
devanciers qui avaient adopté le gouvernement aristocra-
tique, les fondateurs de l'Institut clunisien y avaient établi, longtemps avant qu'il fût inauguré dans l'Etat, le
système d'une administration fortement centralisée, et
avaient fait de l'abbé général un véritable monarque (2) ?
Ajoutez l'ascendant qu'il tenait presque toujours de ses

(1) Viollet-le-Duc, *Dict. d'architecture*, t. Ier, p. 254.
(2) Dom de Vaines, *Dict. de diplomatique*, t. Ier, p. 359.

qualités personnelles, de ses vertus, de la supériorité de son esprit ; des vertus aussi ou de la brillante renommée littéraire, artistique d'une congrégation qui était « le miroir de la perfection religieuse, » selon Pascal II et, au dire de Louis VII, « le plus noble membre de son royaume ; » que des cardinaux, des prélats, de saints et savants auteurs célébraient à l'envi, l'appelant « la maison préférée du Père de famille, le jardin de Dieu, un second paradis terrestre (1). » Ajoutez les prodigieux accroissements de cet Ordre, ses maisons répandues d'un bout à l'autre de la chrétienté, qui inspiraient un juste orgueil à Pierre-le-Vénérable, et lui faisaient dire : « La communauté clunisienne, par sa piété, sa discipline, son austérité, le nombre de ses frères, leur fidélité à tous les devoirs de notre état est, j'ose l'affirmer, la plus célèbre du monde. Là, des foules innombrables, rejetant le fardeau des soucis terrestres, se soumettent au joug aimable du Christ. Toutes les professions, tous les rangs, tous les ordres y ont échangé le luxe et le faste du siècle contre notre humble et pauvre existence. Il n'est pas jusqu'aux pasteurs vénérés des Eglises, qui n'y soient venus chercher un abri contre le tracas des affaires, et goûter la paix et la sécurité qu'on trouve dans l'obéissance plutôt que dans le commandement. La ferveur monastique s'était refroidie de nos jours ; leur exemple et leur zèle l'ont ranimée. Voyez la Gaule, la Germanie, la Bretagne d'au-delà des mers, voyez l'Espagne, l'Italie, toute l'Europe, remplie de nos monastères, les uns nouvellement fondés, les autres

(1) Duchesne, ad Petri Ven. *de Miraculis*, I, 9, n. 215, col. 871.

dont les ruines, ouvrage du temps, ont été réparées. Est-il un coin du monde chrétien, depuis notre Occident jusqu'au fond de l'Orient, où n'ait point pénétré notre nom ? N'est-ce pas là cette vigne, dont le Psalmiste a dit : « Elle a étendu ses rameaux jusqu'à la Méditerranée, et ses rejetons jusqu'à l'Euphrate (Ps. LXXIX, 12) ? » Je le sais, ces paroles regardent la synagogue des Juifs ; on les applique surtout à l'Eglise universelle : ne peuvent-elles pas convenir aussi à l'Eglise de Cluny, qui n'en est pas le membre le moins illustre (1) ? »

Dans ces lignes, Pierre-le-Vénérable, on le voit, s'applaudissait du succès de la réforme qu'il avait provoquée. Il la méditait encore, lorsqu'une nouvelle, arrivée de Rome, vint lui imposer d'autres devoirs et le contraindre d'embrasser, avec les intérêts de son Ordre, ceux de la catholicité tout entière. L'Eglise était encore une fois visitée par le schisme, cette épreuve que Dieu semble épargner à des siècles, dont les croyances molles et le zèle attiédi ne sauraient peut-être pas la supporter. Honorius II était mort le 14 février 1130. Le lendemain, deux papes étaient en présence. Innocent II et Anaclet II, par leur caractère et leur réputation, formaient un étrange contraste. Le premier, qui s'appelait de son nom Grégoire, de la maison des Papi, était chanoine régulier de Saint-Augustin et cardinal-diacre du titre de Saint-Ange (2). Homme de savoir et de vertu, renommé pour son éloquence concise et grave, pour la simplicité, l'austérité de ses mœurs, il montra quelle était son humilité lorsqu'après son élection, ses collégues vou-

(1) Petri Ven. *de Miraculis*, I, 9, col. 872.
(2) *Art de vérifier les dates*, t. Ier, p. 284.

lurent, malgré ses refus et ses protestations, lui donner l'investiture du Souverain-Pontificat, en le revêtant, suivant l'usage, de la chape d'écarlate : il s'en saisit, l'arrache, à deux reprises, de dessus ses épaules et, la seconde fois, la met en lambeaux. Pour vaincre ses répugnances, les cardinaux durent se prévaloir de l'autorité dont ils étaient les dépositaires pendant l'interrègne, et le menacer de l'excommunication. On ramassa la chape qu'il avait jetée au loin, et il souffrit enfin qu'on la lui imposât (1). Son rival ne manifesta point de semblables scrupules. Il était encore enfant, ses parents le destinaient par avance à la tiare, et il ne put pas plutôt former des projets d'avenir, qu'il se mit en devoir de seconder leur ambition. Pierre de Léon — c'était son nom — avait pour aïeul un juif opulent qui s'était converti au catholicisme, moins par amour pour cette religion que par dégoût de celle de ses pères, qui lui fermait, à lui et à sa famille, l'entrée des honneurs et les brillantes alliances, auxquelles ses richesses lui permettaient d'aspirer (2). Léon IX le baptisa et lui donna son nom. Son fils et son petit-fils justifièrent ses espérances. Le premier, courageux et avisé, prêta au Pape, durant la querelle des investitures, le secours de son bras, de ses conseils et de son argent ; il devint gouverneur du château Saint-Ange et l'un des personnages les plus influents de la cour romaine (3). Le second, qui portait fortement empreints sur sa physionomie les caractères de sa race, en avait, dit un contemporain, tous les vices et toute la per-

(1) Pagi ad Baronii, Ann. Eccl., t. XVIII, p. 431 et sq.
(2) Id., ibid., 436.
(3) Id., ibid., p. 371.

fidie. Envoyé en France pour étudier aux écoles de Paris et se frayer par là le chemin des dignités de l'Eglise, il y mena la vie la plus débauchée, puis se rendit à Cluny, où il reçut l'habit religieux, qui devait lui servir à voiler ses désordres sans le résoudre à y mettre fin. Son adresse à les dissimuler, jointe aux intrigues et au crédit de son père et de ses frères, fit que le Souverain-Pontife le créa cardinal, et le chargea d'une légation en France, durant laquelle on le vit promener dans les villes du royaume, à Montpellier surtout, une jeune fille habillée en clerc, avec les cheveux courts et la tonsure. On l'accusait même d'entretenir un commerce incestueux avec sa sœur, et d'être le père de ses neveux, l'oncle de ses enfants (1). C'est l'homme qui fut nommé Pape sous le nom d'Anaclet, le même jour qu'Innocent et à quelques heures de distance.

Il ne faudrait pas croire que son indignité fût évidente à tout le monde, que tout le monde vît clairement, au premier abord, de quel côté se trouvait le bon droit et qui était le pape légitime. On rapportait diversement les circonstances qui avaient accompagné cette double élection et sur lesquelles, aujourd'hui même, l'histoire n'est pas entièrement fixée (2). A s'en tenir aux bruits qui couraient à l'étranger, en France notamment, on pouvait douter que les partisans d'Innocent se fussent montrés assez prudents, assez préoccupés des formalités. Suger n'est point suspect, et n'a jamais penché pour l'antipape : voici ce qu'il avait entendu répéter et en quels termes il nous le transmet : « Lorsque le souverain et universel pontife Honorius, de

(1) Id., ibid., p. 436 et sq.
(2) V. Baronius, t. XVIII, p. 430.

vénérable mémoire, fut entré dans la voie, où aboutit toute chair, les plus sages prélats de Rome se concertèrent pour prévenir toute agitation dans l'Eglise, et convinrent qu'ils se réuniraient à Saint-Marc et non ailleurs, pour procéder en commun, suivant l'usage, à une élection solennelle. Mais ceux qui avaient été le plus avant dans la confiance et l'intimité d'Honorius n'osèrent, par crainte de l'ardeur tumultueuse des Romains, se rendre au lieu fixé, et, sans attendre que la mort du seigneur Pape fût publiée, ils choisirent pour souverain pontife, le vénérable Grégoire, cardinal-diacre du titre de Saint-Ange. Quant à ceux qui tenaient pour Pierre de Léon, fidèles à la convention, ils se rassemblèrent à Saint-Marc, invitèrent les autres à les y rejoindre, et, dès que la nouvelle de la mort fut connue, nommèrent celui qu'ils désiraient, du consentement d'un grand nombre d'évêques, de cardinaux, de clercs et de nobles romains (1). » Les fauteurs du schisme ne manquaient pas de tirer avantage de ces faits contre Innocent, qu'ils accusaient d'avoir été clandestinement élu, au mépris d'un engagement formel et de toutes les règles. On avait beau leur répondre qu'ils invoquaient des usages dont souvent, en pareille rencontre, on s'était écarté ; que ces infractions n'étaient que trop justifiées par la turbulence des Romains qui, en troublant la ville, pouvaient gêner la liberté du vote ; que, par conséquent, si l'on voulait trancher le différend, il fallait moins s'enquérir du mode de l'élection que de la personne des élus (2). L'argent que

(1) Suger, *Vita Ludovici Grossi*, c. xxi, ap. Migne, t. CLXXXVI, col. 1330.

(2) Ibid., col. 1331. — On sait que le conclave ne fut établi qu'à

Pierre de Léon répandait à profusion, l'influence de sa famille, qui comptait de nombreuses alliances dans l'aristocratie romaine, parlaient plus haut que les meilleures raisons, et donnaient à penser qu'un homme si généreux et si puissant valait peut-être mieux que sa réputation. On se ferait difficilement une idée des désordres et de l'anxieté, qu'un semblable conflit occasionna dans l'Eglise. « Ce fut, par toute la chrétienté, dit Orderic Vital, un véritable débordement de dissensions et de calamités. Il n'y avait pas de couvent, pas de diocèse, qui ne fût partagé en deux camps. Vous voyiez de tout côté aux prises deux abbés, deux évêques, dont l'un s'attachait à Pierre Anaclet, dont l'autre favorisait Grégoire Innocent. Dans une si profonde scission, l'anathème était à craindre et l'on pouvait difficilement l'éviter, car les adversaires, emportés par l'ardeur de la lutte, ne se faisaient pas faute de s'excommunier mutuellement, eux et leurs partisans. Ainsi chacun cherche ce qu'il doit faire, et dans l'impossibilité de savoir où se fixer, il invoque la colère de Dieu contre son rival (1). »

Cependant Innocent II, forcé de quitter Rome, où prévalait la faction d'Anaclet, aborda en France. « Ce très-noble royaume, dit Suger, lui avait paru, après Dieu,

la mort de Clément IV, survenue à Viterbe, en 1268. Les cardinaux ne pouvant s'entendre sur le choix de son successeur et s'apprêtant à quitter Viterbe, le peuple, sur le conseil de saint Bonaventure, les enferma dans le palais et leur signifia qu'ils n'en sortiraient qu'après avoir donné un chef à l'Eglise. En conséquence de cette conduite, le concile tenu à Lyon en 1274 fit, relativement au conclave, une constitution qu'on observe encore aujourd'hui, à quelques changements près. (Dom de Vaines, op. cit., t. Ier, p. 374.)

(1) Orderic Vital, XIII, 3, col. 932.

l'asile le meilleur et le plus sûr pour sa personne et pour l'Eglise (1). » Il ne s'était pas trompé. Après plus de six mois de séjour dans les villes du Midi, à Arles, à Avignon (2), où il avait été reconnu et traité en souverain, il se dirigea vers Cluny. Pierre-le-Vénérable avait envoyé au-devant de lui une escorte nombreuse, soixante chevaux, en un mot l'équipage d'un roi. Sur les instances des moines, il passa onze jours dans l'abbaye avec toute sa suite (3). A son arrivée, il avait trouvé la communauté dans une grande joie. La basilique de Saint-Pierre venait d'être achevée : cette nef immense, qui s'était écroulée le jour de l'invasion des Pontiens, entièrement rebâtie, s'élevait de nouveau à quatre-vingt douze pieds du sol (4); on le voyait enfin debout, ce colosse de pierre, dont les premières assises avaient été posées quarante ans auparavant, sur des plans apportés du ciel, car jamais homme, disait-on, n'aurait osé de lui-même concevoir un projet aussi gigantesque. Une nuit, un vieil abbé de la Balme, devenu paralytique et retiré à Cluny, où il n'attendait que la mort, vit au pied de son lit, que depuis longtemps il ne quittait plus, saint Pierre, saint Paul, saint Etienne, premier martyr, et tout un cortége de personnages augustes en longs habits sacerdotaux. Le prince des apôtres prit la parole et, après s'être nommé : « Frère, dit-il, va trouver Hugues sans retard; dis-lui que mes brebis sont trop à l'étroit dans leur bercail, que j'en souffre et qu'il est temps de cons-

(1) Suger, loc. cit., col. 1330.
(2) Ibid., col. 1333, n 383.
(3) Orderic Vital, loc. cit., col. 1133.
(4) Pignot, op. cit., t. II, p. 498.

truire un temple matériel digne de ces temples spirituels du Seigneur. Qu'il ne s'inquiète pas des dépenses; j'aurai soin d'y pourvoir. » Comme Gunzon, — ainsi s'appelait le vieillard — faisait paraître quelque hésitation et objectait qu'on n'ajouterait pas foi peut-être à sa parole : « Je la confirmerai par un miracle, reprit l'apôtre ; si tu m'obéis, à l'instant tu seras guéri et sept années de vie te seront accordées par surcroît. » Puis, avec un cordeau, il indiqua les dimensions de l'édifice, en détermina la longueur, la largeur, traça le dessin de l'ensemble, désigna les matériaux qu'il faudrait employer, recommandant à Gunzon d'imprimer le tout profondément dans sa mémoire. Celui-ci s'éveille et, recouvrant l'usage de ses membres, se rend auprès de l'abbé qui, à la vue de ce moribond dont, à tout moment, on s'apprêtait à sonner les funérailles, n'eut pas de peine à le croire, et fit jeter aussitôt les fondements de cette basilique, aux vastes proportions, aux riches peintures, aux vitraux étincelants, objet de scandale pour l'austérité cistercienne et d'orgueil pour les Clunistes qui disaient que, si les anges se plaisaient aux œuvres de l'architecture humaine, ils devaient aimer à se promener dans l'église de Saint-Pierre (1). Le 25 octobre 1130, Innocent II en fit solennellement la dédicace, au milieu d'un concours nombreux d'archevêques, d'évêques et du peuple des environs, fier lui aussi d'un monument qui honorait toute la contrée non moins que l'ordre clunisien (2).

(1) Hildebert du Mans, *Vie de saint Hugues,* ap. Migne, t. CLIX, col. 884 ; Raynald de Vezelay, ibid., col. 898. — Cf. Thes. anecdot., t. V, col. 1584.

(2) Orderic Vital, loc. cit., col. 933. Cf. Innocent II, Ep., ap. Migne, t. CLXXIX, col. 128.

La visite d'Innocent à Cluny, l'accueil qu'il y reçut, ne laissèrent pas d'être remarqués et de servir utilement sa cause. « Son autorité, dit Orderic Vital, s'accrut auprès des Occidentaux, du jour où l'on sut que les Clunistes l'avaient préféré à Pierre; Pierre, en effet, était leur disciple, un de leurs moines, puisqu'il avait pris l'habit et fait profession chez eux. Quand on les vit, malgré cela, user de ce grand crédit qui les mettait au-dessus de toutes les congrégations pour faire reconnaître Grégoire, la France se montra disposée à lui rendre hommage comme au légitime Pontife, et bientôt les évêques, les princes, se rangeant de son parti, le rendirent prépondérant dans tout l'Occident (1). » Sans vouloir amoindrir la part d'aussi puissants auxiliaires dans le succès de la bonne cause, n'oublions pas qu'une autre influence vint fortifier la leur et qu'une voix plus éclatante que celle de Pierre-le-Vénérable, la voix de saint Bernard s'éleva, et la première peut-être, en faveur d'Innocent. Dès le mois d'avril, un concile réuni par Louis-le-Gros à Etampes, avait ratifié l'élection de Grégoire, sur l'avis de l'abbé de Clairvaux, qui avait été l'âme de l'assemblée (2), et qui, lorsqu'il s'agissait d'apprécier les hommes, n'allait pas toujours, on l'a vu dans l'affaire de Langres, prendre le mot d'ordre à Cluny. Il n'en est pas moins vrai qu'en répudiant aussi ouvertement leur ancien profès, les Clunistes durent entraîner dans l'obédience de son rival nombre d'esprits hésitants, surtout parmi les moines. Aussi leurs ennemis

(1) Orderic Vital, loc. cit.
(2) Suger, loc. cit., col. 1330; Baronius, loc. cit., p. 459; *Art de vérifier les dates*, t. Ier, p. 188.

s'en prenaient-ils plus tard à leur ascendant du triomphe de la faction d'Innocent. Lors de la querelle des dîmes, à l'époque où la congrégation était l'objet des rigueurs de la cour romaine, les schismatiques s'égayaient aux dépens des Clunistes et leur disaient : « Eh bien ! vous l'avez, votre pape ; c'est celui que vous avez choisi, de préférence à votre confrère : il vous a bien récompensé de vos services (1) ! » Mais plus que personne, sans doute, Anaclet leur garda rancune d'une défection à laquelle on peut croire qu'il était loin de s'attendre. A peine intronisé, il leur avait adressé un appel très-chaleureux, comme à des hommes dont l'adhésion lui semblait du plus grand prix, très-confiant aussi comme à des amis qu'il estimait gagnés par avance à ses intérêts. Dans un style empreint d'une spiritualité affectée, il leur rappelait les liens qui l'unissaient à leur abbaye, tout ce qu'il leur devait, l'habit religieux, l'éducation monacale, ce qu'il nommait sa conversion. Il protestait de son dévouement envers une communauté qu'il regardait comme sa mère, et en même temps de son impuissance à égaler jamais les témoignages de sa gratitude aux bienfaits qu'il en avait reçus. Il les priait ensuite de se prémunir contre les artifices dont on ne manquerait pas de les circonvenir et finissait en leur disant : « Je supplie votre sainteté de ne me pas refuser, aujourd'hui que je suis assis dans la chaire apostolique, la charitable affection que vous m'avez toujours montrée lorsque je vivais dans un rang plus modeste (2). » Les espérances qui respirent dans cette lettre furent singulièrement trompées :

(1) Petri Ven., Ep. I, 34, col. 170.
(2) Anaclet, Ep. VI, ap. Migne, t. CLXXIX, col. 696.

peut-être qu'avant même de la lire, les Clunistes s'étaient déjà prononcés, et prononcés contre Anaclet. Du moins Pierre-le-Vénérable se fera-t-il gloire, dans la suite, d'avoir été l'un des premiers champions d'Innocent, de s'être conduit, dès le début de son règne, comme le plus fidèle, le plus zélé de ses enfants. « Au milieu de la rivalité des partis, écrira-t-il au Pape lui-même, je n'ai cessé, autant que l'ont permis ma faiblesse et les devoirs de ma charge, de tirer le glaive pour vous défendre, de le tremper, au besoin, dans le sang de ceux qui m'étaient les plus chers. Tous ceux que l'amitié m'unissait, à moi ou à l'Eglise de Cluny, rois et princes, nobles et vilains, grands et petits, je les ai amenés aux pieds de Votre Majesté, ne cessant d'agir par moi-même ou par mes émissaires, parlant, écrivant, donnant des instructions, usant tour à tour de menaces et de caresses (1). »

Innocent II n'avait pas encore quitté l'abbaye de Cluny, lorsque Suger vint lui offrir l'hommage du roi et les premières assurances de son dévouement. Le Pontife renvoya l'ambassadeur après lui avoir exprimé sa joie d'une si heureuse nouvelle et donné commission de porter à Louis ses actions de grâces et sa bénédiction. Quelques jours plus tard, il se mettait lui-même en route, accompagné de Pierre-le-Vénérable, et s'avançait jusqu'à Saint-Benoît-sur-Loire, où eut lieu sa première entrevue avec le monarque, la reine et leurs fils. « Le roi, dit Suger, vint à sa rencontre, inclina devant lui sa noble tête si souvent décorée du diadème, comme il eût fait devant le tombeau de saint

(1) Petri Ven. Ep. II, 3, col. 189.

Pierre, et se jeta à ses pieds, lui promettant, pour lui et pour l'Eglise, l'affection d'un zélé catholique et les services d'un sujet dévoué (1). » L'exemple de Louis-le-Gros ne tarda pas à entraîner le roi d'Angleterre et l'empereur d'Allemagne. Henri Ier vint trouver le Pape à Chartres ; arrivé en sa présence, il se met à genoux, lui prête obéissance en son nom et au nom de son royaume et s'engage à lui témoigner toujours une déférence toute filiale. C'est à Liége qu'Innocent vit l'empereur, dans les premiers mois de l'an 1131. Sur la place de la cathédrale, Lothaire, entouré d'un nombreux cortége d'archevêques, d'évêques, de grands des Etats d'Allemagne, s'offrit à lui servir d'écuyer ; il l'accompagna, pendant la procession, à pied, tenant d'une main une baguette, pour montrer qu'il était prêt à le défendre, et de l'autre les rênes de la haquenée blanche que montait le pontife. Quand celui-ci fut descendu de cheval, l'empereur le soutint et l'aida à marcher, relevant ainsi, aux yeux des nobles et du peuple, la majesté du père des fidèles (2). Cette année, Innocent célébra les fêtes de Pâques en France, à Saint-Denis, dans cette somptueuse abbaye, dont les pompes durent lui remettre en mémoire les solennités de Cluny. Laissons parler Suger :
« La veille de la Cène du Seigneur, mus par notre piété envers Dieu, notre respect pour l'Eglise mère de toutes les autres, comme aussi par notre zèle pour l'honneur de l'Eglise de Saint-Denis sa fille, nous nous mîmes en procession et, présentant un spectacle digne de la complaisance de Dieu et de l'admiration des hommes, chantant des

(1) Suger, loc. cit., col. 1331.
(2) Ibid.

hymnes de fête, nous allâmes au-devant de lui. Il célébra la Cène au milieu de nous, suivant le rite romain, distribua de nombreuses aumônes, vénéra la vraie Croix du Sauveur, et la veille de la Résurrection, il passa la nuit en de pieux exercices. Le lendemain, de grand matin, il sortit comme en secret, et se rendit, entouré d'une suite nombreuse d'assistants, dans une église dédiée aux saints martyrs à quelque distance de l'abbaye. Là eurent lieu les cérémonies prescrites par le rite romain : on l'habilla ; lorsqu'on l'eut paré d'ornements magnifiques, et qu'on eut posé sur sa tête la tiare en forme de casque, entourée d'un diadème d'or, on le fit monter sur une haquenée blanche, couverte d'une brillante housse. Les assistants, vêtus eux-mêmes de splendides ornements, montés sur des chevaux richement caparaçonnés, s'avancent derrière lui deux à deux, faisant entendre de joyeux chants d'église. Des barons, vassaux de notre abbaye, de nobles châtelains marchant à pied aux côtés du Pape, remplissaient près de lui les fonctions d'é-cuyers. Des hommes précédaient le cortége, jetant beau-coup d'argent pour écarter la foule, qui encombrait le che-min. La route royale était jonchée de feuillages et tendue de tapis précieux, attachés aux arbres qui la bordent. Les troupes étaient rangées en bataille et formaient la haie de chaque côté de la procession. On arrive à la basilique : elle étincelait de l'éclat que jetaient les couronnes d'or, char-gées de lumières, éblouissantes de pierreries et de dia-mants. Le Pape célébra les divins mystères avec une grande piété, et assisté par nous, il immola le véritable Agneau pascal. Après la messe, on se rendit dans le cloître, qui était tout tendu de draperies, et où l'on avait dressé des tables, et préparé des lits pour les convives ; on apporta l'agneau charnel et les autres mets qui figurent d'ordinaire dans un repas noblement servi. Le lendemain, il y eut une seconde procession, semblable à la première, et qui alla de l'église Saint-Remi à la grande basilique. Trois jours après, le Pape, nous ayant rendu grâces, et promis son appui ainsi que ses conseils, partit pour Paris (1). »

Au mois d'octobre de cette même année 1131, Innocent II ouvrait à Reims un concile, où se trouvèrent treize archevêques, deux cent soixante-trois évêques, une grande multitude d'abbés, de moines et de clercs. Le roi y vint avec la reine et toute la noblesse de France. Quelques jours auparavant, un malheur inouï, tel qu'on ne saurait, dit Suger, lui en comparer aucun autre, avait frappé le royaume. Le fils aîné du roi, Philippe, alors dans toute la fleur de l'âge, l'espoir des bons, la terreur des méchants, se promenait à cheval dans un faubourg de Paris ; il s'amusait à poursuivre, en plaisantant, un écuyer de sa suite, lorsqu'un porc, conduit à coup sûr par le démon, se jette en travers des jambes de l'animal, qui tombe lourdement avec son noble cavalier, le broie contre une pierre et l'écrase sous le poids de son corps. Cependant les troupes, sous les armes, attendaient le prince qui, le jour même, devait les mener en campagne. A cette terrible nouvelle toute la ville accourt consternée, se répand en cris de douleur, en sanglots ; le jeune et tendre enfant est relevé à demi mort, et porté dans une maison voisine. A l'entrée de la nuit, il rend l'âme, sans confession, sans viatique, en

(1) Ibid.

présence de son père et de sa mère. Quel fut leur désespoir, et le deuil de toute la cour, Homère lui-même, ajoute Suger, ne saurait l'exprimer. Il y avait deux ans que Philippe avait été sacré à Reims et associé au trône. Les confidents de Louis-le-Gros le laissèrent d'abord exhaler ses plaintes et maudire sa destinée qui le forçait à survivre à son enfant ; puis craignant que ses infirmités, sa corpulence qui depuis longtemps l'avaient affaibli, ne vinssent à l'emporter subitement, ils le pressèrent de faire couronner son second fils, Louis, celui qui fut plus tard Louis-le-Jeune, et de déjouer ainsi les projets de plusieurs seigneurs remuants et ambitieux. On savait en effet que plus d'un baron laïque n'attendait que la mort du roi pour travailler à s'agrandir ; et que parmi les hauts dignitaires de l'Eglise, quelques-uns comptaient s'arroger le droit d'élire le nouveau prince, et disposer à leur gré du royaume (1). Louis-le-Gros céda au vœu de ses conseillers et, profitant de la présence d'Innocent II dans la ville de Saint-Remi, le pria de verser lui-même l'huile sainte sur le front du jeune prince. Lorsque le vieux roi, dont le visage et la contenance témoignaient de l'étendue de son chagrin, entra dans la salle du Concile, le Pape lui dit : « C'est donc à nous, étranger et chassé de notre pays, de vous consoler maintenant, en retour des honneurs que vous nous avez rendus, des bienfaits dont vous nous avez comblé et qui recevront une récompense éternelle (2). » Le sacre eut lieu le lendemain. Le matin de ce jour, dit un chroniqueur contemporain, le soleil parut plus brillant que de coutume,

(1) Suger, col. 1332 ; Orderic Vital, col. 933.
(2) Fleury, t. XIV, p. 404.

comme si le Ciel eût voulu marquer par là qu'il bénissait la cérémonie qui allait s'accomplir (1). Le trône était consolidé ; Innocent venait aussi d'affermir son autorité, en resserrant les liens qui unissaient sa cause à la couronne de France.

L'année suivante, nous le retrouvons à Clairvaux, où il s'assied à la table frugale de saint Bernard, puis à Cluny, où il remercia encore une fois l'abbé et ses religieux de l'utile appui qu'il en avait reçu. Avant de les quitter, il écrivit au roi : « Nous sommes arrivé, en bonne santé et sans encombre, par la grâce de Dieu, au monastère de Cluny ; nous y avons célébré, avec plusieurs de nos frères les évêques et les abbés, la fête de la Purification de la sainte Vierge ; nous y avons reçu les lettres de soumission du patriarche de Jérusalem et de l'évêque de Bethléem. Le zèle avec lequel vous n'avez cessé de soutenir la cause de l'Eglise, la part que vous avez toujours prise à nos succès, nous ont porté à transmettre cette nouvelle à votre sérénité. Nous offrons nos plus vifs remerciements à notre chère fille, la reine Adélaïde, pour les présents qu'elle nous a envoyés. Nous la saluons dans le Seigneur, elle et notre bien-aimé fils, le roi Louis, ainsi que vos autres enfants (2). » Dans cette lettre, Innocent faisait en quelque sorte ses adieux au roi et à la France. Peu de temps après, il prenait le chemin de l'Italie. L'empereur Lothaire lui avait promis de le conduire à Rome, à la tête d'une forte armée, et de déposer Pierre de Léon (3).

(1) Ap. Baronius, tom. cit., p. 474.
(2) Innocent II, Ep. LXXIX, ap. Migne, t. CLXXIX, col. 119.
(3) Suger, loc. cit., col. 1334.

Toutefois ce n'est qu'à plus d'une année de là, le 1ᵉʳ mai 1133, que le Pape et l'empereur entrèrent dans la ville éternelle (1). Au commencement du mois suivant, Lothaire recevait des mains du Souverain-Pontife la couronne impériale, dans la basilique de Latran (2). Ces événements intéressaient trop les amis d'Innocent pour qu'il ne s'empressât pas d'en informer les Clunistes. Un de ses premiers soins, à peine installé au palais de Latran, avait été de leur écrire, ainsi qu'à son très-cher fils l'abbé Pierre. « Naguère, disait-il, alors qu'une rage judaïque se déchaînait contre nous, Dieu, du haut du ciel où se cachent ses profonds conseils, a étendu la main pour nous protéger et nous a conduit hors de la Ville sainte, avec nos frères, destinés à son service. Plus récemment, il a regardé son Eglise avec miséricorde, et nous a fait remonter sur le siége qui nous appartient. Vous devez vous réjouir avec nous, et rendre grâces à la majesté divine des bienfaits qu'elle nous accorde. Ne cessez de la prier d'assurer de plus en plus le succès de la bonne cause et de couronner ces heureux commencements par une fin plus heureuse encore. Agissant sur Dieu, vos prières, je n'en doute point, seront plus efficaces que les armes des plus puissants guerriers du siècle. De cette ville où nous régnons avec notre très-cher fils Lothaire, roi des Romains, nous ne saurions assez vous remercier du dévouement, du zèle avec lesquels vous servez la sainte Eglise, que nous finirons, Dieu aidant, par affranchir entièrement (3). »

(1) Baronius, tom. cit., p. 486.
(2) Ibid.
(3) Innocent II, Ep. CXXXV, col. 178.

Cette délivrance de la Papauté, Innocent n'en devait être témoin que beaucoup plus tard. Anaclet était resté maître de la plus grande partie de la ville, de l'église Saint-Pierre, du château Saint-Ange. Lothaire, qui n'avait amené que deux mille chevaliers, dans l'impossibilité de tenir tête aux forces supérieures de l'antipape, se retira de Rome, et Innocent, aussitôt après lui, comprenant, selon le dicton populaire, rappelé par un contemporain, que l'agneau ne peut loger avec le loup (1). Il se rendit à Pise où, jusqu'à la mort de Pierre de Léon, il exerça, dit Orderic Vital, l'autorité apostolique et fit des décrétales, reçues dans tout l'univers (2). C'est là qu'au mois de mai 1134, il ouvrit un concile qui fulmina de nouveau l'anathème contre Anaclet et ses partisans (3). Pierre-lè-Vénérable y assistait (4). Mais à peine l'assemblée avait-elle clos ses séances, il reprit en toute hâte le chemin de la France, fuyant les chaleurs et le régime de l'Italie, également nuisibles à sa fragile santé, au point qu'étant tombé malade à Pise, il n'avait guère pris part aux travaux du concile et qu'on avait même craint un moment pour ses jours (5). De retour à Cluny : « C'est une grande affliction pour moi, écrivait-il à Innocent, j'en prends à témoin celui qu'on ne peut tromper, de n'être pas auprès de vous, afin de vous aider à porter vos fatigues et vos épreuves. Mais mon pauvre corps est comme un vase de cire : il fond aux pre-

(1) Baronius, tom. cit., p. 487.
(2) Orderic Vital, loc. cit., col. 935.
(3) Baronius, p. 496.
(4) Petri Ven , Ep. I, 27, col. 108.
(5) Ibid., I, 1, col. 65 ; 3, col. 69. .

miers rayons du soleil... Si l'on pouvait tempérer l'ardeur de cet astre, rien ne me retiendrait ; vous me verriez bien vite à vos côtés. Je fais du moins ce que je puis. Je vous envoie cette lettre, inspirée par un attachement tout filial, pour vous exhorter à soutenir vaillamment le poids d'afflictions dont la volonté divine, plutôt que la malice des hommes, a chargé vos épaules. Celui qui vous a établi chef unique de toute l'Eglise a déjà amené à vos pieds l'univers presque entier ; il ne tardera pas à vous soumettre le peu d'ennemis qui résistent encore, à faire prévaloir le nom catholique sur le schisme et sur l'hérésie. Ayez confiance : le Christ a prié pour saint Pierre, il a prié pour que sa foi ne défaillît point, pour qu'il relevât les pécheurs tombés, fortifiât les faibles, affermît ceux qui doutent. Sa prière ne restera pas sans effet. Je ne suis que le dernier des membres du Christ ; mais tant que j'aurai un souffle de vie, je vous obéirai, je serai prêt à combattre et, s'il le faut, à mourir avec vous : j'en dis autant des Clunistes, vos enfants. Le monde peut changer, nous ne changerons pas ; rien ne nous séparera de notre Pasteur, de celui en qui revivent à nos yeux saint Pierre et Jésus-Christ. En quelque lieu de la terre que vous portiez votre demeure, notre respect, notre dévouement vous suivront. Pour nous, comme pour le poëte, lorsque Camille habitait Véies, Rome y fut avec lui. (Lucan. *Phars.*, v, v. 28.) Pierre dans sa prison, Clément dans l'exil, Marcel dans une étable, n'ont pas moins gouverné l'Eglise que s'ils eussent résidé au palais de Latran : les brebis du Christ leur obéissaient comme à leurs vrais pasteurs. Rappelez-vous que l'Eglise a grandi dans les tourments, que les persécutions ont multiplié ses

enfants, que sa patience a eu raison de toutes les résistances. Le souvenir du passé doit raviver en vous l'espoir
d'un prochain triomphe : voilà sept ans que vous combat-
tez heureusement contre les adversaires de Dieu ; la huitième année sera celle de la résurrection ; vainqueur des
puissances de l'enfer, vous chanterez l'*Alleluia*, et l'Eglise
qui, à l'exemple du Christ, son maître, aura bu l'eau
amère du torrent, lèvera la tête avec orgueil (1). »

Le zèle et l'affection de Pierre-le-Vénérable ne s'en
tenaient pas à ces regrets d'une séparation forcée, à des
vœux stériles pour la victoire d'Innocent. Les occasions ne
manquaient pas en France à qui voulait prêter au Pape
une assistance effective. Toute une province, l'Aquitaine,
était infectée par le schisme. Elle y avait été entraînée, à
la suite de son maître, le duc Guillaume, par un évêque
glorieux et intrigant, Gérard d'Angoulême, qui avait mis
au service d'Anaclet les rancunes de son ambition déçue.
Légat d'Aquitaine sous le pontificat d'Honorius, il avait
espéré qu'Innocent lui continuerait cette haute fonction,
qui lui avait valu, paraît-il, encore plus de profit que d'é-
clat. Dans cette confiance, il avait envoyé au concile d'É-
tampes, où il n'avait pu se rendre de sa personne, un
député avec des lettres scellées de son sceau, où il disait
qu'entre les deux compétiteurs, l'hésitation n'était pas possible : que l'un avait été nommé le premier, par les
membres les plus considérables du clergé romain, en
raison de son mérite et de ses vertus ; que l'autre avait
usurpé le Saint-Siége, dont ses mœurs décriées devaient

(1) Ibid., I, 1, col. 65.

l'exclure à tout jamais, lors même que les apparences sembleraient en faveur de son élection. Mais Innocent savait les exactions de Gérard et ses abus d'autorité; il donna la légation à un autre. Outré de dépit, l'évêque d'Angoulême passa au camp des schismatiques, et n'eut pas de peine à obtenir d'Anaclet ce qu'Innocent lui avait refusé (1). Cette défection, inspirée par des motifs si peu avouables, indignait l'abbé de Cluny. Un jour, en présence de ses moines, il avait déchiré, avec une violence qui ne lui était pas ordinaire, un libelle de Gérard contre le Pape légitime (2). Désespérant de fléchir le caractère vindicatif et emporté du prélat, il voulut essayer du moins d'éclairer le prince qui en avait trop facilement subi le pernicieux ascendant. Il lui alla faire visite, dans une de ses tournées abbatiales, mais n'en put rien obtenir, et le laissa, dit-il, « enivré de la coupe de Babylone et refusant de se désaltérer au calice du Christ (3). » Cette conquête ne devait pas être l'œuvre de l'humeur insinuante et de la calme raison de Pierre-le-Vénérable : il y fallait d'autres armes, un autre caractère. A la demande de saint Bernard, Guillaume vint à Parthenay, pour y traiter, dans une conférence, de la pacification de l'Église. Les pourparlers traînaient en longueur. Le saint crut devoir tenter une autre voie que celle de la persuasion. Il célébrait la messe, devant les catholiques qui remplissaient le temple. Le duc, excommunié, se tenait sur le seuil, en dehors. Après la consécration, lorsque la paix fut donnée au peuple, l'homme de Dieu, comme s'il eût

(1) *Hist. de l'Egl. gallicane*, t. VIII, p. 508 et sq.
(2) Labbe, *Bibl. nova*, t. II, p. 259.
(3) Ibid.

obéi à une impulsion d'en haut, met le corps du Seigneur
sur la patène, et le prenant avec lui, le visage en feu, les
yeux étincelants, s'avance vers la porte. Parlant alors au
duc, non plus en suppliant, mais d'un ton de menace :
« Nous vous avons prié, lui dit-il, et vous nous avez méprisé. Vous avez méprisé aussi les serviteurs de Dieu, qui
vous ont prié dans une autre assemblée. Voici le Fils de la
Vierge qui vient à vous, lui le chef, le seigneur de cette
Église que vous persécutez. C'est votre Juge, au nom de
qui tout genou fléchit, au ciel, sur la terre, dans les enfers.
C'est votre Juge, aux mains duquel votre âme tombera un
jour. Le mépriserez-vous, comme vous avez fait ses serviteurs ? » Les assistants pleuraient et, les yeux levés au
ciel, s'attendaient à quelque événement surnaturel. A la
vue de Bernard, se dressant devant lui, le corps du Sauveur à la main, le duc pâlit, est pris de tremblement, et
tombe comme en démence sur le sol. Ses gens le relèvent,
il retombe, sans voix, sans regard, la barbe couverte d'é-
.cume, faisant entendre de sourds gémissements, en proie
à des convulsions comme un épileptique. Le serviteur de
Dieu s'approche, le pousse du pied, lui dit de se mettre
debout et d'écouter l'ordre du Seigneur : « Vous voyez,
lui dit-il, l'évêque de Poitiers, que vous avez chassé de
son siége, parce qu'il n'a pas voulu participer au schisme.
Allez vous réconcilier avec lui et lui donner le baiser de
paix ; rétablissez-le dans sa dignité. Faites satisfaction à
Dieu : effacez, en travaillant à sa gloire, les outrages qu'il
a reçus de vous. Ramenez l'unité dans vos États, où vous
avez semé le trouble et la discorde. Soumettez-vous au
Pape Innocent ; toute l'Eglise lui obéit : reconnaissez, vous

aussi, le Pontife choisi de Dieu. » A ces paroles, le duc, n'osant ni ne pouvant rien répondre, se lève, va embrasser l'évêque de Poitiers, et promet, à la grande joie de tous, de le ramener dans sa ville épiscopale. L'abbé de Clairvaux adoucit alors sa voix, et lui adressa de paternels avis, l'exhortant à ne se laisser plus emporter à ses violences impies, à ne jamais enfreindre la paix jurée, de peur qu'il ne vînt à lasser la patience de Dieu (1). Cette scène, qui mit fin au schisme d'Aquitaine, car Gérard mourait quelques jours après, subitement, sans confession ni viatique (2), nous révèle un des secrets de l'incomparable ascendant de l'abbé de Clairvaux sur les hommes de son temps, vrais enfants avec les qualités et les défauts d'une nature riche et inculte ; frondeurs et timides tout ensemble ; sourds à la voix de l'autorité, du droit, des convenances quand la passion fermentait en eux, puis dociles jusqu'à incliner leur dignité même sous un pouvoir dont les vues étaient pures et dont l'influence leur fut profitable, mais que souvent ils acceptaient moins par foi que par superstition ; en un mot capables d'être terrassés par un de ces coups d'audace où se plaisaient le zèle et l'imagination de feu d'un saint Bernard, mais peu susceptibles d'être réduits par les conseils judicieux ou les exhortations touchantes, qui étaient les armes ordinaires d'un Pierre-le-Vénérable. Aussi dans les luttes que les deux amis eurent à soutenir à l'occasion du schisme, l'abbé de Cluny paraît-il un peu effacé par l'indomptable athlète de Clairvaux.

(1) Ernaldi Vita sancti Bernardi, VI, 37, 38, ap. Migne, t. CLXXXV, col. 289, 290.
(2) Ibid., col. 291.

Il le fut surtout à la fin, lors des dernières victoires, dont cependant on s'empressait de l'instruire comme un des plus anciens et des plus dévoués serviteurs de la bonne cause. Innocent lui écrit au mois de juillet 1137, presque à la veille de la mort d'Anaclet, lorsque déjà les troupes de Lothaire, les conseils et l'éloquence de saint Bernard avaient rangé sous son autorité la Campanie, la principauté de Capoue, les duchés de Pouille et de Bénévent (1) : « Je vous remercie encore une fois, lui dit-il, de votre constante sollicitude pour nos intérêts et ceux de saint Pierre. Je remercie surtout le Seigneur Dieu d'Israël qui a visité et délivré son peuple, qui a fait éclater sur nous sa miséricorde et béni tous nos pas, si bien que depuis Rome jusqu'à Bari, à peine reste-t-il une ville, un château qui ne soit soumis au bienheureux Pierre. L'Eglise, longtemps broyée sous le marteau de la tribulation, lève aujourd'hui la tête, semblable à ces aromates dont le parfum se répand d'autant plus loin qu'ils ont été mieux écrasés dans le mortier. Nous aurions souhaité de jouir de votre présence, de vous voir alléger, en les partageant, nos travaux et nos veilles. Mais, les chaleurs de notre été, l'intempérie de notre climat ne sauraient convenir à votre complexion délicate ; veuillez du moins nous assister de vos prières, et demander pour nous celles de la sainte congrégation de Cluny. Que Dieu, vaincu par vos supplications et celles de vos religieux, daigne mener à bonne fin l'ouvrage qu'il a bien voulu commencer et faire cesser les longues épreuves de son épouse et de tout le peuple chrétien, si rudement meurtri sous le joug

(1) Fleury, t. XIV, p. 460 et sq.

du tyran de Sicile (1). » Quelques mois plus tard, Anaclet paraissait devant Dieu. Le Ciel, dit un historien de saint Bernard (2), lui avait accordé une agonie, un délai de trois jours. Il se joua de la patience du Seigneur, et mourut dans l'impénitence et le désespoir. On l'inhuma sans pompe, presque en cachette, de peur que la nouvelle de sa mort ne s'ébruitât trop promptement parmi les catholiques, qui n'ont jamais connu le lieu de sa sépulture. Puis ses partisans se hâtèrent de lui donner un successeur dans la personne de Grégoire, cardinal-prêtre, qu'ils intronisèrent sous le nom de Victor. Mais ce fantôme de pape, vieillard inoffensif et timide, alla de nuit trouver saint Bernard, qui lui fit quitter les ridicules insignes dont on l'avait revêtu et le mena aux pieds d'Innocent (3). C'est peut-être en revenant de chez le Souverain-Pontife que l'abbé de Clairvaux prit la plume pour écrire à Pierre-le-Vénérable les lignes suivantes : « Je me réjouis d'avoir été jugé digne de souffrir pour l'Eglise. Son triomphe est ma gloire et ma couronne. Nous avons été associés à la peine, nous aurons part à la récompense. Déjà notre tristesse s'est changée en joie, notre deuil en chants d'allégresse. L'hiver est passé, la pluie a cessé de tomber, les fleurs servent de parure à la terre ; voici le temps de la moisson. Ce maudit, qui a fait pécher Israël, a été englouti par la mort et livré en proie à l'enfer. S'il lui reste des partisans, ils ne tarderont pas à éprouver de semblables rigueurs de la part du souverain Juge (4). »

(1) Innocent II, Ep. CCLXXX, col. 329.
(2) Ernaldi Vita sancti Bernardi, VII, 17, col. 295.
(3) Ibid., col. 296.
(4) S. Bernard., Ep. CXLVII, col. 304.

Le schisme, en effet, conservait encore des soutiens,
même après la mort d'Anaclet. Les deux principaux étaient
un cardinal et ce « tyran de Sicile, » dont parlait tout à
l'heure Innocent. Gilon, cardinal et évêque de Tusculum,
avait été moine à Cluny, d'où Calixte II l'avait fait sortir
pour l'élever aux honneurs. Chargé, sous le règne d'Honorius, de plusieurs légations importantes, sa renommée
était aussi pure que brillante, lorsqu'à l'avénement d'Innocent, il prit parti pour l'antipape (1). Pierre-le-Vénérable
n'avait pas attendu la mort d'Anaclet pour essayer de
ramener cet enfant de Cluny, dont la chute lui était particulièrement douloureuse. Il lui avait écrit (2) ; il lui avait
parlé ; une fois même, à Grenoble, il lui avait arraché la
promesse de se convertir à la Pentecôte suivante. On allait
célébrer cette fête pour la seconde fois, l'antipape était
mort : l'abbé de Cluny tenta un dernier effort : « Votre
cœur est donc de pierre, lui écrit-il? Vous voulez donc
ressembler à l'enclume qui se durcit sous les coups du marteau (3) ? » Gilon, pas plus que le duc Guillaume, ne se
rendit aux prières, aux raisonnements de Pierre-le-Vénérable. On croit cependant qu'il fut converti dans la suite,
mais par saint Bernard (4). Le dernier tenant du schisme
était Roger II, comte de Sicile et duc de Calabre, beau-
frère d'Anaclet qui, par une bulle en date du 27 septembre 1130, lui avait donné le titre de roi de Sicile (5).

(1) *Hist. litt.*, t. XII, p. 81.
(2) Petri Ven., Ep. II, 4, col. 191.
(3) Ibid., II, 30, col. 249.
(4) *Hist. litt.*, tom. cit., p. 82.
(5) *Art de vérifier les dates*, t. III, page 809.

C'est lui qui avait provoqué la dérisoire élection de Victor, moins pour susciter un rival à Innocent que pour
gagner du temps. Au fond, il ne cherchait qu'une occasion
de faire sa soumission au seul Pape, que le monde recon-
nût alors. Il la trouva dans une victoire qu'il remporta
sur Innocent, amené captif dans son camp. Au lieu de se
prévaloir de son avantage, Roger fit traiter son prisonnier
avec tous les égards dus au titre de vicaire de Jésus-Christ.
Des ambassadeurs se présentèrent de sa part devant le Souverain-Pontife et le prièrent en son nom de lui pardonner
et de se réconcilier avec lui. Au bout de quatre jours,
le 25 juillet 1139, la paix fut signée près de Bénévent.
Le prince vint, avec son fils, se mettre aux genoux du
Pape et lui prêter serment de fidélité sur les saints évangiles. Les excommunications qui pesaient sur Roger et ses
adhérents furent levées ; Innocent, lui remettant un éten-
dard à la main, l'investit du royaume de Sicile, du duché
de Pouille et de la principauté de Capoue, et lui confirma
tous les honneurs dus au rang royal (1). Pierre-le-Vénérable ne resta pas indifférent à l'heureuse issue d'une
guerre qu'on n'avait pas espéré de voir finir par une réconciliation. Cluny n'avait qu'une maison, une seule et de
peu d'importance, dans les Etats du roi Roger. Mais celui-
ci, paraît-il, l'aimait et la protégeait. Pierre en était re-
connaissant, ne négligeait aucune occasion de parler au
Pape en faveur du prince, et s'efforçait depuis longtemps,
par ses conseils, par ses prières, de hâter une paix, à
laquelle il applaudit, l'un des premiers, dès qu'elle fut

(1) Ibid., p. 811.

connue, et dont il félicite Roger, en le rangeant parmi les plus puissants bienfaiteurs de l'ordre de Cluny, en l'égalant aux plus grands rois de son siècle, à ceux de France et d'Angleterre (1).

Pierre pouvait se réjouir : l'Eglise, comme dit Suger, sortait de « ses longues et mortelles langueurs (2) » ; elle recouvrait la santé, l'unité. Saint Bernard dut se rappeler avec joie la vision qu'il avait eue, sur la route d'Etampes, lorsqu'il se rendait, plein d'alarmes, au concile dont il allait être l'arbitre. Une grande église lui apparut, pendant son sommeil, toute remplie d'une foule immense, qui n'avait qu'un cœur, qu'une voix, pour chanter, dans un merveilleux accord, les louanges de Dieu (3).

(1) Petri Ven., Ep. III, 3, col. 281.
(2) Suger, loc. cit., col. 1334.
(3) Ernaldi Vita sancti Bernardi, I, 3, col. 270.

CHAPITRE V

TRIPLE DEUIL DE PIERRE-LE-VÉNÉRABLE : MORT DE RAINGARDE,
DU CARDINAL MATHIEU, D'ABÉLARD.

Lorsque Pierre-le-Vénérable retournait à Cluny après le
le concile de Pise, une triste nouvelle lui fut apportée sur
la route : un serviteur de Marcigny, venu à sa rencontre,
lui apprit la mort de Raingarde. Ce fut comme un coup
de foudre pour ce cœur si aimant. « Nous marchions, dit-
il, mes compagnons et moi, sans inquiétude et conversant
gaiement. Un messager s'approche, silencieux et triste ; il
me présente une lettre. Je le connaissais, je savais qui
l'envoyait, je ne pouvais soupçonner qu'il eût rien à m'annoncer d'affligeant. Je prends la lettre en toute sécurité, je
m'empresse de la lire, comme si j'avais dû y trouver quelque motif de joie. Je parcours rapidement les premières
paroles de politesse, j'arrive à ce qui suit : si une poutre
m'eût heurté violemment ou qu'une pierre me fût tombée
sur la tête, je n'aurais pas semblé plus interdit qu'à la lecture de ces lignes, qui me percèrent le cœur comme d'une
flèche, en m'apprenant la mort, ou plutôt la fuite préci-
pitée de mon excellente mère, qui venait de quitter ce
monde presque subitement. Je mouillai la lettre de mes

armes. Le lieu ou je me trouvais m'était en horreur; je
m'en éloignai, et allai m'enfermer dans une pièce retirée,
où, durant une heure entière, je donnai un libre cours à
mes plaintes et à mes gémissements. Ce temps écoulé, je
ne pouvais encore modérer ma douleur; je repoussais les
consolations que m'offraient les personnes considérables
dont j'étais entouré. La nuit vint : son repos, plus efficace
que tous les discours, calma un peu la violence de mon
chagrin. Le matin, je montai à l'autel, je recommandai sa
chère âme à notre pieux Rédempteur; et, joignant à la salutaire victime le sacrifice de mon cœur brisé, j'appelai sur
ses fautes le pardon de la divine clémence. J'avais pour compagnons de voyage des hommes respectables par leur mérite et leur dignité, des prélats, des abbés, des moines et
des clercs d'une grande vertu, et parmi les premiers, l'archevêque de Reims, celui de Rouen, les évêques de Troyes,
de Coutances, de Séez. Cédant à leurs exhortations, consi-
dérant surtout les égards que leur société m'imposait, je
me fis violence, je refoulai mes pleurs et, composant mes
traits, je leur donnai l'apparence d'une gaieté, que j'étais
loin d'éprouver. Ce changement en produisit un semblable
sur ceux qui, l'instant d'auparavant, s'étaient associés à
ma douleur, et qui, me croyant consolé, reprirent leur
bonne humeur et leur sérénité habituelle (1). »

On se remit en route; Pierre ne s'arrêta pas à Cluny,
où il laissa ses compagnons de voyage, et repartit en
toute hâte pour Marcigny. « J'arrive, dit-il, et je trouve ce
grand et saint troupeau des servantes de Dieu comme en-

(1) Petri Ven., Ep. II, 17, col. 208, 209.

seveli dans sa tristesse. Elle avait passé près de vingt ans
au milieu de ces âmes angéliques : leurs sanglots, leurs
gémissements, leurs regrets témoignaient qu'elles auraient
mieux aimé mourir avec elle que de lui survivre. L'église
de la bienheureuse Vierge Marie, où j'avais été prier tout
d'abord, retentissait de leurs plaintes. Je croyais être seul
à l'aimer d'un amour filial ; je compris, en les voyant,
qu'elles avaient toutes perdu en elle une mère (1). » On l'a-
vait, en effet, surnommée « la mère du monastère (2) »,
titre que lui avait valu le zèle industrieux et charitable,
avec lequel elle s'était acquittée de son office de cellé-
rière (3). Lorsqu'on lui eut imposé cette charge qu'elle
n'accepta qu'à regret parce qu'elle l'enlevait à ses longues
oraisons et la tirait de son obscurité, on la vit adopter, pour
ainsi dire, toutes les religieuses de la communauté. Leurs
noms étaient inscrits dans sa mémoire comme dans un
livre. Elle y avait noté aussi le tempérament, les maladies,
les moindres besoins de chacune des sœurs. Elle avait
appris la cuisine ; elle apprêtait elle-même les aliments et
faisait en sorte qu'ils fussent plus ou moins cuits, plus ou
moins salés suivant les goûts et les estomacs (4). Mais
Raingarde avait encore une autre famille : c'étaient les
pauvres des environs. Les plus nécessiteux étaient ceux
qu'elle préférait ; elle les appelait en souriant ses fils, et
leur donnait tous les jours à manger (5). Aussi le deuil

(1) Ibid., col. 209, 210.
(2) Ibid., col. 223.
(3) Ibid., col. 220.
(4) Ibid., col. 221.
(5) Ibid., col. 223.

qui couvrait le monastère comme d'un voile, se répandait-il au dehors, dans toute la contrée. Les mendiants, qu'elle nourrissait, disaient qu'ils avaient perdu le soutien de leur vie. Les étrangers, les soldats, qu'elle avait souvent reçus et servis elle-même, lorsqu'ils venaient, en passant, frapper à la porte du couvent, disaient qu'ils ne reconnaissaient plus Marcigny (1).

Sa mort avait été celle d'une sainte. « Une nuit, dit Pierre-le-Vénérable, la servante de Dieu dormait sur son humble couche, donnant à ses membres, fatigués du labeur de la journée, le repos qui devait leur permettre de supporter le travail du lendemain. Tout à coup elle aperçoit, debout devant elle, une femme d'une grande beauté qui, de la main, lui faisait signe de la suivre. Elle s'éveille et, croyant que l'office de Matines est commencé et qu'une sœur vient de l'en avertir, elle se lève, gourmande sa paresse, se met en devoir de se rendre au plus vite à l'église. Mais portant les yeux autour d'elle, et voyant toutes ses compagnes couchées dans le dortoir, elle reconnaît son erreur et se rendort. Elle revoit aussitôt la même apparition, qui l'appelle de la même manière. Elle se met de nouveau sur son séant, et passe par les mêmes sensations que la première fois. Dans un troisième sommeil, elle a une troisième vision : la belle inconnue vient encore la visiter, la presser de partir avec elle, et ajoute qu'il ne faut pas se faire attendre ni perdre de temps. S'éveillant alors, elle comprend le sens de l'appel, et annonce aux religieuses qu'elle va mourir. Les voilà toutes, qui entourent

(1) Ibid., col. 210.

son lit, comme des filles le lit d'une mère, et qui déplorent avec larmes une perte qu'elles ne pourront, disent-elles, jamais réparer. Elle, cependant, reste tranquille, et quoique en présence de la mort, ne perd en rien la liberté de son esprit. Elle parle aux sœurs, leur confesse ses péchés, leur en demande pardon. Selon son désir, elle reçoit les saintes onctions des mourants, et se nourrit du corps du Christ. Elle demande qu'on lui apporte le crucifix, le colle sur ses lèvres, et baise longuement les pieds du Sauveur. On voulait lui reprendre la croix : « Quoi ! s'écrie-t-elle dans un élan d'amour divin, vous voulez me séparer de mon Seigneur ! Laissez-le moi tant que je vivrai ; c'est lui que je veux retrouver après ma mort. Au bout de trois jours, succombant à la fatigue de ses continuelles oraisons, et perdant peu à peu ses forces, elle est à l'extrêmité. On célébrait avec solennité la Nativité du Précurseur du Seigneur ; cette fête lui apportait, au milieu des larmes, l'annonce des joies éternelles. Elle touchait à sa dernière heure : les religieuses s'apprêtèrent à la placer sur un cilice, couvert de cendre. Elles la soulevaient déjà dans leurs bras : « Attendez un moment, » dit-elle. Tournant alors les yeux vers le ciel : « O très-pieux Rédempteur, s'écrie-t-elle, je sais où mon corps doit être porté, j'ignore ou doit aller mon âme. Mon corps, Seigneur, trouvera un asile dans le sein de la terre ; mais mon âme, ô doux Jésus, éternel Sauveur, en quelle demeure reposera-t-elle cette nuit ? Qui la recevra ? Qui viendra au-devant d'elle ? Qui la consolera ? Qui la délivrera de la mort, des tourments, des angoisses ? Qui lui assurera, au sortir des peines de ce monde, un abri, la vie, le repos ? Personne, ô pieux Jésus mon Sauveur, si ce n'est vous. Tous mes parents seront bien loin, et je ne pourrai trouver de refuge qu'auprès de vous, mon Dieu. Je vous confie donc ce que vous avez créé, je fais appel à votre miséricorde, que j'implore depuis longtemps, je remets mon âme et mon corps entre vos mains. » Puis s'adressant aux sœurs : « Maintenant, ajoute-t-elle, prenez-moi et portez-moi où vous voudrez. » Alors, au milieu d'un redoublement de pleurs et de sanglots, on étend l'humble servante du Christ sur la cendre et sur le cilice. Peu après, à l'heure où le Rédempteur mourut pour ressusciter les morts, elle finit doucement sa vie et passa au Seigneur. Des témoins affirment que lorsqu'elle eut rendu le dernier soupir, son corps parut environné de la gloire des élus. Son visage, comme celui du grand saint Martin, brillait d'un éclat surnaturel, et la mort, qui ne fut pour elle que l'entrée d'une vie meilleure, augmenta sa beauté au lieu de la détruire (1). »

Ce ne fut pas sans verser bien des larmes, on le devine, que Pierre-le-Vénérable entendit le récit des derniers moments de sa mère. Le lendemain de son arrivée à Marcigny, il offrit pour elle le saint sacrifice, dans l'église, en présence de toute la communauté. Puis il se rendit sur la tombe de Raingarde, et, après diverses prières, prononça la formule de l'absolution. Enfin il dit adieu à sa mère bien-aimée, et il s'éloigna, de corps du moins, car son âme restait auprès d'elle (2). De retour à Cluny, cherchant de tous côtés à qui s'ouvrir de son chagrin, il ne crut pouvoir mieux faire que de s'adresser à trois de ses frè-

(1) Ibid., col. 224 et sq.
(2) Ibid., col. 210.

res (1), et leur écrivit la lettre où nous avons puisé le récit qu'on vient de lire. Il envoya aussi une circulaire à tous les prieurs de son ordre, leur demandant en souvenir de sa mère et pour le repos de son âme, de faire dire trente messes et de nourrir douze pauvres, dans les maisons principales et, dans les autres, de faire chanter deux messes à chaque prêtre, indépendamment de l'office et de la messe générale, indépendamment aussi des actes de piété ou de charité que leur cœur et l'Esprit-Saint leur pourraient suggérer (2).

C'est le 24 juin 1134 que Pierre-le-Vénérable avait perdu sa mère. Le mois suivant, un de ses meilleurs amis était atteint de la maladie, dont il devait mourir à la fin de l'année. On n'a pas oublié le prieur de Saint-Martin-des-Champs, ce Mathieu qui, au début de l'administration de Pierre et sur son ordre, avait fait une si rude guerre au relâchement des moines, et qui, plus tard, avait plaidé avec tant de succès contre les Pontiens, devant la Cour de Rome. Après la condamnation de Pons et de ses partisans, Mathieu se disposait à rentrer en France et à retourner dans son prieuré ; le Pape le retint auprès de lui, le nomma cardinal et évêque d'Albano. Associé au gouvernement de l'Eglise universelle, habitant le palais du Souverain-Pontife, il ne cessa de se conformer, dans le réglement de ses journées, dans sa mise, aux usages du cloître. Il ne voulut rien retrancher de ses exercices de religion, rien de la longue psalmodie clunisienne. Aucun soin, au-

(1) Ibid., col. 208. Le début de cette lettre offre de curieuses réminiscences cicéroniennes : Cf. *de Oratore*, I, 1, et III, 1.

(2) Petri Ven. Ep. II, 17, col. 208 ; Cf. 20, col. 232.

cune affaire ne pouvait l'empêcher de célébrer, tous les jours, le saint sacrifice. Toutes ses matinées appartenaient aux devoirs de piété ; le Pape s'en plaignait quelquefois, et, lorsqu'il le voyait paraître devant lui seulement vers les neuf heures, longtemps après tous les autres, il lui reprochait d'être trop moine (1). Cependant il était un des prélats les plus actifs et les plus influents de la cour romaine ; il travailla beaucoup pour l'Eglise et, sous le règne d'Innocent, aida efficacement au triomphe de la Papauté légitime (2). C'est dans un voyage entrepris pour la servir, à Milan où, de concert avec saint Bernard, il avait été combattre le schisme, qu'il ressentit les premières atteintes du mal qui allait, en moins de cinq mois, le conduire au tombeau. Longtemps il se roidit contre la douleur ; enfin, dans la première semaine de l'Avent, ses forces le trahirent et il dut se mettre au lit. Il fit venir alors les frères attachés à son service et, après les avoir consolés avec une grande bonté : « Je vous prie, leur dit-il, de faire saluer de ma part, lorsque je ne serai plus, le seigneur abbé de Cluny, mon père, ainsi que le prieur, les dignitaires et tous les moines du couvent ; n'oubliez pas surtout mes enfants bien-aimés, les religieux de Saint-Martin-des-Champs, que j'ai instruits de mon mieux dans la loi de Dieu (3). »

Peu de jours auparavant, raconte Pierre-le-Vénérable, un saint religieux de Pise, le prieur du couvent de Saint-Zénon, avait vu en songe Mathieu, revêtu de la coule mo-

(1) Petri Ven. *de Mirac.*, II, 14, col. 926.
(2) Ibid., 16, col. 928.
(3) Ibid., 17, col. 929.

nacale, et auprès de lui, un enfant d'une grande beauté, qu'on disait être le fils du roi de la contrée. L'enfant tenait à la main un livre, écrit en caractères d'or. L'ayant ouvert, il le présente au vénérable cardinal, et l'invite à lire. Lui, demande quel profit il doit en tirer. Alors l'enfant : « Tu acquerras en lisant ce livre, la connaissance de toutes les langues. » Il commence à lire ; l'enfant l'interroge, d'abord en hébreu, et il répond dans cette langue ; puis en grec, et il répond de même : « Ainsi, dit l'enfant, te voilà maître de ces deux langues ; sache que tu possèdes semblablement tous les idiomes de la terre. » Il lui montre ensuite le palais royal, d'une admirable architecture, et lui ordonne d'y entrer. Mathieu observe que ses vêtements ne lui permettent pas de se présenter devant le roi : « Va donc, répond l'enfant, prends tes ornements et reviens au plus vite. » Le cardinal se retire et reparaît bientôt après, avec tous les insignes épiscopaux. Alors des troupes d'anges viennent à sa rencontre et chantant : « *Alleluia*, bénissons le Père, le Fils et le Saint-Esprit, » l'introduisent dans le palais. La dernière semaine de l'Avent un moine d'un autre couvent de Pise, dédié à saint Michel, eut également une vision. Il vit venir à lui le vénérable Jean, d'abord prieur des Camaldules et depuis évêque d'Ostie. Il lui demande : « Où allez-vous, seigneur ? » A quoi l'évêque répond : « Je viens à Pise, il faut que je prenne mon frère, l'évêque d'Albano, et que je l'amène au milieu de nous. Sache que le huitième jour avant les calendes de janvier, il doit nous rejoindre pour ne plus nous quitter (1). »

(1) Ibid., 18, 19, col. 930.

Le malade lui-même fut aussi, comme on pense, visité par des apparitions. Il eut d'abord à subir les assauts des puissances de l'enfer. La veille du dimanche qui précédait Noël, on l'entendit, pendant la nuit, jeter de grands cris. On accourt : « Je voyais, dit-il, une troupe de démons, et si distinctement que je m'étonne qu'elle ait pu se dérober à vos yeux. J'ai fait le signe de la croix; ils ont pris la fuite, mais laissant derrière eux une odeur fétide et insupportable. » Cependant le saint homme ne cessait de prier. Il n'avait plus d'oreilles que pour les discours de piété. Lui parlait-on des affaires de ce monde : il ne répondait rien, et il semblait qu'il n'eût pas entendu. Mais si on lui parlait des choses du ciel, à l'instant il se tournait vers son interlocuteur et, oubliant ses souffrances, lui répondait avec la plus grande netteté d'esprit. Toutes les fois que des évêques, des moines, des clercs s'approchaient de son lit, il récitait le *Confiteor*, s'accusait de ses péchés et en demandait l'absolution (1). Quelques jours avant sa mort, comme on venait de chanter devant lui les psaumes des Matines, il parut ravi en extase; son visage était comme transfiguré : on crut que sa dernière heure était proche. Le frère Pons prit l'Évangile et, s'asseyant à son chevet, lut à haute voix le récit de la Passion dans saint Mathieu, dans saint Marc et dans saint Luc. Puis il s'arrêta : « Et où est donc, dit alors le saint homme, la Passion de saint Jean? S'il te plaît, mon fils, lis-la aussi. » Lorsque la quatrième Passion fut finie : « Dieu te rendra, dit Mathieu s'adressant au frère Pons, Dieu te rendra dans l'éternité ce que tu as fait pour moi, depuis longtemps et surtout

(1) Ibid., 20, col. 931.

aujourd'hui. Apprends que tout à l'heure j'ai vraiment quitté la terre, que j'ai été transporté au royaume invisible du ciel. Rassure-toi cependant, je ne mourrai pas encore cette nuit. Va et repose-toi. Demain matin tu reviendras, et je te raconterai ce que j'ai vu. » A l'heure dite, le frère arrive avec ses compagnons. Ils commencèrent par chanter les psaumes de Prime, puis s'arrêtèrent pour écouter Mathieu. Il leur dit : « Allez trouver le seigneur chancelier, et dites-lui de prier le seigneur Pape de venir ici pour me délivrer de ce sépulcre où je suis couché. Certes il le ferait bien volontiers, s'il avait vu le lit qui m'est préparé là-haut. Il n'y en a jamais eu de si beau, jamais de si doux. Car cette nuit, j'ai brisé les liens de mon corps, j'ai été conduit en présence du Seigneur Jésus-Christ, de la bienheureuse Vierge sa mère, et j'ai vu, à leurs pieds, la place qui m'est réservée. » A ces paroles, les frères le pressent instamment de leur décrire ce qu'il a vu, la condition, la béatitude des élus. « Qui le pourrait, répondit-il, qui pourrait redire cette félicité ineffable, inconnue aux mortels? Cependant, ajoute ce modèle du moine, ce vétéran du cloître, ce que j'ai remarqué, c'est qu'il règne là-haut un respect singulier pour la discipline et que toutes choses s'y passent dans un ordre parfait. » Dans la soirée, plusieurs prélats vinrent lui rendre visite ; il leur raconta de nouveau sa vision. L'un d'eux, l'évêque de Pérouse, lui disait qu'il allait bientôt mourir : « Ce ne sera pas cette nuit, interrompit Mathieu. Dieu, dans sa miséricorde, m'a fait connaître que j'irai à lui le jour où le Sauveur, venant parmi les hommes, est né de la Vierge Marie (1). »

(1) Ibid , 21, col. 931 et sq.

La veille de ce saint jour, il demanda le viatique. Quand on le lui eût apporté : « Écoutez, dit-il aux frères qui l'entouraient, écoutez ma profession de foi et soyez-en les témoins pour l'éternité. Je confesse que le corps sacré de mon Sauveur est ici présent, que c'est vraiment et essentiellement le même qu'il a pris du sein de la Vierge Marie, le même qui a été attaché à la croix pour le salut du monde, qui a été déposé dans le sépulcre, qui, le troisième jour, est ressuscité des morts, qui est monté au cieux, d'où il doit venir juger les vivants et les morts. Je crois qu'il va descendre en moi, que je ne ferai plus qu'un avec lui, que par là j'aurai la vie éternelle. » Le soir, quand il entendit toutes les cloches de la ville qui, ébranlant les airs, appelaient le peuple aux églises, il s'écria de toute sa voix, de tout son cœur : « Le Christ nous est né ! » puis se mit à chanter le *Gloria*, d'un bout à l'autre, comme on le chante à la Messe. A minuit, lorsqu'il sentit que le prêtre allait monter à l'autel, il voulut se lever; se dressant sur son séant, il pria un frère de l'aider, mais ses forces l'abandonnèrent et il retomba sur son lit. Alors se tournant vers la croix qui était devant lui. « O miséricordieux Sauveur, s'écria-t-il, il est temps de tenir votre promesse; voici le moment de votre naissance et celui ou je dois quitter cette vie mortelle, et aller à vous qui êtes la vie éternelle. » Ce furent ses dernières paroles. Les frères le prirent et le posèrent sur un cilice couvert de cendres. Bien souvent il les avait priés de ne pas le laisser mourir autrement. Il était là, attendant que Dieu voulût bien l'appeler. Enfin, à l'heure où la nuit commençait à faire place au jour, et où les religieux, rassemblés à l'Eglise pour la Messe de l'aurore, chantaient ces paroles : « La lumière se lèvera aujourd'hui sur nous, » Mathieu, « vrai moine et pontife de Dieu, dit Pierre-le-Vénérable, quitta les ténèbres épaisses des Egyptiens, c'est-à-dire de ce monde et entra dans la gloire et dans la vie éternelles (1). »

Pierre n'avait pas eu la consolation de fermer les yeux à son cher cardinal. Ce fut seulement sept années plus tard, qu'il put aller prier sur son tombeau. Il se rendait à Rome ; il voulut s'arrêter à Pise, et se fit conduire dans l'église de Saint Frigdien, où reposaient les cendres de Mathieu. Il y célébra la Messe, et l'on vit bien, à sa ferveur et aux larmes qui coulaient de ses yeux pendant le saint sacrifice, que la mémoire de son ami n'était pas effacée de son cœur (2).

L'abbé de Cluny était alors à la veille d'un troisième deuil, qui, on peut le croire, ne lui fut guère moins sensible que les deux précédents. Ce n'est pas un proche parent, ce n'est pas un ami de vieille date qu'il allait perdre ; mais un homme qui fût resté peut-être un étranger pour lui, s'il n'avait eu que des succès sans les malheurs qui l'amenèrent un jour, malade et découragé, à la porte de Cluny, où il forma bientôt avec le charitable abbé une liaison qui semble avoir été, comme il arrive souvent, plus chère encore au bienfaiteur qu'à son protégé. Abélard venait d'être condamné au concile de Sens. Résolu d'en appeler au Pape d'une sentence qui déjà, sans qu'il le sût, était confirmée par la cour de Rome, il se dirigeait vers l'Italie. Il recevait, sur son chemin, l'hospitalité dans les monastères. Un soir il vient demander un asile pour la nuit à

(1) Ibid., 22, col. 933.
(2) Ibid., 23, col. 935.

Pierre-le-Vénérable (1). Où allez-vous? lui dit celui-ci. Abélard répond qu'il est en butte aux persécutions de ses ennemis qui le traitent d'hérétique, nom qu'il a en horreur, qu'il veut recourir à sa Majesté apostolique et chercher un refuge auprès d'elle. L'abbé loua son dessein, l'assurant qu'il obtiendrait du Saint-Père justice comme tout le monde, et miséricorde s'il en était besoin (2). Sans doute il lui rappela aussi les conseils qu'il lui avait donnés dans un autre temps, peut-être au lendemain du concile de Soissons (3), alors qu'une première condamnation venait de le frapper et que les témérités de son esprit, les écarts de sa conduite avaient attiré déjà sur sa tète ces calamités dont il s'est fait lui-même l'historien. Pierre lui avait écrit, à deux reprises, pour le presser d'échanger sa vie d'agitations et de luttes stériles contre la paix et le repos du cloître, et d'accepter la retraite qu'il lui offrait à Cluny. « J'ai pitié de vous, lui disait-il la première fois, lorsque je vous vois, mon très-cher fils, plier ainsi sous le fardeau de la science

(1) M. de Rémusat, *Abélard*, t. Ier, p. 246.

(2) Petri Ven., Ep. IV, 4, col. 305.

(3) Ce Concile se tint au commencement de l'année 1122 (*Art de vérifier les dates*, t. Ier, p. 187). Pierre-le-Vénérable a pu écrire les deux lettres que nous allons citer, au mois d'août ou au mois de septembre de la même année, lorsqu'il venait d'être nommé abbé de Cluny et que sa haute dignité lui permettait de traiter de fils (*dilecto filio, præcordiali filio*) un homme de l'importance et de la réputation d'Abélard, et de lui donner les paternels avis qu'on va lire. On a cru que ces deux lettres étaient adressées à Pierre de Poitiers; mais outre que leur contenu répond admirablement à la situation d'Abélard et aux sentiments de Pierre-le-Vénérable à son égard, il semble difficile d'attribuer à un moine le titre de *maître* (*magistro Petro*), que nous lisons dans la suscription de l'une et de l'autre de ces lettres.

profane et des connaissances humaines, et vous consumer vainement, sans trouver jamais la récompense de vos travaux ni le soulagement de vos peines. S'il est vrai que la philosophie n'a d'autre fin que de nous enseigner où réside la béatitude et de nous la faire acquérir après nous l'avoir montrée, s'il est vrai que la béatitude ne peut se trouver où se rencontre quelque défaut, et que le souverain bien n'est autre que la bienheureuse éternité, qui osera dire qu'il sait philosopher, celui qu'un labeur sans relâche conduit, non pas à l'éternelle béatitude, mais à l'éternelle misère ? Les sages de l'antiquité se sont épuisés à la recherche de cette béatitude ; ils ont tenté à grand'peine de tirer des entrailles de la terre le secret qui se dérobait à leurs efforts. De là l'invention des arts, de là les arguments ambigus, de là toutes ces sectes, infinies en nombre, et perpétuellement aux prises, les unes qui placent la béatitude dans les voluptés des sens, les autres dans les vertus de l'âme, les autres qui la cherchent au-dessus de l'homme, d'autres enfin qui réfutent ces théories et en inventent de nouvelles. Tandis qu'ils s'égaraient ainsi en demandant à l'esprit humain une lumière que Dieu seul pouvait leur donner, la Vérité les regardait du haut du ciel ; elle prit en pitié leur misère ; elle parut sur la terre. Pour se rendre visible à tous, elle revêtit une chair semblable à celle des hommes pécheurs, partagea leurs souffrances et leur dit : « Venez à moi vous tous qui êtes dans la peine : je vous soulagerai ; soumettez-vous à mon joug. » Et comme elle vit que leur plus grand mal était l'ignorance, elle voulut les enseigner elle-même, et ajouta : « Apprenez de moi que je suis doux et humble de cœur, et vous trouverez le repos de vos âmes. » Du haut de la montagne, elle leur apprit, non-seulement où résidait la vraie béatitude, mais aussi le chemin qui pouvait les y conduire ; elle mit fin aux investigations où les avait entraînés leur curiosité, en ajoutant : « Bienheureux les pauvres en esprit, car le royaume des cieux est à eux. » Ainsi donc, sans le secours des méditations platoniciennes, des disputes de l'Académie, des arguties d'Aristote, des opinions des philosophes, voici que nous sont révélés à la fois le siége et la voie de la béatitude. Silence à l'orgueil humain, du moment que le divin Maître a parlé ! Que le mensonge se taise, quand la vérité ouvre la bouche ! Que l'homme descende de la chaire des docteurs, quand Dieu fait homme s'y assied pour enseigner ! « Bienheureux, dit-il, les pauvres en esprit, parce que le royaume des cieux est à eux. » Pourquoi donc, cher ami, errer ainsi d'école en école ? pourquoi devenir tour à tour disciple et professeur ? pourquoi chercher, à travers tant de paroles et au prix de tant de fatigues, ce que vous pouvez trouver, si vous voulez, dans un seul mot, et sans peine ? Pourquoi perdre votre temps à vous mettre en scène comme un comédien, à déclamer comme un tragédien, à jouer comme les courtisanes ? Pourquoi tromper comme les poëtes, et vous tromper vous-même comme les philosophes ? Folie que tout cela ! soit dit sans vous blesser, vous ; car pour la philosophie, je m'en mets peu en peine. Oui folie ! car c'est un vrai philosophe qui a dit : « Dieu a convaincu de folie la sagesse du monde. » (I Cor., i, 20). Courez donc, mon fils, où vous appelle le divin Maître, où se cueille l'unique fruit de toute la philosophie, la béatitude du royaume des cieux, que vous ne

pouvez mériter que par la véritable pauvreté de l'esprit.
Entrez donc dans la voie de la pauvreté, de la pauvreté
spirituelle, qui consiste dans la pratique de l'humilité
plutôt que dans le dépouillement des biens de la terre.
Vous serez alors un vrai philosophe du Christ, lorsque
vous tiendrez pour insensée toute la sagesse du monde,
lorsque vous aurez obéi à l'apôtre qui vous dit : Soyez insensé si vous voulez être sage ; lorsque vous ne tirerez plus
vanité des subtilités de la logique, des recherches oiseuses
de la physique ; lorsque vous n'aurez plus à cœur qu'une
science : Jésus-Christ et Jésus-Christ crucifié. Si vous
méritez qu'il vous fasse cette grâce, vous serez un sujet de
joie pour les anges de Dieu, qui applaudissent au retour
du pécheur repentant, pour les saints qui sont heureux du
bonheur de leurs frères, pour moi aussi, pour moi surtout,
qui vous accueillerai comme un fils, qui vous nourrirai du
lait de la piété, qui vous réchaufferai dans mon sein, qui
vous élèverai parmi les enfants du Christ, vous donnerai
l'armure des milices célestes, vous conduirai au combat et
vous aiderai à vaincre l'ennemi. Car le secours d'en haut
ne nous manquera pas, nous vaincrons l'ennemi ; l'ayant
vaincu, nous serons couronnés ; et vrais philosophes, nous
atteindrons au but de la philosophie, c'est-à-dire à la
bienheureuse éternité (1). » Un pareil langage, à l'époque
où Pierre-le-Vénérable l'adressait à Abélard, ne pouvait
guère avoir prise sur lui. Longtemps encore, malgré ses
traverses et ses déceptions, malgré ses conversions appa-
rentes et ses séjours momentanés dans le cloître, il devait

(1) Petri Ven., Ep. I, 9, col. 77, 78.

nourrir ses rêves de gloire et de popularité mondaine. Pierre a beau lui écrire une seconde lettre, le supplier de prêter l'oreille à ses conseils, de lui prouver qu'il les a compris en venant le rejoindre sans retard (1). Le philosophe devait se faire attendre près de vingt ans. Il était depuis quelques jours auprès de Pierre-le-Vénérable, et s'apprêtait à se remettre en route pour gagner Rome, lorsque Raynald, abbé de Cîteaux, vint à Cluny. Peut-être la coïncidence de son arrivée avec la présence d'Abélard dans l'abbaye, n'était-elle pas purement fortuite. Il s'ouvrit à Pierre-le-Vénérable de son désir de réconcilier Abélard et l'abbé de Clairvaux. Pierre pressentit son hôte et le trouva favorablement disposé. Abélard avait de l'obstination dans l'esprit, mais peu de résistance dans la volonté (2) ; son caractère avait toujours été faible : l'âge, les maladies, les mécomptes avaient achevé d'en fléchir le ressort. Il consentit à toutes les conditions. Il fut donc convenu qu'il suivrait Raynald à Clairvaux, qu'il ferait sa paix avec saint Bernard, qu'il prendrait l'engagement de rétracter ce qui, dans ses discours ou dans ses livres, avait pu offenser les oreilles catholiques. Il tint parole ; mais tout ce que nous savons de sa démarche, c'est qu'elle eut un plein succès, grâce à la médiation de l'abbé de Cîteaux. « Il partit, il revint, dit Pierre-le-Vénérable, et, à son retour, il m'annonça que sa vieille querelle avec l'abbé de Clairvaux était assoupie, et que leur entrevue avait été

(1) Ibid., 10, col. 79.
(2) Cette opposition entre le caractère et l'esprit d'Abélard a été admirablement mise en lumière par M. S. de Sacy, dans ses *Variétés littéraires*, t. II, p. 492 et sq.

toute pacifique (1) ». Abélard était-il converti? L'abbé de
Cluny voudrait le croire, et attribuer, non-seulement à
l'influence de ses propres avis, mais à l'impression de la
grâce, la docilité de l'adversaire réconcilié de saint Bernard (2). Cette rétractation qu'on lui avait demandée,
Abélard l'écrivit, à Cluny, sous le titre d'*Apologie* (3) ; ·
et ce titre n'est-il pas déjà un indice des sentiments qui
se cachaient au fond de son âme? Les premières lignes
achèveront de nous les révéler : « On connaît, dit-il, le
proverbe : « Il n'est chose si bien dite qu'on ne puisse
rendre suspecte », et le mot de saint Jérôme : « Qui a fait
beaucoup de livres, s'est donné beaucoup de juges. » Mes
ouvrages ne sont ni nombreux ni considérables, surtout
en comparaison de ceux de quelques autres; et cependant
je n'ai pu échapper aux atteintes de la critique. Mais de
toutes les accusations qui pèsent sur moi, il n'en est pas
une, Dieu m'en est témoin! que je croie mériter… Je dois
donc être regardé comme un fils de l'Eglise. J'accepte tout
ce qu'elle enseigne, je réprouve tout ce qu'elle condamne ;
je n'ai jamais rompu avec sa foi, bien que je n'aie pas toujours été digne d'elle dans ma conduite» (4). On le voit, il en

(1) Petri Ven. Ep. IV, 4, col. 306.

(2) Ibid.

(3) Les meilleurs juges s'accordent à placer cet écrit d'Abélard
après sa réconciliation avec saint Bernard. V. Fleury, t. XIV,
p. 524; Rémusat, *Abélard*, t. Ier, p. 253. Entre autres motifs, on
s'est appuyé, non sans raison, sur le terme de *notre ami*, dont
l'auteur se sert pour désigner l'abbé de Clairvaux. Cette appella-
tion n'est peut-être pas sans quelque nuance d'ironie; malgré
tout, il semble difficile qu'elle ait pu se rencontrer sous la plume
d'Abélard avant cette époque.

(4) Abélard, *Apologia seu fidei confessio,* ap. Migne, t. CLXXVIII,
col. 105.

coûtait moins à Abélard de confesser qu'il avait mal agi,
que de reconnaître qu'il eût mal parlé. Il aimait mieux
avouer des fautes que des erreurs. Il eut assez d'humilité
pour demander pardon à l'abbé de Clairvaux, des torts
qu'il pouvait avoir à son égard ; il n'en eut pas assez pour
concéder que le génie n'est pas infaillible, et que le sien
avait pu se tromper. En somme, s'il consentit à faire les
premiers pas pour se rapprocher de saint Bernard et à se
désister de tout recours à Rome, ce n'est pas, croyons-
nous, qu'il regrettât les témérités de sa plume ou de sa
parole : c'est qu'il ne se sentait plus la force de soutenir la
lutte ; et son voyage à Clairvaux, sa retraite à Cluny prou-
vent de sa part moins de repentir que de lassitude. Mais
l'abbé Pierre, toujours indulgent, s'en fiait volontiers aux
apparences, lorsqu'elles étaient favorables. Il fut touché
de voir cet esprit si altier s'abaisser devant son ancien
adversaire ; il le fut davantage lorsqu'il l'entendit demander, comme une grâce, de finir sa vie sous la discipline et
dans la maison de Cluny. Pierre, voulant obtenir l'agrément du Pape, lui en écrivit sans retard. Il n'oubliait pas
l'honneur, l'utilité que devaient apporter à sa communauté
la présence et le vaste savoir de ce maître illustre. « Sa
science, disait-il, ne vous est pas inconnue : nos frères ne
peuvent manquer de profiter beaucoup à l'entendre (1). »
Mais on voit qu'il obéissait surtout à un mouvement de
compassion pour ce vieillard, pliant sous l'infortune et les
infirmités, d'autant plus à plaindre qu'il ne pouvait se dire
malheureux sans s'avouer coupable, et qui, découragé sans

(1) Petri Ven. Ep. IV, 4, col. 306.

être entièrement désabusé, renonçait au bruit, à l'éclat des écoles et n'aspirait plus qu'au silence et à l'obscurité d'un couvent. « Il vous prie, ajoutait-t-il en terminant, nous vous prions avec lui, nous et tous les Clunistes vos enfants, de l'autoriser à passer ici les derniers jours de sa vie, lesquels ne sauraient être longs. Le voilà dans cette maison où il se réjouit d'avoir trouvé, comme le passereau, un toit pour s'abriter, comme la tourterelle, un nid pour se reposer : ne permettez pas que quelque intrigue vienne l'en chasser ou l'y troubler ; souvenez-vous de votre sollicitude pour tous les hommes de bien, souvenez-vous que vous l'aimiez lui-même autrefois, et couvrez-le du bouclier de votre protection apostolique (1). »

Le vœu d'Abélard et de son protecteur fut approuvé à Rome. L'ancien professeur de la montagne Sainte-Geneviève devint moine de Cluny. Bientôt cependant il dut s'éloigner de l'abbaye. Sa santé s'altérait de plus en plus ; une maladie de peau, dont il souffrait depuis quelque temps, s'aggrava tout à coup : Pierre l'envoya au prieuré de Saint-Marcel, dans un site charmant, l'un des plus riants de la Bourgogne, aux portes de Châlon et sur les rives de la Saône (2). C'est là qu'il mourut, le 21 avril 1142, à l'âge de soixante-trois ans.

Ses derniers instants furent racontés par Pierre-le-Vénérable, dans une lettre à Héloïse, monument curieux de la politesse du temps et de l'esprit aimable de l'abbé de Cluny, où l'on voit que le moyen-âge, même celui des

(1) Ibid.
(2) Ibid., 21, col. 351.

cloîtres, avait déjà sa courtoisie (1). « J'étais encore un adolescent, dit-il, je n'étais pas sorti des années de la jeunesse, lorsque la renommée de votre vie studieuse et de vos louables travaux vint à ma connaissance. On disait qu'une femme de notre temps, vraie merveille, s'adonnait tout entière à la culture des lettres, à la recherche de la sagesse — c'était encore la sagesse profane —, et ne pouvait être distraite de son application aux arts utiles par les séductions du monde, par ses frivolités ou ses plaisirs. Tandis que le monde presque entier, fuyant la peine, s'endort dans une honteuse paresse, tandis que la sagesse ne sait plus où poser le pied, non-seulement chez les femmes, qui la tournent en raillerie, mais chez les hommes eux-mêmes, votre passion pour l'étude vous élevait, je ne dis pas au-dessus de toutes les femmes, mais au-dessus de la plupart des hommes. Bientôt, celui qui vous avait mise à part dès votre naissance et dont la grâce vous avait appelée, vous a conduite à meilleure école, et vous avez échangé la logique contre l'Evangile, la physique contre l'Apôtre, Platon contre le Christ, l'académie contre le cloître ; en un mot, vous êtes vraiment aujourd'hui une femme philosophe (2). » S'il a toute l'affabilité de son siècle, Pierre-le-Vénérable ne peut s'empêcher d'en avoir aussi le goût : il ne tarde pas à comparer Héloïse à Penthésilée, reine des Amazones, et à Déborah la prophétesse, dont l'une, à la tête de son armée de femmes, fit la guerre de Troie, dont

---

(1)   « Encore vaut mieus, ce m'est avis,
         Uns cortois mort qu'un vilains vis, »

dit Chrétien de Troyes, dans le roman du *Chevalier au lion*.
(2) Petri Ven., Ep. IV, 21, col. 347.

l'autre souleva contre les ennemis de son peuple un Juge d'Israël et ses concitoyens. Puis venant à jouer sur le nom de Déborah : « Vous n'ignorez pas, dit-il, vous dont l'érudition est si vaste, qu'en hébreu, Déborah signifie une abeille. Vous serez donc une Déborah, c'est-à-dire une abeille. Ce miel que vous avez recueilli de tous côtés et à grand'peine, vous ne le garderez pas pour vous seule ; vous le distribuerez, en bons exemples, en bonnes paroles, à vos sœurs et à toutes les âmes qui se présenteront à vous (1). » Il est mieux inspiré lorsque, laissant parler son cœur, il ajoute qu'il porte envie au Paraclet : « Plût à Dieu, s'écrie-t-il, que notre Cluny vous possédât, que l'aimable prison de Marcigny vous tînt enchaînée avec les autres servantes du Christ, dans l'attente de la liberté céleste ! J'aurais préféré vos trésors de science et de piété à toutes les richesses des rois ; j'aurais été fier de vous voir ajouter par votre présence, à l'éclat de cette illustre communauté. Et pour vous-même, que de sujets d'édification ! la noblesse et l'orgueil mondains, foulés aux pieds ; le luxe du siècle, abandonné pour la pauvreté ; des vases du démon, autrefois pleins d'ordures, changés en temples très-purs de l'Esprit-Saint ; des vierges de Satan, devenues les vierges de Dieu, arrachées au monde et à ses mensonges, occupées à bâtir, sur le fondement de l'innocence, l'édifice de leurs vertus, à en élever le faîte jusqu'au plus haut des cieux ! Quelle joie pour vous de contempler ces âmes angéliques, ces fleurs de pureté, associées à de chastes veuves, attendant avec elles la gloire de la bienheureuse résurrection,

(1) Ibid., col. 349.

et ensevelies, même de corps, dans l'étroite enceinte du cloître, comme dans le sépulcre de l'immortelle espérance (1) ! »

Est-il besoin de dire qu'il ne faut pas aller chercher, dans cette lettre, un jugement définitif et d'une impartialité scrupuleuse sur le caractère et la vie d'Abélard? Mais on y trouve le témoignage des sentiments de Pierre-le-Vénérable pour celui qu'il appelle « un vrai philosophe du Christ (2) », comme aussi le spectacle édifiant de ses deux dernières années et de sa mort si chrétienne. Laissons la parole au correspondant d'Héloïse : « Je me trompe, dit-il, ou je n'ai jamais vu son pareil pour l'humilité de la mise et de l'attitude. Il égalait saint Germain par son amour de l'abjection, saint Martin par son amour de la pauvreté. Dans la nombreuse communauté de nos frères, je l'obligeais à tenir le premier rang : son extérieur négligé le faisait prendre pour le dernier de tous. Je l'admirais souvent, mais surtout dans les processions, lorsque je le voyais marcher devant moi, au milieu des autres moines : je me demandais alors comment un homme d'un si grand nom pouvait se mépriser et s'abaisser de la sorte. On voit des religieux profès, qui ne trouvent jamais leur costume assez beau : pour lui, rien de trop simple; le premier vêtement venu, pourvu qu'il le couvrît, lui paraissait suffisant. C'était la même modération dans le boire et le manger, dans tous les soins du corps; ses discours et ses exemples condamnaient, je ne dis pas le superflu, mais ce qui n'était pas absolument nécessaire. Il lisait sans cesse, priait souvent,

(1) Ibid., col. 350.
(2) Ibid.

parlait peu, excepté dans les conférences qu'il faisait familièrement aux frères, ou dans les sermons qu'on l'obligeait à prêcher devant la communauté. Il fréquentait les sacrements célestes, et offrait à Dieu le sacrifice de l'immortel Agneau, toutes les fois qu'il le pouvait, et c'était presque tous les jours, depuis que j'eus obtenu, par mes prières et mes instances, sa réconciliation avec le Saint-Siége. Tout ce qu'il avait d'intelligence, de voix, d'activité appartenait à la théologie, à la philosophie, à l'érudition, qui faisaient le constant objet de ses méditations et de son enseignement. Tel nous l'avons vu, au milieu de nous, simple et droit, craignant Dieu, fuyant le mal : tel il fut aussi, dans les derniers jours de sa vie, à Saint-Marcel. Là, autant que le permettaient ses infirmités, il reprit ses anciennes études ; toujours penché sur ses livres, à l'exemple du grand saint Grégoire, il ne laissait passer un seul instant, sans prier, sans lire, écrire ou dicter. C'est au milieu de ces saintes occupations, que le visiteur évangélique vint le trouver ; il ne dormait pas, il veillait, et quand sonna l'heure des noces éternelles, il put s'y rendre, comme les vierges sages. Il tenait à la main sa lampe pleine d'huile ; c'était sa conscience qui rendait témoignage de la sainteté de sa vie. Car il fallut qu'il payât le commun tribut à la nature ; la maladie fit les plus rapides progrès, et en peu de temps, le mit à l'article de la mort. Avec quelle sainteté, quelle dévotion, quels sentiments chrétiens, il fit d'abord sa profession de foi, et ensuite l'aveu de ses fautes ; avec quelle effusion de cœur, il reçut le viatique du dernier pèlerinage, le gage de l'éternelle vie, en un mot le corps du Dieu Rédempteur ; avec quelle résignation il lui recommanda son corps et son âme pour l'éternité, nous pouvons l'apprendre de nos frères, les religieux du couvent de Saint-Marcel, où il rendit le dernier soupir. C'est ainsi que maître Pierre a terminé sa vie. Sa singulière autorité dans la science avait porté son nom dans l'univers presque entier, et partout où il était connu, il était illustre. Il avait pour maître celui qui a dit : « Apprenez de moi que je suis doux et humble de cœur »; il imita sa douceur et son humilité, et mérita par là, il est permis de le croire, de retourner à lui. Ainsi donc, vénérable et chère sœur en Dieu, celui dont vous aviez été la compagne selon la chair, et qui vous fut plus tard uni par les liens meilleurs et plus forts de la divine charité, celui qui vous apprit à servir le Seigneur, celui-là, le Seigneur, à votre place et comme un autre vous-même, le réchauffe dans son sein, et le garde pour vous le rendre par sa grâce, au jour de sa venue, quand retentira la voix de l'archange, et la trompette de Dieu descendant du ciel (1). »

Abélard fut d'abord inhumé dans l'église de Saint-Marcel, sous une tombe, disparue depuis deux siècles, et où l'on avait gravé l'épitaphe suivante :

« Ci-gît Abélard, à qui seul furent révélés tous les secrets de la science (2). »

Mais Héloïse ne pouvait oublier les pressantes recommandations de son époux qui, longtemps auparavant, à une époque où, aigri par la persécution et poursuivi de noirs pressentiments, il s'attendait à mourir sous les coups de ses adversaires, lui avait écrit : « Si je tombe aux mains

(1) Ibid., col. 350, 351, 352.
(2) *Hist. litt.*, t. XII, p. 101.

de mes ennemis et qu'ils me fassent périr pour assurer leur triomphe, ou si ma destinée veut que j'atteigne, loin de vous, au terme qui attend toute chair, je vous en prie, allez chercher mon corps là où on l'aura enseveli ou abandonné, portez-le dans votre cimetière, afin que nos filles ou plutôt nos sœurs en Jésus-Christ se sentent excitées, par la vue de notre tombeau, à répandre pour nous d'abondantes prières. Car je ne sais pas, pour une âme contrite et humiliée au souvenir de ses péchés, d'asile plus sûr et plus salutaire que ce Paraclet, sanctuaire du divin Consolateur, dont le nom seul met au cœur l'espérance. Et d'ailleurs par qui les tombes sont-elles mieux gardées que par de pieuses femmes? Ce sont des femmes qui, les premières, se rendirent au sépulcre de Jésus-Christ, et que l'Evangile nous montre, à la porte du monument, se lamentant et pleurant leur Seigneur (1) ». Héloïse n'eut pas de peine à obtenir de Pierre-le-Vénérable qu'il se dessaisît, en sa faveur, de son précieux dépôt. Il voulut l'apporter lui-même au Paraclet. Un soir du mois de novembre de cette année 1142, il était venu à Saint-Marcel, sous prétexte d'y faire la visite abbatiale. Pendant la nuit, tandis que les religieux étaient au dortoir, il descendit à l'église, fit lever la pierre qui recouvrait le corps d'Abélard, et l'emmena sur l'heure même avec lui (2). Le jour de son arrivée au Paraclet, le 16 du même mois, il offrit le saint sacrifice dans la chapelle, et prononça, dans la salle du Chapitre, l'éloge du mort. Peu de temps après, à la de-

(1) Abélard, Ep. III, ap. Migne, t. CLXVIII, col. 192.

(2) A. Lenoir, *Mus. des mon. fr.*, t. Ier, p. 234; Rémusat, *Abélard*, t. Ier, p. 260.

mande d'Héloïse, il lui envoyait, sur un parchemin scellé de son sceau, l'absolution d'Abélard que, suivant l'usage du temps, on suspendit à son tombeau (1) et qui était conçue en ces termes : « Moi Pierre de Cluny, qui ai reçu Pierre Abélard à profession dans mon monastère, et qui ai cédé son corps, furtivement enlevé de Saint-Marcel, à l'abbesse Héloïse et aux religieuses du Paraclet ; par l'autorité du Dieu tout-puissant et de tous les saints, je l'absous d'office de tous ses péchés (2). »

Les Clunistes de Châlon ne conservaient plus, avec le souvenir de celui qui les avait édifiés par sa sainte mort, que le sépulcre qui avait contenu ses restes pendant six mois et une épitaphe que Pierre-le-Vénérable avait composée lui-même en son honneur, qui se voyait encore, en 1763, près de la sacristie, sur la muraille de l'aile droite de l'église, et où on lisait (3) : « C'était le Socrate de la Gaule, le Platon, l'Aristote de l'Occident ; et parmi les logiciens de tous les siècles, s'il eut des égaux, il n'eut point de maître. Reconnu dans l'univers comme le prince des études, d'un génie varié, souple et pénétrant, supérieur à tous par la force de la raison, par l'art de la parole, tel était Abélard. Mais son plus beau triomphe, il le remporta le jour où, faisant profession sous l'habit de Cluny, il embrassa la vraie philosophie, celle du Christ. C'est sous cette discipline qu'il termina pieusement sa longue vie, le douzième jour des calendes de Mai, nous laissant l'espoir qu'il serait compté, au ciel, parmi les véritables philosophes (4). »

(1) Petri Ven. Ep. VI, 21, 22, col. 427, 428.
(2) Ibid., col. 428, n. 182.
(3) *Hist. litt.*, t. XII, p. 102.
(4) Petri Ven., *Carmina*, col. 1022.

CHAPITRE VI

Pierre-le-Vénérable admirait le génie d'Abélard et plaignait ses malheurs, mais il ne partageait pas l'inquiète et
aventureuse témérité de son esprit. Et parce qu'il accueillit
si charitablement un homme solennellement condamné par
deux Conciles, il ne faudrait pas croire que sa foi fût tiède
et indifférente : il n'était pas moins zélé pour les intérêts
de la vérité que docile aux enseignements de l'Eglise. Une
fois même, le croira-t-on? il sembla reprocher à saint
Bernard de manquer de vigilance, de ne pas suivre assez
les exemples des anciens Pères, de saint Augustin surtout,
cette sentinelle infatigable du sanctuaire, toujours prête à
dénoncer l'ennemi; accumulant volume sur volume pour
réfuter les Pélagiens, le Manichéens, les juifs, les païens,
tous les hérétiques, même ceux des siècles passés, sans se
demander s'il pouvait les convertir ; ne se bornant pas à
donner des armes à ses contemporains, mais embrassant
dans sa sollicitude la postérité (1), qu'il avait aussi l'am-

(1) Petri Ven., Ep. IV, 17, col. 343.

bition d'édifier et d'instruire. Pierre aurait voulu que son ami prît la plume pour combattre l'erreur des Mahométans. Il les avait vus de près, dans un voyage qu'il fit en en Espagne, l'année qui précéda la mort d'Abélard, afin d'y visiter les maisons de son Ordre (1). Il n'ignorait pas que leurs sciences, leur philosophie même commençaient à se répandre parmi les chrétiens. L'exemple de Gerbert avait été suivi. Dans les premières années du douzième siècle, l'Anglais Adélard de Bath avait traduit de l'arabe des traités de mathématiques, d'astronomie (2). Vers le même temps, un archevêque de Tolède, Raymond, qui fut pendant vingt ans grand chancelier de Castille, tentait le premier d'introduire dans les écoles chrétiennes l'enseignement philosophique des infidèles. Il avait réuni autour de lui un collége de traducteurs, qui travaillaient sous les ordres de l'archidiacre de son Eglise, et dans les rangs desquels on comptait quelques juifs (3). Tandis que la savante activité de ces linguistes mettait en contact deux civilisations, deux religions, longtemps étrangères l'une à l'autre, on voyait, du côté de l'Orient, le monde chrétien se rapprocher également du monde musulman. Ce fut l'un des premiers effets de la conquête de la Terre-Sainte. On ne se connaissait pas ; à peine se regardait-on comme appartenant à la même humanité. Au début, les Croisés prenaient grand plaisir à voir ces troupeaux de Turcs se heurter, dans le désordre de la fuite, les uns contre les

(1) Ibid. 12, col. 77.

(2) *Hist. litt.*, t. IX, p, 153, 197 ; M. Hauréau, *de la Philosophie scolastique*, 1ʳᵉ édit., t. Iᵉʳ, p. 260.

(3) Renau, *Averroès et l'Averroïsme*, 2ᵉ éd., p. 201.

autres, et tomber, en reculant, pêle-mêle au fond des pré-
cipices. « C'était, disaient-ils, un spectacle assez amu-
sant et délectable (1). » Après la victoire, de nouveaux
sentiments se font jour. Baudoin de Jérusalem avait été
blessé : la plaie semblait profonde, et le médecin ne savait
pas la sonder. Il s'avise d'un expédient qui lui paraît admirable et qu'il va d'abord proposer au roi. Il suffirait de
conduire sur le champ de bataille un prisonnier sarrasin,
et que là, dans l'attitude et à la place où le prince avait été
frappé, il reçût le même coup. Ensuite on le tuerait pour
examiner sa blessure, et il serait facile de soigner celle du
roi, en toute connaissance de cause. La proposition fit horreur à Baudoin : « Jamais, dit-il, je n'achèterai ma gué-
rison sans être sûr encore de l'obtenir, au prix de la vie
d'un homme, fût-il de la plus méprisable des conditions (2). » Le cœur de Pierre-le-Vénérable ne pouvait que
se réjouir du changement qui s'accomplissait ainsi, dans
les mœurs, au profit de la charité. D'autre part, son esprit
si ouvert devait applaudir à cette communication d'idées,
de doctrines, qui allait avoir, en Europe, au siècle suivant,
une influence décisive sur les progrès de la pensée (3).
Mais il ne voyait pas sans alarmes des chrétiens exposés
aux séductions de la morale de Mahomet ; il aurait désiré
qu'on fortifiât leur volonté en éclairant leur intelligence,
en leur montrant le faible, le ridicule d'une religion qu'il
suffisait de connaître pour la condamner. Il avait commencé, durant son séjour en Espagne, par faire traduire

(1) Michelet, *Hist. de France*, t. II, p. 248.
(2) Guibert de Nogent, VII, 5, ap. Migne, t. CLVI, col. 798.
(3) M. Renan, op. cit., p. 205.

le Coran. Il n'y avait épargné ni soins ni dépenses. On peut croire qu'il s'était adressé à cette école d'interprètes, fondée par l'archevêque de Tolède; car c'est dans cette ville que fut exécuté ce travail. Pierre y associa cinq collaborateurs, qui ne se bornèrent pas à donner une version du Coran, mais qui mirent aussi en latin une biographie arabe du prophète, ainsi qu'une réfutation de ses doctrines, écrite dans la même langue (1). Ils apportaient à cette entreprise des aptitudes diverses : les uns, comme maître Pierre de Tolède, une connaissance approfondie de l'arabe; les autres un plus grand usage du latin, comme Pierre de Poitiers, le secrétaire de l'abbé de Cluny, dont nous savons déjà le talent pour la poésie et le culte enthousiaste pour son maître, et qui fut chargé de faire disparaître les inélégances, les incorrections, les obscurités du traducteur. Les autres interprètes étaient l'Anglais Robert de Rétines, qui devint archidiacre de Pampelune, et l'écolâtre Hermann de Dalmatie, tous deux prêtres et venus tous deux en Espagne pour s'y livrer à l'étude de l'astrologie, auxquels on adjoignit un sarrasin, du nom de Mahomet, qui révisa l'œuvre commune, et en corrigea les moindres inexactitudes (2). Pierre-le-Vénérable, on le voit, n'avait rien oublié : élégance, fidélité, toutes les qualités qu'aujourd'hui même nous pourrions exiger d'un pareil travail; tant de précautions n'étaient-elles pas de nature à les lui garantir? Il semblerait que sa traduction dût l'emporter de beaucoup sur toutes celles du même temps, qui n'étaient guère que des

(1) Petri Ven. Ep. IV, 17, col. 339; cf. id., *Contra sectam Saracenorum*, col. 649, 671.

(2) Ibid.

calques maladroits et inintelligibles, où « le mot latin couvrait le mot arabe, de même que les pièces de l'échiquier
s'appliquent sur les cases (1) », où la contexture de la
phrase n'avait rien de latin, où les termes techniques et les
expressions qu'on n'avait pas comprises à première vue,
étaient grossièrement transcrits, de manière à ne présenter
aucun sens (2). Pourtant elle n'a pas trouvé grâce, au
seizième siècle, devant l'orientaliste Van Erpen, qui l'accuse
de ne reproduire presque jamais la vraie signification du
texte, ni, plus tard, devant Daniel Huet, qui lui reproche,
outre ses nombreux contre-sens, une singulière inégalité de
ton, qui ne répond nullement au style de l'original, et fait
succéder arbitrairement l'enflure la plus inopportune à une
simplicité voisine de la sécheresse (3). Mais elle fut la première et précéda, de cinq siècles et demi, celle que Louis
Marracci publia en 1698 (4).

Le Coran une fois traduit, Pierre-le-Vénérable n'était
qu'à mi-chemin du but qu'il avait en vue d'atteindre. Saint
Bernard s'étant récusé, et n'ayant pas voulu écrire la réfutation, que son ami l'avait pressé d'entreprendre, il se mit

(1) Jourdain, *Recherches*, p. 19.
(2) Renan, op. cit., p. 203.
(3) Antonio, *Bibliotheca hispana vetus*, t. II, p. 25, ap. Migne,
t. CLXXXIX, col. 1075; *Hist. litt.*, t. XIII, p. 260.
(4) *Hist. litt.*, loc. cit.; *Biographie générale* de Didot, art.
Mahomet, col. 837. Toutes les traductions en langues modernes,
qui parurent dans l'intervalle, furent faites, non pas sur l'arabe,
mais sur le latin des traducteurs de Pierre-le-Vénérable. (*Hist.
litt.*, loc. cit.). L'œuvre de ces derniers fut imprimée, en 1543,
par les soins et avec un commentaire de Bibliander, successeur
de Calvin dans la chaire de théologie protestante de Zurich.
(Fabricius, *Bibl. med. et inf. Lat.*, t. VI, p. 107; *Hist. litt.*, loc.
cit.)

à l'œuvre lui-même, et composa quatre livres « contre l'abominable secte ou hérésie des sarrasins (1). » Son objet, comme il prend soin de le dire, est avant tout d'enrichir l'arsenal des chrétiens de quelques armes défensives (2). Il a peu d'espoir, en combattant les Mahométans, de les vaincre et de les convertir. Il se souvient cependant qu'il est apôtre, et ses premiers mots sont pour les infidèles, dont il n'ignore pas l'opiniâtreté d'esprit, l'attachement de cœur pour une loi si complaisante aux faiblesses, aux passions de la nature, mais que la grâce, il le sait aussi, peut toucher comme tous les autres hommes. Voici le début de son premier livre : « Au nom du Père, du Fils et du Saint-Esprit, au nom du vrai Dieu, unique et tout-puissant, Pierre, Français de nation, chrétien par la foi et, de profession, abbé de ceux que l'on dit moines, aux Arabes, fils d'Ismaël, qui observent la loi de celui qu'on appelle Mahomet. Il semble étrange, et il l'est peut-être, qu'un homme, si éloigné de vous, parlant une autre langue, ayant un état de vie, des mœurs, des habitudes si contraires aux vôtres, vous écrive du fond de l'Occident, à vous qui habitez l'Orient ou le midi, que je n'ai jamais vus, que je ne verrai peut-être jamais, et qu'il vous attaque dans ses discours. Car je vous attaque, non, comme font souvent les nôtres, par les armes, mais par la parole, non par la force mais par la raison, non par haine mais par amour ; par cet amour que ressentent les disciples du Christ pour ceux qui le méconnaissent, que les apôtres montraient envers les Gentils de leur temps, qu'ils s'efforçaient de gagner à la loi de

(1) Les deux premiers nous sont seuls parvenus.
(2) Petri Ven. *Contra sectam Saracen.*, prol. 16, col. 672.

l'Evangile, que Dieu enfin, créateur et conservateur de toutes choses, éprouve pour ceux qui ne le servent pas et qu'il s'efforce d'arracher, par le ministère de ses prédicateurs, au culte des idoles et des démons. Il les aima le premier, les reconnut alors qu'ils le désavouaient, les appela quand ils le méprisaient encore. Il combla de ses dons ceux qui ne lui faisaient que du mal et, prenant pitié de ceux qui se perdaient, il voulut que sa grâce les prévînt et les sauvât de l'éternelle misère (1). »

Le Dieu, que Pierre-le-Vénérable propose aux musulmans de son siècle, n'est pas celui dont Mahomet avait dit :

« Qu'on adore mon Dieu, mais surtout qu'on le craigne (2). »

Aussi ce qui, dans le Coran, le révolte le plus, c'est le caractère dur et implacable de cet homme, qu'on a justement nommé le « prophète du sabre (3) », dont la maxime favorite était qu'en matière de religion « le meurtre vaut mieux que la discussion (4) », et sur les lèvres de qui le poëte a pu mettre ces paroles :

« Loin de moi les mortels assez audacieux
Pour juger par eux-mêmes et pour voir par leurs yeux !
Quiconque ose penser n'est pas né pour me croire (5). »

Avec une fermeté, une liberté d'esprit qui l'honorent et nous semblent supérieures à son temps, l'abbé de Cluny ne condamne pas seulement les mahométans, il s'élève aussi contre ces chrétiens, qu'il accusait tout à l'heure de s'ar-

(1) Petri Ven. *Contra sect. Saracen.*, I, 1, col. 673.
(2) Voltaire, *Mahomet*, II, 3.
(3) *Biog. gén.*, art. cit. col. 819.
(4) Petri Ven., loc. cit., 5, col. 678.
(5) Voltaire, loc. cit., III, 6.

mer contre l'erreur, de l'épée plutôt que du raisonnement. Il revendique, pour l'intelligence humaine, le droit de n'accepter pas aveuglément et sans contrôle, les cultes, les symboles qu'on lui prêche : « Quoi! dit-il, quand il s'agit de connaître la nature, on examine, on compare, on pèse le pour et le contre. Dès qu'il est question, non plus de la créature, mais du créateur, il faut se taire. Vous occupez-vous des biens infimes et qui passent : vous avez toute liberté de parler ; voulez-vous porter vos recherches sur le bien souverain et éternel : on vous ferme la bouche. Ce n'est pas ainsi que l'entend la loi chrétienne, non plus que le grand apôtre du Christ, qui a dit : « Soyez toujours prêt à rendre raison de votre foi et de votre espérance (1). »

Ferons-nous maintenant un reproche à Pierre-le-Vénérable de n'avoir vu dans Mahomet que l'imposteur, que l'homme sensuel et sanguinaire, et de n'avoir pas compris — car il ne l'aurait pas volontairement caché — ce qu'il y avait de grand dans son caractère, ce qu'il y eut même de salutaire, au début, dans l'influence de sa religion, qui épura les croyances comme les mœurs des tristes peuples, où elle se répandit tout d'abord? « Jusqu'ici, lui disaient ses premiers adeptes, nous rendions hommage à la matière, qui ne peut ni voir ni entendre; jusqu'ici nous étions asservis à l'ivrognerie, aux plus honteuses débauches ; vous allez, nous l'espérons, nous ramener à la vertu (2). » L'abbé de Cluny ne fait pas œuvre d'historien, mais d'apologiste; il ne se propose pas de peindre, il prêche. Il faut se rappeler d'ailleurs le temps où il écrivait et où la cri-

(1) Petri Ven. loc. cit., 3, 4, col. 675, 677.
(2) *Biog. gén.*, art. cit. col. 825.

tique historique était encore à naître. Il faut se rappeler aussi l'état de l'islamisme à cette époque, au moment où il se trouva en face du christianisme, toujours jeune, dans toute sa sève et dans toute sa force. « Née six cents ans plus tard, la religion de Mahomet, on l'a dit, finissait au temps des croisades. Ce que nous en voyons depuis, c'est une ombre, une forme vide, d'où la vie s'est retirée, et que les barbares héritiers des Arabes conservent silencieusement sans l'interroger (1). » Ce n'est pas dans l'opuscule de Pierre-le-Vénérable que nous trouverons la fidèle image du prophète : c'est peut-être dans la tragédie de Voltaire, malgré les préoccupations étrangères, malgré la passion et l'esprit de parti qui ont si souvent égaré son pinceau ; c'est dans ces quelques vers où Mahomet se définit lui-même, avec orgueil mais sans se flatter :

« En Egypte Osiris, Zoroastre en Asie,
Chez les Crétois Minos, Numa dans l'Italie,
A des peuples sans mœurs et sans culte et sans rois,
Donnèrent aisément d'insuffisantes lois.
Je viens après mille ans changer ces lois grossières :
J'apporte un joug plus noble aux nations entières.
J'abolis les faux dieux ; et mon culte épuré
De ma grandeur naissante est le premier degré.
Ne me reproche point de tromper ma patrie ;
Je détruis sa faiblesse et son idolâtrie :
Sous un roi, sous un Dieu, je viens la réunir ;
Et pour la rendre illustre, il la faut asservir (2). »

Parmi les ennemis du christianisme, les mahométans ne devaient pas seuls attirer l'attention et provoquer les attaques de Pierre-le-Vénérable. On a remarqué qu'au nombre

(1) Michelet, *Hist. de France*, t. II, p. 204.
(2) Voltaire, *Mahomet*, II, 5.

des traducteurs réunis à Tolède par l'archevêque Raymond, figuraient plusieurs juifs. Le douzième siècle fut, pour les enfants d'Israël, une époque de prospérité, d'influence commerciale et intellectuelle, grâce à leur aptitude pour le négoce, à leur curiosité pour les sciences, en grand honneur alors dans leurs nombreuses académies (1), et à leur connaissance des langues, que des chrétiens, des moines mêmes allaient apprendre à leur école. Il est vrai qu'on ne regardait pas toujours d'un œil favorable les religieux qui, dans leur ardeur de s'instruire, buvaient ainsi à une source impure. Sur la fin du siècle, un Cistercien avait pris des leçons d'un juif, qui lui avait montré l'alphabet hébraïque. Sévèrement désavoué par le chapitre général de son Ordre, il se vit condamner à être fustigé (2). Mais on avait été, dans la Congrégation, d'une orthodoxie moins ombrageuse. En 1105, l'abbé de Cîteaux, voulant s'assurer de la correction d'une Bible qui venait d'être transcrite, ne crut pouvoir mieux faire que de la donner à réviser à des juifs (3). En général les lettrés, le clergé, les seigneurs n'avaient pas pour cette race l'aversion que le peuple continuait à lui témoigner. Comme on l'a dit, « la science était quelque chose de neutre et de commun à tous (4) » : on la demandait à qui pouvait la donner, sans acception de culte. Ce n'est pas seulement sur le terrain des études, que la société d'alors consentait à se rencontrer avec les juifs. Il y avait des villes, dans le Midi surtout, où l'accès

(1) *Hist. litt.*, t. IX, p. 132 et seq.
(2) *Thesaur. anecdot.*, t. IV, col. 1292.
(3) Lebœuf, *Dissert.*, t. II, p. 33.
(4) Renan, *Averroès et l'Averroïsme*, p. 202.

des magistratures leur était ouvert. Un vicomte de Carcassonne, Raymond Roger, adresse une ordonnance « à ses
baillis chrétiens et juifs (1). » On les voyait quelquefois
paraître, sans que personne en fût surpris ni scandalisé,
dans les cérémonies publiques, dans celles même où présidait la religion. Le temps était loin, où Childebert leur
défendait de se montrer, pendant la semaine sainte, dans
les rues et sur les places (2). Lorsqu'Innocent II vint à
Saint-Denis, pour y célébrer en si grande pompe la fête de
Pâques, au moment où il allait entrer dans la basilique, un
groupe de vieillards traverse la haie des hommes d'armes,
fend la foule qui encombrait le parvis : c'étaient les représentants de la synagogue de Paris qui, abordant le
Pontife, lui offrirent le texte de la Loi, sur un rouleau de
parchemin recouvert d'un voile. Innocent les accueillit
avec bonté, et, acceptant leur présent : « Daigne le Dieu
tout-puissant, dit-il, arracher de vos cœurs le voile qui les
aveugle (3). »

Tolérés, traités même favorablement par les classes
éclairées, les juifs étaient toujours, de la part du peuple,
l'objet d'une réprobation, d'une haine que rien ne pouvait
guérir. Peut-être qu'à l'heure où les rabbins de Paris se
présentaient devant le Pape et en obtenaient de bienveil-
lantes paroles, quelqu'un de leurs coreligionnaires recevait
sur la grande place de Toulouse, le soufflet traditionnel,

---

(1) Hallam, *l'Europe au moyen-âge*, trad. Dudouit, éd. 1822,
t. IV, p. 194.

(2) Depping, art. *Juifs*, fol. iii, dans le *Moyen-âge et la Renaissance*.

(3) Suger, *Vita Ludovici Grossi*, c. xxi, col. 1332.

que, tous les ans, à pareil jour, on devait donner publiquement à un descendant des bourreaux du Sauveur (1). Il courait sur leur compte de sinistres rumeurs qui, pour être sans fondement, n'en faisaient pas moins impression sur la foule et pouvaient la porter aux dernières violences. Un de ces bruits, et le plus accrédité de tous, était que, chaque année, à l'époque anniversaire de la Passion, ils s'emparaient d'un enfant chrétien pour le mettre à mort. Ce crime fut imputé, en 1171, aux juifs d'Orléans qui, disait-on, avaient jeté leur victime dans la Loire. Peut-être avait-on trouvé dans le fleuve le cadavre d'un enfant. On racontait qu'ils lui avaient écrasé la tête contre une pierre du pont, que l'on montrait encore longtemps après. On se rua sur les juifs, on en saisit plusieurs qui, sans forme de procès, furent brûlés vifs à l'entrée de leur quartier. Les mêmes calomnies, les mêmes scènes de cruauté se renouvelèrent, à quelques mois de distance, dans la ville de Blois (2). Au siècle suivant, les juifs de Lincoln furent accusés d'avoir attiré dans leur quartier un jeune enfant de dix ans, de l'avoir flagellé, mis en croix, criblé de coups de lance avant de le faire mourir. On envahit leurs maisons ; leur rabbin fut attaché à la queue d'un cheval, traîné à travers les rues de la ville et pendu, sanglant et tout meurtri. La persécution s'étendit dans le royaume entier. Les prisons de l'Angleterre regorgeaient de ces malheureux, dont plus d'un subit le barbare supplice, infligé au rabbin de Lincoln. Nombre de clercs, il faut le dire, partageaient la fureur populaire. Les dominicains, ayant

(1) Hallam, loc. cit., p. 137, n. 1.
(2) Depping, loc. cit., fol. iv.

tenté de la calmer et demandé qu'on suspendît les exécu-
tions pour essayer de convertir les accusés, ne réussirent
qu'à soulever contre eux-mêmes l'indignation générale et à
se faire soupçonner d'être vendus aux ennemis du Sauveur.
Leurs quêtes devinrent aussitôt stériles, et, s'ils prê-
chaient quelque part, c'était dans le désert. Vers la même
époque, l'Allemagne offrait un spectacle semblable, et les
juifs de ce pays, cherchant un protecteur contre l'aveugle
passion qui les poursuivait, le trouvèrent dans le Pape Innocent III qui, en 1247, écrivit aux évêques de l'empire
pour leur recommander la justice, la modération à l'égard
des Israélites (1).

Toutefois si les juifs n'étaient pas coupables des meurtres dont les chargeait la crédulité publique, ils avaient à
se reprocher des fautes, qui devaient leur attirer les censures des catholiques les plus disposés à l'indulgence.
Leur supériorité dans certains arts, comme la médecine
qu'ils exerçaient à peu près seuls en France (2) ; cette
science des langues, qu'on était loin de leur disputer chez
les chrétiens, où l'usage familier de l'hébreu, du grec
même passait presque pour un prodige, au point qu'un
miracle, on s'en souvient, ne semblait pas de trop pour
révéler, dans le ciel, ces deux idiomes au cardinal Mathieu ;
l'état florissant des écoles qu'ils avaient ouvertes dans
toutes les provinces de notre pays, à Marseille, à Béziers,
à Carcassonne, à Montpellier, à Orléans, à Troyes, à Vitry,

(1) Ibid., fol. v. — Cette modération du clergé envers les
juifs du moyen-âge, a été reconnue par un auteur peu suspect
de partialité en faveur de l'Église, par Hallam, tom. cit., p. 194.
(2) *Hist. litt.*, t. IX, p. 134.

à Paris (1) ; cette réputation de savoir où ils étaient généralement tenus, et dont ils avaient conscience, n'étaient pas sans exalter leur orgueil, sans leur inspirer beaucoup de complaisance pour eux-mêmes et quelque dédain pour autrui. N'attendant pas qu'on les provoquât, jouant le rôle dangereux d'agresseurs, ils attaquaient les enseignements de l'Eglise, dans leurs leçons, dans leurs livres et, suivant l'expression d'un contemporain, ils disaient aux chrétiens, comme Goliath : Choisissez quelqu'un parmi vous, et qu'il vienne combattre (2). Ils les appelaient dans le champ clos des controverses religieuses, où ils se mesurèrent avec eux plus d'une fois. Ils se vantaient même d'avoir un jour remporté la victoire, non pas à la vérité sur un théologien, mais sur un comte de Nevers, qui n'aurait pu leur tenir tête dans une discussion relative à la circoncision (3). On ne saurait s'étonner que les réfutations du judaïsme se soient multipliées en ce siècle : dans le nombre, on distingue celles de Guibert de Nogent, de Pierre de Blois et de Pierre-le-Vénérable (4).

Ce dernier n'a point de sympathie pour la race juive. Il n'avait pas fait difficulté d'enrôler un sarrasin parmi les traducteurs auxquels il confia le soin d'interpréter le Coran. On peut douter qu'il eût aussi volontiers ouvert leurs rangs à un juif. A l'égard de cette nation, ses sentiments étaient en parfait accord avec ceux de son ami, le cardinal Mathieu. Lorsque celui-ci devint prieur de Saint-Martin-des-Champs,

(1) Ibid., p. 132 et seq.
(2) Ibid., t. XIII, p. 368.
(3) Ibid., t. XII, p. 437.
(4) Ibid., t. IX, p. 135.

il se fit rendre compte des dettes du couvent, dont les créanciers étaient en grande partie des juifs : « D'où vient, dit-il aux frères chargés du temporel, que vous ayez consenti, vous chrétiens et moines, à emprunter à des juifs, à des impies? Quel pacte peut unir le Christ et Bélial? que peut-il y avoir de commun entre la lumière et les ténèbres, entre le fidèle et l'infidèle? Allez, hâtez-vous de rompre, en leur restituant cet argent, les liens de cette société condamnable, et gardez-vous, à l'avenir, de communiquer avec eux sous prétexte d'échange, d'emprunt, de dépôt, en un mot de quelque commerce que ce soit. » Comme les religieux lui objectaient la pauvreté du monastère, qui ne pourrait subsister sans l'argent prêté par les juifs : « A Dieu ne plaise, s'écria-t-il, que votre bouche profère une seconde fois de semblables paroles? Oseriez-vous approcher, la tête haute et la conscience tranquille, de l'autel du Sauveur Jésus-Christ, et auriez-vous le front de recourir à sa sainte Mère, après avoir fait mille caresses à leurs odieux blasphémateurs? Comment plaire à Dieu quand on est l'ami de ses plus implacables ennemis? Comment des lèvres qui, par intérêt ou pour tout autre motif, ont flatté ces hommes, s'ouvriraient-elles encore pour prier? Qu'il n'en soit donc plus question désormais. Rendez-leur au plus vite ce que vous leur devez, et faites-vous une loi de n'avoir plus aucun rapport avec eux. » Pierre-le-Vénérable applaudit sans réserve à la conduite de Mathieu : il n'y voit pas l'effet d'un zèle trop exclusif, mais la preuve de la pureté de sa foi (1). S'il est plus condescendant à l'endroit des musul-

____

(1) Petri Ven. *de Mirac.*, II, 15, col. 927.

mans, c'est qu'ils ne s'érigaient pas ouvertement, comme les juifs, en détracteurs des croyances catholiques. Lorsque Louis VII préparait la seconde croisade, Pierre le félicite de son dessein, mais il ajoute : « Que servira d'avoir poursuivi, d'avoir vaincu, sur de lointains rivages, les ennemis de notre sainte espérance, si, près de nous, au milieu de nous, des impies, des blasphémateurs bien autrement pervers que les sarrasins, les juifs ont toute liberté d'outrager, de fouler aux pieds, de déshonorer nos dogmes et nos sacrements (1)? » Il ne voudrait pas cependant que le roi s'armât du glaive pour les exterminer. Dieu, dit-il, a fait défense au Psalmiste de tuer ses ennemis (2). L'abbé de Cluny ne doit donc pas être confondu avec les fanatiques instigateurs des massacres d'Orléans et de Blois. Mais il en veut aux Israélites de leurs audacieuses polémiques ; il leur en veut aussi de leurs richesses mal acquises, dont il conseille à Louis de les dépouiller pour subvenir aux frais de la guerre sainte. Car ils méritent, à l'en croire, sinon le supplice, du moins la confiscation. « Ainsi, dit-il, seraient garantis à la fois les droits de la charité et ceux de la justice. Quoi de plus juste, en effet, que d'enlever à des voleurs le bien qu'ils ont dérobé? Ce ne sont pas les travaux des champs, le service militaire, d'honnêtes et utiles trafics qui remplissent les greniers des juifs de céréales, leurs celliers de vin, leurs bourses de monnaie, leurs coffres d'or et d'argent; mais ils font sur les chrétiens des gains illicites, ils pratiquent le métier de recéleurs, ils achètent à vil prix les objets les plus précieux. Si un voleur de nuit entre avec

(1) Petri Ven. Ep. IV, 45, col. 367.
(2) Psalm. LVIII, v. 12.

effraction dans une église, et qu'il apporte aux juifs des
chandeliers, des reliquaires, des encensoirs, des crucifix,
des calices, il trouvera près d'eux accueil et protection et
leur vendra sans peine le fruit de ses vols sacriléges... Ils
se livrent à cet abominable commerce en toute sécurité,
grâce à une loi, déjà ancienne mais vraiment diabolique,
portée cependant par des princes chrétiens, qui leur permet
de garder les objets du culte, les vases sacrés provenant
du pillage des églises, sans qu'on les puisse contraindre
à dénoncer les voleurs. Un chrétien en ferait autant, on le
jugerait digne de la corde ; un juif reste impuni. Un juif
s'engraisse et s'enrichit de ce qui conduirait un chrétien
à la potence. Qu'on les prive, au moins en partie, de cette
opulence mal acquise. Pour se mettre en état d'aller combattre les sarrasins, les chrétiens n'ont rien épargné de
leur avoir, ni terres ni argent ; pourquoi épargner davantage des trésors amassés par des voies illicites ? Qu'ils
conservent la vie, mais qu'ils perdent leurs trésors (1) ! »

Maintenant que nous connaissons les dispositions de
Pierre à l'égard des juifs, serons-nous surpris de ne pas
retrouver, dans le traité qu'il leur consacre, l'empreinte de
ce zèle apostolique, de cette charitable compassion qui
attendrissaient par instants sa voix lorsqu'il s'adressait aux
sectateurs du Coran ? Il n'espère pas, il ne veut pas convertir les juifs. S'il prouve contre eux la divinité de Jésus-
Christ, c'est moins pour leur ouvrir les yeux, que pour
avoir le droit de les accabler de ses mépris : « O juif,
s'écrie-t-il, tant d'autorités, tant d'arguments seraient de

(1) Petri Ven. Ep. IV, 36, col. 367.

nature à satisfaire un homme ; mais mérites-tu ce nom,
depuis que tu as éteint, que tu as étouffé en toi cette faculté
qui distingue l'homme de la bête, à savoir la raison ? Prends
un bœuf, prends un âne, ou un animal plus stupide encore, si tu veux. Qu'il m'écoute avec toi. Quelle différence
y aura-t-il entre vous deux ? L'âne entendra et ne comprendra pas ; le juif entendra et ne comprendra pas (1). »
Le douzième siècle, on le voit, ne savait pas encore allier,
dans la controverse, la modération de la forme à la vigueur
de la démonstration. Le ton de Pierre-le-Vénérable est
loin de s'adoucir, lorsqu'après avoir signalé cet endurcisse-
ment des juifs, invincible à tous les efforts de la vérité, il
fait le procès à cette crédulité d'enfants, avec laquelle ils
ajoutent foi aux fables du Talmud. « Je tirerai de sa bauge
cette bête monstrueuse, dit-il, je la produirai au grand jour,
je la livrerai à la risée du peuple. Je le ferai voir à tous, ô
juif imbécile, ton livre, oui ton livre, car c'est bien le tien,
ton Talmud, cette doctrine excellente, que tu préfères à
celle des prophètes, aux Ecritures inspirées (2). » Puis il
déploie toutes les ressources de sa dialectique pour mettre
à néant l'autorité de ce livre étrange. Peut-être pouvait-il
le réfuter à moins de frais. Sans doute une logique, plus
serrée, plus rigoureuse encore que la sienne, aurait eu peine
à convertir un seul juif et, pour convaincre des lecteurs
chrétiens, il n'était pas besoin de raisonner, il suffisait de
raconter. N'a-t-on pas surabondamment démontré la coupable puérilité de ces traditions, où les rabbins tiennent pour
ainsi dire en échec la majesté divine, quand on a simple-

(1) Petri Ven. *Contra Judæos*, c. v, col. 602.
(2) Ibid.

ment traduit, sans les commenter, des récits comme celui-ci ?

« Il y eut autrefois un juif, nommé Jozah Ben Lévi, c'est-à dire Josué fils de Lévi, homme religieux et craignant Dieu, qui, depuis l'enfance jusqu'à la vieillesse la plus avancée, n'avait cessé de lire le Talmud, si bien que la mort ne pouvait l'approcher. Le Seigneur l'observait et voulait retirer son âme du monde, afin de la joindre à celle des juifs pieux qui avaient passé leur vie à étudier le même livre ; il envoya donc vers lui l'ange de la mort, avec ordre d'enlever son âme. L'ange obéit plein de joie. Il arrive et se pose sur le toit de la maison du rabbin, à une petite distance du lieu où il se trouvait. Josué lève les yeux, l'aperçoit et comprend aussitôt qu'il est venu pour son âme : Que veux-tu ? lui dit-il. — Ton âme, répond l'ange ; c'est le Seigneur qui m'a envoyé. — Il t'a envoyé en vain, reprend le vieillard, tant que je lirai le Talmud, à l'aide de ce livre, je te conjurerai, et tu n'auras aucun pouvoir sur mon âme. L'ange retourne au ciel et rend compte à Dieu de ce qui vient de se passer. Va le retrouver, dit le Seigneur, et prie-le de venir pour se réjouir à notre table. Il fera meilleur ici pour lui que là-bas. L'ange revient et répète les paroles du Seigneur. Josué répond qu'il n'obéira qu'à une condition, c'est que le Seigneur lui accordera ce qu'il lui demandera. Dieu, informé par l'ange des exigences du rabbin, consent, quoique à regret. Josué demande à voir, avant de mourir, l'enfer et le paradis : Monte sur mes épaules, dit l'ange, et je te conduirai où tu voudras. — Je ne monterai pas, dit le rusé vieillard, et je ne partirai pas que tu ne m'aies donné ton glaive, car tu

pourrais me tuer en chemin. L'ange donne son glaive : Où
veux-tu maintenant que nous allions? dit-il. — En enfer;
la vision du paradis me sera plus agréable ensuite. Les
voilà en enfer. Ils voient des chrétiens, au milieu des
Amorrhéens, des Moabites, des Arabes, des Philistins. Là
se trouvaient Pharaon, Nabuchodonosor et Holopherne :
Pourquoi les chrétiens sont-ils damnés? demanda Josué.
— Tu ne le sais pas? dit l'ange; c'est pour avoir cru au
fils de Marie, pour n'avoir pas observé la loi de Moïse, et
surtout pour n'avoir pas cru au Talmud. Quant à tous ces
peuples, à tous ces rois, il serait long de dire les motifs
de leur damnation, mais le principal, c'est qu'ils n'ont
pas cru au Talmud. Pharaon était couché à l'entrée des
enfers, la tête sur le seuil, et l'un de ses yeux servait de
gond à la porte. Après avoir vu ces horreurs : Maintenant,
dit Josué à l'ange, conduis-moi au paradis. Le paradis était
clos de tous côtés d'un grand mur. L'ange aide Josué à se
hisser au haut du mur, mais sa tête en dépassait à peine le
faîte : Je ne vois pas bien, dit-il; élève-moi davantage.
Mes yeux sont encore aveuglés et mes sens tout engourdis
par la fumée de l'enfer. L'ange l'éleva un peu plus haut.
Mais Josué : Si tu ne me mets pas sur le mur, afin que je
voie ces lieux de délices et les âmes des saints, tu n'auras
pas tenu ta promesse. L'ange le mit sur le mur. Josué
plonge ses regards dans l'intérieur du paradis; il voit les
patriarches, les prophètes, toutes les saintes âmes qui,
pendant leur vie, ont fait la volonté de Dieu. Au milieu
des élus, la fille de Pharaon était assise sur un trône d'honneur. Josué demande ce qui lui a mérité cette distinction,
quelle vertu, quelle bonne œuvre? C'est, répond l'ange,

qu'elle a sauvé Moïse de la mort, qu'elle l'a élevé et fait instruire dans la sagesse des Egyptiens. Quelques saints étaient traités avec plus d'égards que les autres. Josué apprend que ce sont des rabbins, récompensés d'avoir composé le Talmud ou d'avoir su l'interpréter. L'ange enfin prie Josué de descendre ; il répond qu'il veut regarder encore. Puis il s'élance de l'autre côté du mur, le glaive de la mort à la main. L'ange jette les hauts cris : Tu m'as trompé, dit-il. — Que tu sois trompé ou non, reprend le vieillard, il ne m'importe. L'ange lui ordonne de sortir ; lui, jure qu'il n'est pas encore disposé à le faire. Les habitants du paradis n'en revenaient pas de voir au milieu d'eux un homme vivant, habillé comme on l'est sur la terre, et armé d'un glaive. Ne trouvant pas de siége, Josué va droit à la fille de Pharaon : Lève-toi, lui dit-il, et cours promptement ; ton père est à la porte. La princesse partie, Josué s'empare de son siége. Elle revient, et lui reproche de l'avoir trompée. Je ne t'ai pas trompée, dit-il ; ton père est à la porte, mais à la porte de l'enfer. — Mais pourquoi, reprend la jeune fille, m'as-tu pris ma place ? — Parce que Dieu me l'a donnée ; elle est à moi désormais. L'ange cependant était allé vers Dieu, et l'avait informé de ce qui venait d'arriver. Dieu lui enjoint de retourner au paradis et d'en chasser le rabbin. Mais celui-ci, lorsque l'ange lui signifie l'ordre de Dieu, répond : Par Dieu lui-même et par le saint Talmud, je ne sortirai pas. Sa réponse fut rapportée à Dieu qui dit : Qu'on fouille la bibliothèque et qu'on recherche tous ses actes, toutes ses paroles. S'il s'est parjuré une fois, il faudra bien qu'il sorte. Mais s'il n'a pas péché, comme il a de la religion et qu'il étudiait constamment le Talmud, on ne pourra lui refuser de rester. On remue la bibliothèque en tout sens : on ne trouve à son compte ni un parjure ni un mensonge. Dieu décide alors que le rabbin ne sera pas chassé du paradis. L'ange va trouver Josué et le prie de lui rendre son glaive, qui lui servait à faire mourir les hommes. Josué refuse de le rendre, à moins que l'ange ne lui promette avec serment de n'en plus user à l'avenir pour tuer les hommes. L'ange va consulter Dieu qui, bien à contre cœur, l'autorise à faire le serment qu'on lui demande. A cette condition, Josué rend le glaive à l'ange (1). »

Selon toute apparence, les contes du Talmud ne faisaient pas courir de grands dangers à la foi des contemporains de Pierre-le-Vénérable. Elle rencontrait un adversaire plus à craindre dans l'hérésie manichéenne, fort répandue en France, dans les provinces méridionales surtout, depuis le siècle précédent. Bossuet l'a observé, « au milieu des absurdités impies que le démon avait inspirées aux manichéens, il avait encore mêlé dans leurs discours je ne sais quoi de si éblouissant et une force si prodigieuse de séduction, que même saint Augustin, un si beau génie, y fut pris et demeura parmi eux neuf ans durant, très-zélé pour cette secte. On remarque aussi, ajoute-t-il, que c'était une de celles dont on revenait le plus difficilement : elle avait, pour tromper les simples, des prestiges et des illusions inouïes (2). » Et de fait, il n'y en a peut-être

(1) Ibid., col. 631 et sq.
(2) Bossuet, *Hist. des Variations*, l. XI, ε 10, éd. Vivès, t. XIV, p. 463.

point d'autre qui se soit aussi longtemps opiniâtrée à vivre. L'Europe la reçut de l'Asie, où elle avait pris naissance au troisième siècle, et la vit s'établir en Thrace, puis en Bulgarie, son principal foyer, d'où elle se répandit de proche en proche ; se modifiant, en apparence du moins, selon les temps et les lieux ; possédant à un degré surprenant l'art de se dissimuler, de se faire oublier quand il en était besoin, si bien qu'on avait presque perdu le souvenir de son nom, lorsque, dans les premières années du onzième siècle, elle fut apportée à Orléans par une femme, italienne de naissance. Le moment était heureusement choisi. « Mille ans s'étaient écoulés depuis la naissance de Jésus-Christ, dit Bossuet, et le prodigieux relâchement de la discipline menaçait l'Eglise d'Occident de quelque malheur extraordinaire. C'était peut-être aussi le temps de ce terrible *déchaînement de Satan* marqué dans l'Apocalypse, *après mille ans* ; ce qui peut signifier d'extrêmes désordres, mille ans après que le *fort armé*, c'est-à-dire le démon victorieux *fut lié* par Jésus-Christ venant au monde (1). » Les nouveaux hérétiques professaient, peu s'en faut, toutes les doctrines des premiers manichéens, dont ils descendaient par une filiation que l'auteur de l'*Histoire des variations* a nettement établie ; mais ils s'attachaient de préférence aux erreurs qui portaient sur les sacrements, qui niaient l'efficacité du baptême, la présence réelle et allaient à ruiner le ministère sacerdotal (2). C'était donner l'assaut à la place par le côté le moins facile à défendre ; car le mépris où était tombé un clergé ignorant et corrompu, devait

(1) Ibid., § 17, p. 467 ; *Apoc.* xx, 2, 3, 7.
(2) Ibid., § 18, p. 468.

aisément rejaillir sur les fonctions mêmes qu'on voyait livrées à des mains si indignes. L'Italienne, venue à Orléans
pour y dogmatiser, séduisit d'abord deux chanoines de la
cathédrale, Héribert et Lisoïus, qui furent condamnés au
feu, par ordre du roi Robert. Ils marchèrent au supplice,
eux et leurs prosélytes, avec assurance et avec joie, dans
l'espoir d'être sauvés miraculeusement (1). Du moins,
l'hérésie qu'on avait cru étouffer en les faisant périr, leur
survécut, et devint, au siècle suivant, bien autrement me-
naçante, dans le Dauphiné, la Provence et le Languedoc (2). Elle avait alors pour apôtre le célèbre Pierre de
Bruis, qui joignait l'action à la parole, qui ne se contentait
pas de déclamer contre le clergé et les cérémonies du culte,
mais faisait saisir et fouetter les prêtres et les moines,
renversait les autels, abattait partout les croix qui
lui étaient, disait-il, un objet d'horreur à cause des souffrances et de la mort du Christ. Ses fureurs d'iconoclaste
le perdirent. Il se trouvait à Saint-Gilles en Languedoc, et
venait de brûler un grand amas de croix sur la place publique. Outrés de cet attentat, les catholiques de la ville fon-
dirent sur lui, dressèrent un second bûcher, en face de
celui où les croix avaient été consumées, et le jetèrent vivant
dans les flammes. Il devint le martyr de la secte, et fut
remplacé par son principal disciple, l'ermite Henri, que la
nature paraissait avoir tout exprès formé pour ce rôle, et
qui, avec son éloquence naturelle, sa voix terrible et semblable au tonnerre, sa haute taille, sa démarche rapide, son
visage mobile et ses yeux perpétuellement agités « comme

(1) Ibid., § 20, p. 468.
(2) Ibid., § 35. p. 476.

une mer orageuse, » fascinait la foule, les femmes surtout
qui lui attribuaient l'esprit de prophétie, le don de pénétrer dans les consciences et d'y lire les fautes les plus se-
crètes (1). Si grand était son ascendant sur le peuple que
les chanoines du Mans, ayant voulu, dans la crainte que
leur diocèse où il s'était d'abord fixé ne fût bientôt entièrement infecté de ses erreurs, lui faire défense de continuer
à prêcher, les habitants avaient pris hautement son parti
et pensé assommer celui qui était venu lui signifier l'arrêt
du chapitre (2). Chassé cependant peu après par l'évêque
Hildebert, il était allé rejoindre, dans le midi, son maître
Pierre de Bruis. Il recueillit son héritage et ne tarda pas à
l'accroître en augmentant le nombre de ses adeptes, en
ajoutant même, assure-t-on, au corps de la doctrine (3).

On s'opposait aux progrès de l'hérésie, en la réprimant,
comme il arrivait souvent alors, par la force. Pierre-le-Vénérable ne croyait pas que l'épée fût, contre un tel ennemi,
l'arme la plus légitime, ni même la plus efficace. Il écrivit
sous forme de lettre, tout un traité contre les Pétrobusiens,
et l'adressa aux prélats des diocèses où les sectaires exerçaient le plus d'empire, aux archevêques d'Arles et d'Embrun, aux évêques de Die et de Gap. « Il vous appartient,
dit-il, à vous que votre ministère et votre science éminente
a établis comme les colonnes de l'Eglise, il vous appartient
de poursuivre l'erreur dans les repaires où elle se cache et
de l'attaquer par la parole ou, s'il en est besoin, par le
glaive séculier. Toutefois il est de la charité chrétienne de

(1) Du Pin, *Nouv.Bibl.*, t. IX, p. 101.
(2) Ibid., p. 102.
(3) Petri Ven. *Contra Petrobrusianos*, præfat., col. 723.

s'appliquer à convertir les hérétiques plutôt qu'à les exterminer. Essayons donc de leur parler au nom de l'autorité, au nom de la raison, afin qu'ils défèrent à l'autorité
s'ils veulent encore être chrétiens, ou qu'ils se rendent
à la raison, s'ils ont à cœur de rester hommes (1). » Quel
fut, sur le moment, le fruit des efforts de Pierre-le-Vénérable? nous l'ignorons, et l'on ne peut dire si sa lettre ramena
beaucoup d'esprits égarés ; mais elle est aujourd'hui précieuse pour l'histoire, à qui elle offre, touchant Pierre de
Bruis et ses prédications, des renseignements qu'on irait
vainement chercher dans les autres écrits du même temps.
Dès le début, toute la doctrine du sectaire, celle du moins
qu'il avouait en public, est résumée dans un exposé som-
maire, et réduit à cinq chefs principaux.

Il condamnait, en premier lieu, le baptême des enfants
nouveau-nés. Le sacrement, selon lui, ne pouvait les
sauver avant l'âge de raison, ni la foi d'autrui suppléer à
celle qui nécessairement leur manquait.

En second lieu, il avançait qu'il ne fallait bâtir ni temples
ni églises, mais renverser ceux qui existaient déjà ; que les
chrétiens n'ont pas besoin de lieux consacrés pour prier ;
que Dieu est présent partout, dans les chaumières comme
dans les églises, sur les places publiques comme dans les
temples ; qu'il vous exauce, si vous en êtes dignes, où que
vous l'invoquiez, devant une crèche ou au pied d'un autel.

Sa troisième erreur consistait à proscrire les croix, à ordonner de les briser et de les brûler, parce qu'elles rappelaient l'instrument de supplice sur lequel Jésus-Christ

____

(1) Ibid., col. 721.

avait été torturé et si cruellement mis à mort. Elles ne méritaient ni adorations ni respects ni hommages ; il fallait, en représailles des souffrances du Sauveur, les fouler aux pieds et les détruire.

Le quatrième article du symbole des Pétrobusiens concernait l'Eucharistie : non-seulement ils refusaient de croire à la présence réelle, et d'admettre que l'Eglise offrît sur ses autels le corps et le sang du Seigneur ; mais ils voulaient entièrement abolir le sacrifice de la Messe, comme n'ayant aucune valeur, pas même celle d'une figure, d'un mémorial du sacrifice de la Croix.

Enfin, et c'était leur cinquième erreur, ils tournaient en dérision les prières pour les morts, lesquels, disaient-ils, ne tiraient aucun secours des messes, des suffrages, des aumônes, de toutes les bonnes œuvres qu'on offrait à leur intention (1).

Sans doute l'enseignement de Pierre de Bruis et des siens prêtait à d'autres accusations ; et l'abbé de Cluny aurait pu, à la rigueur, grossir la liste de leurs nouveautés dogmatiques. On disait qu'ils ne recevaient pas comme révélé tout ce qui se trouve dans les écrits des prophètes, dans ceux des apôtres, dans les discours même que l'Evangile a mis sur les lèvres du Christ ; quelques-uns allaient jusqu'à affirmer qu'ils rejetaient tout le canon des Ecritures. Mais ce n'étaient là que des bruits, et Pierre-le-Vénérable ne veut appuyer ses censures que sur des faits avérés. « La renommée, dit-il, est souvent trompeuse ; je ne blâmerai pas mes adversaires de crimes incertains (2). »

(1) Ibid., col. 722.
(2) Ibid., col. 730.

Il n'est pas jusqu'aux protestants, très-favorables, du temps de Bossuet, aux doctrines de Pierre de Bruis, où ils s'efforçaient de voir un antécédent de leur réforme, qui n'aient loué la prudente réserve de l'abbé de Cluny (1). Celui-ci ne peut se départir de cette modération indulgente, l'un des traits distinctifs de son caractère au même titre que cette foi pure et ardente, que nous connaissons déjà, et qui anime, à plusieurs reprises, les pages où il traite les ennemis de son Eglise avec une si équitable mesure.

Ce n'est pas un souvenir de l'école, un calcul de rhéteur, c'est sa foi qui lui inspire cette prosopopée, où, en témoignage de la présence réelle, il produit Celui qui est l'auteur et l'objet du mystère, Jésus-Christ. « Ecoutez, dit-il, non un chrétien, mais le Christ; non un homme, mais Dieu. Ecoutez-le, sous peine d'être retranché du sein de son peuple. Parlez, Seigneur Jésus, notre Dieu, notre Sauveur, notre Prêtre, notre Hostie. Parlez, répondez à vos adversaires, qui contestent l'authenticité de votre testament, qui veulent abroger ce que vous avez décrété, déraciner ce que vous avez planté, ruiner ce que vous avez édifié. Parlez, ils se rendront peut-être à vos discours, ceux qui résistent à votre Eglise ; votre aspect leur en imposera peut-être, à ceux qui méprisent vos ministres ; s'ils sont de votre troupeau, ils reconnaîtront la voix du pasteur. Pardonnez à ma présomption, en faveur de mon zèle pour votre Église, pour votre colombe, votre épouse, qu'ils ont pris à tâche de déshonorer. Ils vous dénient le titre

(1) Bossuet, loc. cit., § 65, p. 491.

de Rédempteur, du moment qu'ils prétendent nous ravir le gage de notre rédemption, je veux dire votre sacré corps. Parlez-leur encore une fois, Seigneur, divin testateur dont les dernières volontés ne doivent jamais être infirmées. Ils assurent que votre testament n'a été valable qu'un jour; prouvez leur que ses effets dureront éternellement. Qu'ils vous entendent, qu'ils vous voient, qu'ils se convertissent à votre parole et non à la mienne. Paraissez comme à la dernière Cène, lorsqu'en présence de vos disciples, vous abolissiez l'ancienne Pâque, et vous inauguriez la nouvelle (1). »

Ce n'est pas seulement dans cette page et dans ce livre que Pierre-le-Vénérable a témoigné de sa foi au dogme de la présence réelle. Il y a peu de sujets sur lesquels il se plaise autant à revenir et à s'expliquer, car il y en avait peu qui, depuis près de deux siècles et surtout depuis le téméraire et inconstant Bérenger, eussent été plus fréquemment en butte aux atteintes de l'hérésie. Dans le traité *des Miracles*, mélange assez confus de récits merveilleux et de scènes historiques, de détails anecdotiques et de réflexions pieuses, qui confine à la fois aux mémoires et aux légendes et auquel nous avons déjà fait plus d'un emprunt, Pierre a consacré plusieurs chapitres aux prodiges qu'on alléguait, de son temps, à l'appui de l'enseignement catholique touchant le mystère de l'Eucharistie. Il faut en citer quelque chose, non-seulement en preuve de l'orthodoxie de l'auteur, mais pour mettre en lumière le tour particulier, la pente naturelle de son imagination, qui se porte volon-

(1) Petri Ven. *Contra Petrobrusianos,* col. 798.

tiers vers ce qui est aimable et gracieux et préfère les riantes couleurs aux teintes sombres et trop sévères. Ce n'est pas que, dans cet écrit, l'hôte obligé des vieilles traditions légendaires, le démon ne trouve aussi sa place, qu'on ne le voie, par exemple, se poser, sous la forme d'un énorme vautour, devant le lit d'un pauvre frère charpentier qui, par mégarde et en dépit de la règle, dormait un pied hors de sa couverture. Le vautour levait déjà de toutes ses forces une doloire, qu'il avait prise sous la couche du moine ; celui-ci par bonheur ouvrit à temps les yeux et, retirant son pied, évita l'amputation dont il était menacé (1). Mais le plus souvent, alors même qu'il fait agir le diable ou ses suppôts, l'aimable écrivain sait conduire sa narration et en disposer les circonstances de telle sorte que des scènes vraiment infernales n'ont presque plus rien de repoussant et que l'horreur en disparaît, pour ainsi dire, sous un reflet du ciel. Il y avait en Auvergne un paysan qui possédait des abeilles. Comme il faisait argent de leur miel, il craignait de les perdre, de les voir émigrer ou mourir. Il s'adresse à un magicien et, d'après ses avis diaboliques, va un matin à l'église, reçoit, de la main du prêtre, le corps du Seigneur, qu'il se garde bien d'avaler, et qu'il conserve intact dans sa bouche. Retournant alors à ses ruches, il s'approche de l'ouverture de l'une d'elles et, suivant les instructions qu'on lui a données, se met en devoir d'y insuffler la sainte hostie. Mais soit qu'il s'y prît mal, soit plutôt par une permission d'en haut, elle tombe à terre, à côté de la ruche. Aussitôt l'essaim est tout entier

(1) Petri Ven. *de Miraculis*, I. 14, col. 877.

dehors ; à voir accourir ces abeilles, on les eût prises pour
des êtres doués de raison, tant leur attitude était respectueuse ; elles ramassent le corps du Sauveur et, avec de
grands signes de vénération, le portent dans leur demeure.
Cela se passait en présence du paysan qui, sans y prendre
garde, va où l'appellent ses affaires. Mais voici que, saisi
tout à coup de remords et poussé par une force invisible,
il revient sur ses pas, dans l'intention de réparer son crime.
Il noie, sous un déluge d'eau, ses abeilles, auxquelles il
tenait tant et met la ruche à découvert. O merveille ! il
aperçoit, au milieu des rayons de miel, le Sauveur qui
reposait sous les traits d'un enfant nouveau-né, de la plus
grande beauté. A sa pâleur, à son immobilité, il le croit
mort et veut le prendre entre ses bras pour le porter
à l'Eglise et l'y enterrer sans témoin. Mais à peine
l'a-t-il touché, qu'il lui échappe et disparaît (1). Nous
avons déjà comparé Pierre-le-Vénérable à saint François
de Sales, et montré qu'ils se ressemblent tous deux par le
cœur. Nous pouvons ajouter que leur imagination les rap-
proche aussi. Cette page que nous venons de transcrire,
ne la dirait-on pas détachée de l'*Introduction à la vie
dévote*, de quelqu'une de ces fraîches similitudes, où se
joue le bon évêque de Genève, grand ami des *avettes*, dont
les mœurs lui étaient si familières et dont le nom revient
si fréquemment sous sa plume ?

D'autres affinités seraient à noter entre les deux serviteurs de Dieu. Saint François avait coutume de dire : « Je
trouve tout mon secours dans le Saint-Sacrement et dans

(1) Ibid., 1, col. 851.

la Mère de Dieu, de laquelle j'ai toujours reçu des assistances très-particulières et toutes miraculeuses (1) ». Pierre-le-Vénérable aurait pu tenir le même langage. C'est le propre des âmes sensibles en qui domine l'amour divin, de mettre au premier rang de leurs affections pieuses le culte de l'Eucharistie et le culte de la Vierge Marie. L'abbé de Cluny n'a point séparé ces deux dévotions. Défenseur de la pureté du dogme en ce qui touche au sacrement de l'autel, il mérite d'être compté parmi les champions les plus dévoués de la Reine du Ciel. Il a composé, à sa louange, deux proses où respire une tendresse toute filiale, malheureusement gâtée par une expression entachée de bel esprit et par ce goût puéril de l'antithèse (2), qui était comme la contagion de la littérature mystique de ce temps. Il a traité aussi des priviléges de la sainte Vierge dans une longue lettre, sorte de consultation en réponse à des doutes qui lui avaient été soumis sur plusieurs points de doctrine, notamment sur la question de savoir si Marie avait reçu, le jour de la Pentecôte, un accroissement de grâces. Il conclut négativement, s'appuyant sur cette raison qu'elle avait été comblée, par avance, d'une telle plénitude de dons célestes qu'elle surpassait déjà en sainteté, non-seulement les prophètes et les apôtres, mais les anges eux-mêmes et qu'elle ne voyait au-dessus d'elle,

(1) *Vie de saint François de Sales*, par M. le curé de Saint-Sulpice, l. VII, c. viii, 5e éd., t. II, p. 395.

(2) Témoin ces deux vers :

Et ut virga parit florem, sic et virgo Redemptorem carnis tectum habitu,

Parens nostri tu Parentis, et genitrix nos gignentis. »
(Petri Ven., *Carmina*, col. 1018, 1019.)

dans l'ordre des perfections surnaturelles, que Dieu seul (1).
Pierre, on le voit, a fait Marie bien grande, et il ne semble
pas, au premier abord, que la piété catholique ait pu
jamais aller plus loin. Il faut le dire cependant, il reste en
deçà de la foi de notre siècle; il est même en retard sur la
dévotion de plusieurs de ses contemporains. La sainte
Vierge, à l'entendre, est moralement le plus parfait des
êtres, après Dieu, mais seulement à dater de la visite de
l'ange et du jour où elle devint mère du Sauveur (2). Ainsi
donc les grâces dont elle fut alors inondée et qui la mirent
hors de pair, n'avaient pas sanctifié sa conception, ne l'a-
vaient pas préservée de la tache originelle. La conséquence,
pour n'être pas explicitement énoncée par l'auteur, n'en
sort pas moins forcément des prémisses. Or, à l'époque où
Pierre-le-Vénérable écrivait, le mystère de l'Immaculée-
Conception avait trouvé un interprète dans la personne
d'un théologien respecté, le pieux et savant Hildebert du
Mans, qui le professe, qui l'insinue du moins en plusieurs
endroits de ses ouvrages (3); il avait aussi commencé de
prendre place dans la liturgie, et les chanoines de Lyon
venaient d'instituer, dans leur église, une fête en son honneur (4). L'abbé de Cluny n'a nulle part réclamé contre la
conduite du chapitre lyonnais; mais la lettre dont nous
venons de parler prouve surabondamment qu'il n'a pas dû
s'inscrire en faux contre les véhémentes protestations de
saint Bernard qui, au nom de la tradition, au nom de la

(1) Petri Ven. Ep. III, 6, col. 286.
(2) Ibid.
(3) *Hist. de l'Eglise gallicane*, t. VIII, p. 533.
(4) Baronius, t. XVIII, p. 536.

raison, condamne ce qu'il appelle une innovation supers-
titieuse (1). Cette répugnance de saint Bernard à accueillir
une fête qui n'était qu'un nouvel hommage rendu à celle
que personne n'a mieux louée ni plus aimée que lui, la réserve exagérée et trop significative de Pierre-le-Vénérable à
l'égard d'une croyance, qui devait flatter les penchants de
sa piété, sont de nature à nous surprendre, mais surtout à
nous instruire. Rien ne montre mieux, à notre sens, qu'il
ne faut pas voir le fruit des conceptions personnelles ou
des calculs arbitraires de l'homme, dans ce développement
de la foi catholique, si bien défini par Vincent de Lérins,
développement qui est un progrès sans être un changement, qui, sous l'impulsion de la Providence, fait descendre
peu à peu la lumière dans les entrailles du dogme, éclaire
tour à tour, en les amenant au dernier degré d'évidence et
de précision, en les consacrant, lorsque l'heure est venue,
par un décret infaillible de la suprême autorité doctrinale,
des vérités vieilles comme l'Écriture où elles reposaient de
tout temps, et comme l'Église qui les recélait dans son
cœur et, de siècle en siècle, en avait eu conscience et porté
témoignage, parfois dans la personne de quelqu'un de ses
plus humbles enfants, obscur et sans lettres (2), tandis
qu'elles étaient ignorées ou méconnues par les maîtres de
la pensée chrétienne. Qu'on nous permette ici de trans-

(1) S. Bernard., Ep. CLXXIV, col. 333, 336.
(2) C'était le cas du mystère de l'Immaculée-Conception
au temps de saint Bernard. Nous lisons, en effet, dans sa lettre
aux chanoines de Lyon : « Ante quidem apud aliquos errorem
compereram : sed dissimulabam, parcens devotioni, quæ de
simplici corde et amore Virginis veniebat. » (S. Bern., Ep. cit.,
col. 336.)

crire, sans en rien omettre, une admirable page du plus grand orateur sacré de nos jours.

« La foi, dit le P. Lacordaire, est au corps de l'Eglise ce que le sang est au corps de l'homme. Le corps de l'homme a bien une tête comme l'Eglise a un chef; mais la tête vit du sang que le cœur lui envoie, et le chef de l'Eglise vit de la foi qu'il a puisée dans son baptême, lorsqu'il n'était encore qu'un étranger dans le royaume de Dieu.

« Il n'y a donc point parmi nous de séparation en castes et de domination des uns sur les autres. La foi est notre héritage commun, le sang de nos pères qui nous a été transmis, notre droit et notre devoir à tous, le bien universel des âmes, du trône de Saint-Pierre à l'escabeau de l'enfant qui sert le prêtre au pied de l'autel. Avant de recevoir à son front le caractère qui le fait juge de la foi, l'évêque était simple fidèle; il croyait tout ce qu'il croit, il défendait tout ce qu'il défendra, et si un jour, dans un concile de la chrétienté, il prononce souverainement sur des questions qu'aura soulevées le schisme ou l'hérésie, il ne dira pas plus en promulguant le dogme œcuménique qu'en chantant le symbole apostolique : *Je crois au pape et aux évêques*; mais il dira : *Je crois à la sainte Eglise catholique*, et je proclame, en son nom, la foi qu'elle a toujours professée.

« Sans doute, le pape et les évêques sont particulièrement assistés de l'esprit de Dieu pour juger de la doctrine; mais cette assistance ne tend qu'à les rendre d'exacts interprètes de la foi de l'Eglise, soit qu'elle ressorte d'une tradition orale éclatante, soit qu'elle résulte de cette tradition par une conséquence logique. L'Eglise est toujours au fond de tout, et la foi de l'Eglise est toujours ce qui décide de tout. Le pape et les évêques ne créent rien de ce que nous devons croire; ils écoutent notre foi dans la respiration de notre âme, et, condamnant ceux qui se séparent de nous par une interprétation privée, ils nous rendent dans la solennité de leurs décrets la perpétuité et l'universalité de l'enseignement qui nous unit. Ils sont les infaillibles hérauts de ce que nous sommes, les gardiens du trésor dont le dépôt est nous tous, un écho de l'Esprit-Saint qui remplit nos poitrines; et qui s'éloigne d'eux s'était déjà éloigné de nous par un exil préconçu. Ce n'est pas le concile de Nicée qui a fait la divinité de Jésus-Christ; c'est la divinité de Jésus-Christ crue par l'Eglise qui a fait le concile de Nicée (1). »

Ainsi de tous les dogmes. Lorsque fut défini celui de l'Immaculée Conception, la foi de l'Eglise avait dès long-temps devancé la décision souveraine, qui vint la constater et la rendre manifeste aux yeux de tous. Ce n'est ni saint Bernard ni Pierre-le-Vénérable qui auraient refusé d'y souscrire. Le premier, tout en blâmant le chapitre de Lyon, déclarait qu'il renvoyait l'affaire à l'examen de l'Eglise romaine, et qu'il était prêt à se rétracter si son opinion était en désaccord avec le jugement de la cour pontificale (2). L'adhésion de Pierre-le-Vénérable n'eût été ni moins prompte ni moins entière : elle aurait eu peut-être moins d'éclat et de retentissement. L'abbé de Cluny ne figurait pas, en effet, au premier rang des théologiens de son

(1) Lacordaire, *Lettres à un jeune homme sur la vie chrétienne*, 3ᵉ lettre, 2ᵉ éd., p. 237 et sq.
(2) S. Bern. Ep. cit., col. 336.

siècle. Sa haute situation le mit souvent en demeure de
s'expliquer sur la foi, soit pour résoudre les difficultés que
lui proposaient quelques-uns de ses moines (1), soit pour
défendre l'intégrité de la doctrine, attaquée par les hérétiques ou les infidèles. Jamais il ne fit, à proprement parler,
un livre; jamais il n'eut la pensée de confier au public le
fruit de ses recherches et de ses réflexions personnelles. En
prenant la plume, il remplissait un devoir de sa charge,
plutôt qu'il ne faisait œuvre de philosophe chrétien. Il
assista au grand mouvement des écoles de son temps, sans
sortir du rôle d témoin. On ne voit point qu'il ait pris parti
dans la querel des universaux, qui enflammait et divisait
les philosophes, pas plus que dans la lutte, moins bruyante
mais aussi générale, qui séparait les théologiens en deux
camps, les uns qui, se réclamant des anciens Pères et ne
déférant, dans les matières religieuses, qu'à l'autorité de
l'Ecriture et des Conciles, repoussaient l'alliance de la dialectique et ne voulaient pas, comme ils disaient, « qu'on
plantât la forêt d'Aristote auprès de l'autel du Seigneur » (2); les autres qui aspiraient à fortifier le dogme en
lui prêtant l'appui du raisonnement, qui auraient bien
mérité de la vérité s'ils n'avaient jamais dépassé les bornes
tracées, avant eux, par un saint Anselme, et respectées depuis par les grands scolastiques du siècle suivant, mais qui,
trop enclins à des arguties aussi vaines que dangereuses,

(1) A la lettre sur la sainte Vierge, on pourrait joindre celle
qu'il adresse au moine Pierre de Saint-Jean sur la divinité de
Jésus-Christ. V. Petri Ven. Opp., col. 487 et sq.

(2) Expression de Pierre de Celle, citée par l'*Hist. litt.*, t. IX,
p. 23.

ont souvent glissé dans l'erreur, et, par là, discrédité leur méthode (1). Ni les écrits ni les actes de Pierre-le-Vénérable ne sauraient le ranger dans l'une ou l'autre école. Il est vrai qu'il siégea au concile de Reims qui, en 1148 (2), condamna l'une des gloires de la seconde, l'un de ceux qu'on nommait les quatre labyrinthes de France (3), Gilbert de la Porrée ; mais leur maître et leur chef à tous, Abélard, n'a-t-il pas trouvé en lui le protecteur et l'ami de ses derniers jours ? Peut-être faut-il dire que, par goût non moins que par convenance de position, il vécut à l'écart de la mêlée des systèmes, et qu'il était plus soucieux de pratiquer les devoirs de sa religion que d'en pénétrer les mystères.

(1) Ibid., et p. 207 et sq. ; Dupin, *Nouv. Bibl.*, t. IX, p. 207 et sq.
(2) Baronius, t. XIX, p. 23.
(3) Duboulai, *Hist. univ. de Paris*, t. II, 629.

CHAPITRE VI

ROLE POLITIQUE DE PIERRE LE VÉNÉRABLE : LA SECONDE CROISADE ;
L'ANARCHIE FÉODALE ; LA COMMUNE DE VÉZELAY.

Si le nom de Pierre-le-Vénérable ne figure pas dans l'histoire philosophique du douzième siècle, il est lié à la plupart des événements qui, à cette époque, appelèrent l'attention du monde ou de l'Eglise, et agirent sur leurs destinées. A ce titre, l'histoire politique ou religieuse ne saurait le passer sous silence. Déjà nous avons vu Pierre intervenir de sa personne dans les luttes qui signalèrent l'avénement d'un nouveau Pape. Dix-sept ans plus tard, un fait qui intéressait à la fois la religion et la société, la seconde croisade devait, semble-t-il, le ramener dans l'arène publique et l'inviter à user de la double autorité de son rang et de sa renommée personnelle au profit de la guerre sainte. Les promoteurs de l'expédition mettaient le plus grand prix à s'assurer le bénéfice de son adhésion et le concours de ses lumières. Une assemblée des grands du royaume et des seigneurs ecclésiastiques, archevêques, évêques et abbés, allait se tenir à Chartres, dans laquelle on devait prendre les dernières dispositions en vue du départ et de la distribution des troupes. Saint Bernard et Suger écrivirent l'un et l'autre à l'abbé de Cluny pour le prier de s'y rendre. « Votre présence, lui dit le premier, nous sera d'une grande utilité, soit en raison du crédit de la sainte église de Cluny, dont Dieu vous a établi le chef, soit à cause de la sagesse et des grâces qu'il vous a départies pour le bien de vos frères et pour sa propre gloire (1). » De son côté, Suger le presse, au nom du Seigneur, au nom des archevêques et des évêques, dont il est, dit-il, auprès de lui l'interprète, au sien propre enfin, de ne leur pas faire défaut dans une circonstance aussi décisive (2). A toutes ces instances, Pierre-le-Vénérable ne répondit que par des excuses. Il alléguait d'abord sa santé, plus languissante que jamais : il était tombé malade le jour de Noël; depuis lors, — et l'on allait célébrer les fêtes de Pâques — à peine ses souffrances lui avaient-elles laissé quelques moments de répit. Ce n'était pas tout : avant de recevoir l'appel de saint Bernard et de Suger, au commencement du Carême, il avait convié les prieurs de son Ordre à une réunion générale, où l'on devait traiter des affaires les plus urgentes, à Cluny, le jour même qui avait été fixé pour l'assemblée de Chartres. Quelle que fût la gravité de ces motifs, il avait presque honte de les faire valoir; il suppliait ses deux correspondants de ne pas les prendre pour de vains prétextes, et de tenir pour certain que, si les devoirs de sa charge le lui permettaient, il n'irait pas seulement à Chartres, mais jusqu'à Jérusalem, et sans hésiter, pour peu qu'il pût ainsi servir une si grande cause (3). Nous n'avons garde de mettre en doute

(1) S. Bern. Ep. CCCLXIV, col. 569.
(2) Suger. Ep. CLXVI, col. 1428.
(3) Petr. Ven. Ep. VI, 18, 20, col. 426, 427.

la sincérité de Pierre-le-Vénérable. Nous ajoutons même à ses paroles la foi la plus entière, lorsque nous l'entendons affirmer encore qu'il n'est pas, à ses yeux, d'affaire qui prime la Croisade, qu'il la regarde comme la plus grande de toutes (1). Il le dit parce qu'il le croit. Mais nous ne pouvons, à ce compte, nous empêcher d'être surpris qu'il ne se soit pas rendu, toute affaire cessante, à une assemblée convoquée au nom d'un intérêt si majeur, où on le désirait si ardemment, qu'il pouvait éclairer de ses conseils et dont sa seule présence aurait rehaussé l'éclat et l'autorité. Devait-il trouver un obstacle insurmontable dans les incommodités dont il se plaint, lui que nous savons si grand voyageur et que nous avons vu affronter, avec des forces toujours chancelantes, les climats les plus contraires à son tempérament, en Italie et en Espagne ? Peut-être nous trompons-nous, mais il nous semble qu'à son insu la guerre sainte ne tenait dans ses préoccupations qu'une place secondaire, et qu'il y était de fait moins directement intéressé que ses deux illustres amis, l'abbé de Clairvaux et l'abbé de Saint-Denis. Pourquoi cela ? En le recherchant, nous ne mettrons pas seulement en plus vive lumière la conduite et l'esprit de Pierre-le-Vénérable ; nous éclairerons, croyons-nous, un point curieux de notre histoire politique et religieuse.

Ce n'est pas qu'il faille ranger l'abbé de Cluny parmi les adversaires de la seconde Croisade. Car, dès le début, des voix s'étaient élevées contre cette expédition, et celle de Suger la première. Avant de s'employer comme on l'a

(1) Petr. Ven. Ep. VI, 20, col. 426.

vu, auprès de Pierre-le-Vénérable, en faveur de la Croisade déjà décidée, le ministre de Louis VII s'était opposé de tout son pouvoir à la Croisade projetée, et n'avait pas épargné à son maître les représentations de nature à ébranler sa résolution. Il finit, à la vérité, par se laisser convertir aux vues de saint Bernard et du roi. Encore, si l'on en croit un contemporain, aurait-il moins cédé à la persuasion qu'à la crainte de blesser la dévotion du prince, et d'encourir inutilement le blâme et l'hostilité des fauteurs de la guerre sainte (1). Suger était un esprit prudent et politique : à ce titre, son premier mouvement ne devait pas être favorable à ces immenses armements, qui déracinaient, pour ainsi dire, toute l'Europe féodale, et la portaient en masse sur les rivages lointains de l'Orient. Dans les siècles suivants, de nos jours surtout, on a montré, avec beaucoup d'art et de sagacité, que les Croisades se justifient aux yeux d'une politique sagement prévoyante, et comment l'intérêt bien entendu, au défaut de la foi et du zèle religieux des anciens âges, pouvait seul suffire à les conseiller (2). Mais lorsqu'on dit qu'il était temps de

(1) Sugerii vita, auctore Guillelmo, Sandionysiano monacho, III, 1, ap. Migne, t. CLXXXVI, col. 1201.

(2) « Certainement si la politique humaine eût seule dirigé les conseils des princes de l'Europe aux onzième et douzième siècles, ce motif seul aurait pu leur inspirer les croisades. Dans le dernier siècle, Montesquieu écrivait ces paroles : « Dans les so- « ciétés, le droit de la défense naturelle entraîne quelquefois la « nécessité d'attaquer, lorsqu'un peuple voit qu'une plus longue « paix en mettrait un autre en état de le détruire, et que l'at- « taque est le seul moyen d'empêcher cette destruction. » Ce conseil d'anticiper une guerre inévitable, jamais, certes, il ne fut d'une application plus nécessaire, plus raisonnable que dans cette époque du monde où la puissance musulmane enserrait de toutes

prévenir les entreprises envahissantes de la puissance musulmane, qu'il était opportun de jeter hors de France une aristocratie remuante et armée, qui entravait le développement de l'autorité royale et en gênait l'exercice, on expose les conséquences bien plus que les motifs des Croisades. Ce sont là des calculs, inventés après coup, que l'on peut mettre en avant, pour plaider la cause de ces grandes guerres devant un siècle qui ne les ferait plus, mais qui furent étrangers à ceux de nos pères qu'on vit prendre la croix et passer les mers, le plus souvent sans espoir de retour. A vrai dire, il y avait, en ces temps, des hommes très-avisés, qui réglaient leur conduite sur les conseils d'une sagesse tout humaine : ceux-là, depuis Suger jusqu'à Joinville, se montrèrent plus que tièdes à l'égard des efforts tentés à si grands frais, et presque toujours en pure perte, pour la délivrance des lieux saints.

parts l'Europe divisée. » (Villemain, *Tableau de la littérature au moyen-âge*, 5ᵉ leçon, t. Iᵉʳ, p. 142.) — « Ceux qui les entreprirent à dessein y gagnèrent, et la plupart des autres qui s'y acheminèrent par dévotion, y perdirent... Ce premier voyage fut grandement profitable à Philippe Iᵉʳ, lequel, par un sage conseil, voulut demeurer en France... Ce fut le premier rétablissement de la grandeur de nos rois... Notre France étant par le moyen de ce voyage épuisée d'une bonne partie des grands, desquels les petits se targeaient (couvraient) contre l'autorité de nos rois, le roi Philippe et Louis-le-Gros, son fils, commencèrent de les harrasser, ou pour mieux dire, terrasser. » (E. Pasquier, *Recherches de la France*, II, 26.) « On doit considérer les croisades comme une des causes qui contribuèrent le plus efficacement à renverser l'édifice gothique du système féodal. Les barons vendirent leurs terres, et une partie de leur race disparut dans ces expéditions périlleuses et dispendieuses. » (Gibbon, *Histoire de la décadence et de la chute de l'empire romain*, c. LXI, trad. Cantwel, t. XVI, p. 407.)

Le type de cette classe d'esprits, c'est, à notre sens, le bon sénéchal de Champagne, lui qui aurait mieux aimé faire trente péchés mortels que d'être lépreux. Homme de foi cependant non moins que de prudence, voyez comme il couvre du langage de la dévotion les raisonnements de la politique. Après avoir raconté avec quelle insistance le roi de France et ses fils le pressèrent de se croiser à leur exemple : « Et leur disoie ainsi, ajoute-t-il, que se je en vouloie ouvrer au gré Dieu, que je demourroi ci pour mon peuple aidier et deffendre ; car se je metoie mon cor en l'aven du pèlerinage de la croiz, là où je verroie tout cler que ce seroit au mal et en doumage de ma gent, j'en courrouceroye Dieu, qui mist son cor pour son peuple sauver. Je entendi que touz ceulz firent péché mortel, qui li loèrent l'alée ; pour ce que ou point que il estoit en France, tout le royaume estoit en bone pez en limeisme et à touz ses voisins ; ne onques puis que il en parti ; l'estat du royaume ne fist que empirer. Grant péché firent cil qui li loèrent l'alée. » Mais les **Suger** et les **Joinville** faisaient exception au douzième et au treizième siècle. Si les Croisades furent possibles, si on les vit, en dépit des mécomptes qu'elles amenèrent bientôt, se prolonger durant deux cents ans, c'est qu'elles n'avaient pas pris naissance dans les préméditations de la politique humaine, laquelle n'eût pas manqué de se rendre aux premières leçons de l'expérience ; c'est qu'elles étaient le fruit d'un sentiment qui s'accroît et se fortifie au choc de l'obstacle (1), et peut traverser les plus sanglantes épreuves

(1) « Nec est vir fortis, cui non crescit animus in ipsa rerum

sans aboutir au découragement ni à la déception parce
qu'il a commencé par le sacrifice : le fruit de l'enthousiasme (1). C'est la vertu des âges héroïques, c'est le
ressort des actions dignes de l'épopée. Voilà pourquoi on
a pu dire des Croisades qu'elles « sont l'événement
héroïque de l'Europe moderne (2). »

L'enthousiasme de la Croisade fut la grande passion
de ce temps. Faut-il dire que Pierre-le-Vénérable sut s'en
défendre, et doit-on le ranger parmi ces esprits circonspects et tempérés, les Suger et les Joinville, qu'on voit
de loin en loin s'opposer sans effet à l'irrésistible élan qui
soulevait l'Occident chrétien contre l'Orient infidèle ? Nous
ne le croyons pas. Il avait mainte fois manifesté sa tendre

difficultate. » (Sénèque, Ep. XXII, cité par S. Bernard.,
Ep. CCLVI ad Eugen. Pap., col. 463.)

(1) « Lorsque vous parlez à quelqu'un sur des sujet dignes d'un
saint respect, vous apercevez d'abord s'il éprouve un noble fré-
missement, si son cœur bat pour des sentiments élevés, s'il a fait
alliance avec l'autre vie, ou bien s'il n'a qu'un peu d'esprit qui lui
sert à diriger le mécanisme de l'existence. Et qu'est-ce donc que
l'être humain, quand on ne voit en lui qu'une prudence dont
son propre avantage est l'objet? L'instinct des animaux vaut
mieux, car il est quelquefois généreux et fier ; mais ce calcul, qui
semble l'attribut de la raison, finit par rendre incapable de la
première des vertus, le dévouement... La guerre, fût-elle entreprise par des vues personnelles, donne toujours quelques-unes
des jouissances de l'enthousiasme ; l'enivrement d'un jour de bataille, le plaisir singulier de s'exposer à la mort, quand toute
notre nature nous commande d'aimer la vie, c'est encore à l'enthousiasme qu'il faut l'attribuer... Quiconque a vécu de cette vie
n'aime qu'elle. Le but atteint ne satisfait jamais ; c'est l'action de
se risquer qui est nécessaire. » (Mme de Staël, *de l'Allemagne*,
4e part., c. x.)

(2) Guizot, *Histoire de la civilisation en Europe*, 8e leçon,
p. 228.

dévotion envers les lieux consacrés par les travaux et par la mort du Sauveur, et cela longtemps avant que Louis VII se fût armé pour la délivrance de la Terre-Sainte, à une époque où l'on ne pouvait être soupçonné de vouloir par là faire sa cour au souverain. Il y avait, au Mont-Thabor, des moines qui vivaient sous l'observance clunisienne. L'un deux, visitant les sanctuaires les plus célèbres de France et d'Espagne, était venu frapper un jour, en habit de pèlerin, à la porte de l'abbaye de Cluny. Pierre le reçut à bras ouverts, le combla d'attentions, et lui remit, à son départ, une lettre pour ses frères d'Orient : « Notre joie a été grande dans le Seigneur, leur écrivait-il, en apprenant que, sur cette terre vénérée d'où nous est venu le salut par la foi et la foi au salut, quelque bien s'opère de nos jours, sinon par nous, du moins par les nôtres. J'en remercie Dieu, je le remercie aussi, ce tout-puissant bienfaiteur, d'avoir choisi notre France, qui est aussi la vôtre, de préférence à tous les peuples du monde, pour affranchir du joug de l'impie les lieux témoins de notre rédemption, pour les rendre à la liberté, pour en rouvrir l'accès à tous les fidèles de l'univers, lesquels, depuis près de cinq cents ans, n'y pouvaient plus pénétrer (1). » Le moine du Mont-Thabor avait longuement entretenu Pierre-le-Vénérable de l'évêque de Bethléem, qui se disait l'ami dévoué de Cluny, et désirait qu'une association de prières l'unît aux religieux de cet Ordre. Pierre prend une seconde fois la plume, et témoigne en ces termes au digne évêque les sentiments qu'il éprouve pour sa personne

_____

(1) Petr. Ven. Ep. II, 44, col. 266.

et pour la contrée bénie dont il est l'apôtre. « Qui ne serait ému, et jusqu'au fond du cœur, en voyant que de pauvres serviteurs du Christ, relégués au fond de l'Occident,
sont l'objet d'une telle affection de la part, je ne dis pas
d'un inconnu, mais de l'évêque de Béthléem, c'est-à-dire
du gardien de la crèche du Seigneur, chargé à ce titre
d'un soin dont le juste Joseph et la Vierge Marie furent à
peine jugés dignes, le soin de veiller sur ce lieu dont l'é-
ternelle Majesté, revêtue d'une chair mortelle, a fait choix
pour se révéler aux yeux des hommes, et où le Roi
du ciel a voulu reposer à sa venue dans le monde?... Que
Bethléem, notre mère révérée, soit donc unie à sa fille,
l'abbaye de Cluny, qu'elle lui soit unie à cette distance
qui nous empêche de nous voir des yeux du corps, par les
liens spirituels et solides d'une mutuelle charité (1). »

Une autre fois, Pierre-le-Vénérable avait eu l'occasion
d'exprimer, d'une manière plus formelle encore, son zèle
pour la guerre sainte et son admiration pour les exploits
des Croisés. Parmi ceux-ci, le Norvégien Sigurd s'était
acquis, dans la première moitié du douzième siècle, un
renom éclatant et populaire. Il le devait moins, selon nous,
aux brillants faits d'armes qui avaient signalé son rapide
passage en Palestine, qu'à son caractère étrange et aven-
tureux, et aux épisodes sanglants d'une navigation de trois
années, dans les mers qui baignent l'Espagne, l'Italie et
l'Afrique, et où, plus d'une fois, les accidents de la route
semblent lui avoir fait oublier le but final de son pieux
pèlerinage. A peine monté sur le trône et dans toute la

____

(1) Ibid., I, 31, col. 162 et suiv.

fleur de la jeunesse, il était parti avec une flotte de soixante embarcations, à la tête d'une troupe de barons, de soldats, de paysans, d'hommes de toutes les conditions et de toutes les classes, réunis dans une même pensée, celle de gagner beaucoup d'indulgences, de gloire et d'argent. C'est en Espagne et dans les îles Baléares qu'avaient eu lieu leurs premières rencontres avec les musulmans et que Sigurd avait pu faire le premier essai de son bras et de sa valeur. Dans l'une de ces îles, à Formentera, vrai nid de pirates africains, les habitants, à son approche, s'étaient réfugiés dans une vaste caverne, après en avoir fortifié l'entrée naturelle, de manière à défier les efforts des assaillants. La caverne était surmontée d'un roc élevé. Du sommet, Sigurd fait descendre avec des cordes, par une large ouverture, deux navires tout remplis d'hommes de guerre, lesquels vont porter dans les flancs de la montagne le fer et l'incendie, et mettent à mort tous les musulmans, jusqu'au dernier. Ayant enfin pris terre à Ptolémaïs, le roi de Norvège se rendit à Jérusalem. Là il se lia d'amitié avec Baudoin, lui prêta le secours de ses armes contre les infidèles et l'aida puissamment à s'emparer de Sidon. Les usages de la guerre lui donnaient le droit de réclamer la moitié de la ville conquise ; il l'abandonna tout entière à Baudoin, avec cette générosité chevaleresque, dont les traits sont fréquents dans sa vie, mais où se mêlait, à vrai dire, beaucoup d'ostentation. Au retour, s'étant arrêté à Constantinople, où l'empereur Alexis Comnène se flattait de l'éblouir en étalant à ses yeux les merveilles du luxe oriental, il fit mettre aux pieds de son cheval des fers d'or : « S'ils se détachent en chemin, dit-il à ses soldats, gar=

dez-vous de les ramasser. » Alexis lui offrit divers présents, et entre autres une somme de six talents : il refusa,
mais voulut bien assister à des jeux qui coûteraient le
même prix. Après avoir quitté les bords de la Baltique
en compagnie d'une brillante et nombreuse escorte, le
Croisé norvégien allait y revenir presque seul. De ses
frères d'armes, les uns avaient péri dans les combats,
d'autres, se laissant séduire aux douceurs des climats
étrangers, s'étaient établis en Orient. La flotte de Sigurd
lui devenait inutile ; il fit don de ses soixante vaisseaux
à l'empereur de Constantinople qui, en échange, lui fournit
des chevaux et des guides. Il put ainsi gagner par terre
la frontière du Danemarck. Puis un bâtiment suffit pour
le porter, lui et sa modeste suite, sur le rivage de sa
patrie. Les circonstances de son retour qui le faisaient
regarder comme miraculeusement sauvé des périls où la
plupart des siens avaient succombé, ce que la renommée
publia bientôt des péripéties héroïques de son pèlerinage,
tout cela saisit vivement l'imagination du peuple et ins-
pira celle des poëtes. Les chants nationaux le célébrèrent
à l'envi, déclarant qu'on n'avait jamais « vu sur la terre
un héros plus illustre, ni fait mention d'une expédition
plus glorieuse. » Et l'admiration populaire lui décerna le
titre de *Pèlerin de Jérusalem* (1). Il semble du moins
qu'il eut à cœur de le mériter. Lorsqu'il mourut, vingt
ans plus tard, il était au moment d'entreprendre une nouvelle expédition d'outre-mer. Ce projet de l'infatigable
Croisé était venu aux oreilles de Pierre-le-Vénérable ; il

(1) Cantu, *Histoire universelle*, l. II, c. iii, t. X, p. 49 et suiv.

ne pouvait y demeurer indifférent, car Sigurd s'était tou·
jours montré l'ami des Clunistes et le protecteur de leurs
monastères (1). Il lui adressa la lettre suivante : « Nous
rendons grâces de tout notre cœur au Roi tout-puissant
et éternel, qui a daigné vous mettre au cœur sa crainte
et son amour et vous porter à sacrifier les biens terrestres
aux espérances célestes. Sa Providence vous avait placé
aux confins du monde et sous les neiges du pôle, mais le
feu de son divin Esprit, triomphant des rigueurs du
climat, a fondu en vous les glaces de l'indifférence et de
la sensualité, si bien qu'on peut, à votre sujet, répéter ces
paroles : « Retirez-vous, aquilon ; venez, vents du Midi,
fécondez mon jardin de vos haleines et remplissez-le du
doux parfum des fleurs (2) ; » et celles-ci : « Je dirai au
Nord : Envoyez-moi mes enfants ; et au Midi : ne les em-
pêchez pas de venir (3). » Tout le monde vous admire ;
pourrions-nous donc ne pas vous féliciter, nous qui vous
sommes plus affectionné que personne, lorsque la renommée nous apprend quel est votre zèle pour le service de
Dieu, combien vous révérez, vous aimez tout ce qui tient
à sa gloire, comment vous avez incliné la dignité royale
sous le joug si doux du Christ, comment vous vous êtes
érigé en défenseur de son Eglise, domptant à main armée
les ennemis de la croix, non-seulement dans votre patrie,
mais jusque sur les plages les plus reculées du Midi et de

(1) La suscription de la lettre de Pierre-le-Vénérable à Sigurd
porte : « Nobilissimo regum et *nostræ societatis amico* Sigivardo
Norvegiæ regi. » (Petr. Ven. Ep. II, 7, col. 196.)

(2) *Cant.*, IV, 16.

(3) Isaïe, XLIII, 6.

l'Orient : exploits qu'en ce moment même vous vous apprêtez à renouveler à la tête d'une flotte nombreuse. A la vue de ces merveilles accomplies dans votre âme par la sainte inspiration de l'Esprit d'en haut, à la vue d'un si beau mépris des grandeurs et de l'opulence de ce monde, d'une si belle ardeur à marcher dans la voie de la perfection, qui conduit au royaume éternel, nous adressons nos actions de grâces les plus ferventes au souverain dispensateur de tout bien, nous y joignons nos plus pressantes prières pour qu'il vous permette de mener à fin vos pieux desseins (1). »

L'abbé de Cluny écrivait ces lignes dix-sept ans avant la seconde Croisade. Il ne simule donc pas un enthousiasme de circonstance et de commande, il exprime des sentiments sincères et de vieille date, dans la lettre qu'il adresse à Louis VII, à la veille de cette grande et malheureuse expédition. « Je ne puis, lui dit-il, m'enrôler dans la milice du Roi éternel, qui vous en a confié la conduite, à vous roi temporel, chargé de combattre, en son nom, les ennemis de la croix ; je veux du moins vous accompagner de mes vœux, de mes prières, et vous prêter par mes conseils tout le secours qu'il est en mon pouvoir de vous offrir. Et comment en serait-il autrement? Quel est donc le chrétien assez indigne de ce nom pour ne pas s'émouvoir en voyant s'armer, pour une si grande cause, les soldats du Seigneur? Qui donc ne s'emploierait pas de toute l'énergie de son âme, pour aider, dans la mesure de ses forces, au succès d'une expédition si visiblement

____

(1) Petr. Ven. Ep. II, 7, col. 197.

inspirée du ciel? Notre temps voit revivre les siècles antiques, et les miracles de l'Ancienne Loi se renouvellent sous la Loi de Grâce. Moïse sort de l'Egypte, il extermine et les rois et les peuples Amorrhéens... C'est ainsi que, s'avançant du fond de l'Occident et quittant les rivages où se couche le soleil, le roi très-chrétien menace l'Orient, et attaque, armé de la croix du Christ, la race impie des Arabes et des Perses, oppresseurs de la Terre-Sainte... Les chefs des Juifs, obéissant à la voix de Dieu, ont écrasé l'impie, et se sont emparés de ses terres pour les soumettre au Seigneur. Obéissant, lui aussi, à l'appel et à l'impulsion d'en haut, le roi des chrétiens subjuguera les Sarrasins, ennemis de la vraie foi; il se rendra maître de leurs terres, pour y établir l'autorité de Dieu plutôt que la sienne propre... Non, la victoire, et une victoire entière et glorieuse, ne peut manquer au roi qui combat moins avec les armes de la terre qu'avec les armes du ciel, et qui marche à la tête des soldats du Dieu vivant : l'Orient barbare aura beau lui opposer toutes ses forces. Qui pourrait en effet, résister à des hommes qui, abandonnant honneurs, richesses, plaisirs, et leur famille et leur patrie, ont résolu de suivre le Christ, de souffrir, de combattre, de vivre et de mourir pour lui (1)? »

On sait de quelle façon cruelle l'événement démentit ces espérances, ces pronostics de victoire. Tant de déceptions et tant de désastres ne découragèrent pas Pierre-le-Vénérable. Parmi tous les princes d'Europe, il n'y en avait qu'un qui parût capable de relever les affaires et

(1) Petr. Ven. Ep. IV, 36, col. 366.

l'honneur des chrétiens en Orient. C'était Roger de Sicile, plusieurs fois vainqueur de l'empereur de Constantinople, Manuel Comnène, qui s'était audacieusement joué des Croisés (1), et non moins heureux dans ses guerres contre les Sarrasins du nord de l'Afrique, sur lesquels il avait remporté de nombreux avantages et fait d'importantes conquêtes. Pierre s'adresse à lui et, avec une chaleur qui prouve l'obstination de son enthousiasme pour la Croisade, l'exhorte à tirer vengeance de la défaite de ses frères : « S'il le fallait, lui écrit-il, et que la profession monastique me le permît, je donnerais volontiers ma vie pour qu'il plût à la justice divine de venger, par la main de quelqu'un de ses serviteurs, la mort de tant de nobles guerriers, que dis-je? de presque toute la fleur de France et d'Allemagne, détruite par une infâme trahison. Je ne vois sous le ciel aucun prince chrétien, qui puisse aussi bien, aussi promptement et aussi efficacement que vous, accomplir cette œuvre sainte, voulue du ciel et souhaitée de toute la terre. Dieu vous a tellement comblé de ses dons — je ne parle pas en flatteur, mais sur la foi de ce que vous avez fait déjà et de ce que publie la renommée — que vous surpassez les autres souverains en prudence, en richesses, en courage; ajoutez que vous êtes le plus voisin de la Terre-Sainte. Levez-vous donc, ô prince! vous entendez ma voix, mais par ma voix, les vœux de l'Europe aussi bien que les miens. Levez-vous, nouveau Machabée! allez secourir le

(1) Pierre-le-Vénérable appelle la trahison de Manuel *illa pessima, inaudita et lamentabilis Græcorum, et nequam regis eorum de peregrinis nostris, hoc est exercitu Dei viventis, facta proditio* (Ep. VI, 16, col. 424).

peuple de Dieu et lavez, en châtiant les coupables, tant d'opprobres, tant d'injures, tant de morts, tout ce sang de l'armée de Dieu, indignement répandu (1).»

Nous n'avons pas su lire et comprendre toutes ces lettres de Pierre-le-Vénérable, ou bien sa sympathie, plus que cela, son enthousiasme pour la Croisade est désormais hors de doute. Mais la surprise, que nous éprouvions tout à l'heure à le voir éluder les sollicitations de saint Bernard et de Suger, n'en subsiste pas moins; peut-être même qu'elle s'accroît, car il semble au premier abord, que sa conduite contredit ses véritables sentiments. Comment concilier tant d'ardeur à stimuler le zèle d'autrui, et si peu d'empressement à payer de sa propre personne? C'est un problème, mais dont la solution nous est fournie, par celui qui le fait naître. Ne disait-il pas à Roger qu'il serait le premier à offrir sa vie pour réparer les désastres de la dernière expédition, s'il le pouvait en restant fidèle aux devoirs et à l'esprit de sa profession? Il était moine; voilà pourquoi, sans se désintéresser d'une entreprise qu'il approuvait si hautement et dont le succès lui tenait tant au cœur, il se crut dispensé d'y prendre une part directe et active. Saint Bernard, lui aussi, était moine; c'est pourquoi, après avoir prêché la Croisade, il ne voulut pas en accepter le commandement. On a cru voir dans son refus un indice de tiédeur et la preuve qu'à ce moment, le saint et naïf enthousiasme d'où était née la première Croisade, commençait à perdre de sa vivacité et de son empire sur les âmes (2). Cependant

____

(1) Ibid.

(2) « Saint Bernard lui-même qui prêcha la Croisade à Vézelay

il n'était pas encore près de s'éteindre et,à plus d'un siècle
de là, nous le retrouvons, moins généralement répandu
peut-être, mais aussi vivace et actif qu'au premier jour. Les
calamités essuyées par l'armée de saint Louis en Egypte
avaient beau raviver le souvenir de tous les mécomptes,
de tous les désastres passés ; elles ne purent avoir raison
de cette héroïque passion, dont les nobles, à la vérité, se
déprenaient peu à peu, mais qui faisait toujours battre le
cœur du peuple et, à la veille de la mort du saint roi et
de sa seconde entreprise contre les Musulmans, inspirait
le génie populaire de Rutebeuf, l'interprète véhément du
patriotisme, de la foi des bourgeois et des petites gens,
dans ces vers où, à sa manière et après Pierre l'Ermite et
saint Bernard, il prêche lui aussi la Croisade, gourman-
dant les lâches et les indifférents, encourageant les
hommes de bonne volonté, déclarant que, pour sa part,
il est prêt à sacrifier son repos et sa vie à l'intérêt de son
âme et à la cause de Dieu :

> « En nom dou haut roi glorieux
> Qui de sa fille fist sa meire,
> Qui par son sang très-précieux
> Nous osta de la mort ameire,
> Sui de moi croizier curieux,
> Por venir à la joie cleire (1). »

Mais sous Louis VII et au temps de la seconde Croisade,

et en Allemagne, n'était pas convaincu qu'elle fût nécessaire au
salut. Il refusa d'y aller lui-même, et de guider l'armée, comme
on l'en priait. Il n'y eut point cette fois l'immense entraînement
de la première Croisade. » (Michelet, *Hist. de France*, l. IV, c. 5.
t. II, p. 301.)

(1) Rutebeuf, *La desputizons dou Croisié et dou descroizié.*

barons et paysans n'avaient qu'une pensée à l'endroit de la guerre sainte. On le vit bien à Vézelay, dans cette assemblée célèbre où la parole de saint Bernard remporta un si prodigieux et si facile triomphe, où, après avoir répandu à pleines mains sur la foule les croix qu'il avait fait préparer en grand nombre, il fut obligé de déchirer ses vêtements et d'en découper les lambeaux en petites croix pour satisfaire à l'empressement de cette immense armée volontaire (1). Si l'abbé de Clairvaux refusa de prendre la direction de ce grand mouvement religieux et guerrier que son éloquence et son zèle avaient provoqué, ce n'est pas qu'il y fût indifférent, c'est qu'il ne le pouvait faire — lui-même l'écrivait alors au pape Eugène (2) — sans manquer aux convenances de son état. Etait-ce à lui, moine et homme de paix, de se mettre à la tête de ces bandes armées, et avait-il appris dans le cloître l'art de camper et de livrer bataille? Devait-il servir la Croisade autrement que par sa parole et par ses prières? C'est

(1) « Cum cœleste organum more suo divini verbi rorem fudisset, cœperunt undique conclamando cruces, cruces expetere. Et cum earum fascem præparatum seminasset potius quam dedisset, coactus est vestes suas in cruces scindere et seminare. » (Odon de Deuil, *de Ludovici VII itinere*, l. I, ap. Migne, t. CLXXXV, col. 1207.)

(2) « De cætero verbum illud quod jam, ni fallor, audistis : quomodo videlicet in Carnutensi conventu (quoniam judicio satis miror) me quasi in ducem et principem militiæ elegerunt, certum sit vobis nec consilii mei nec voluntatis meæ fuisse vel esse ; sed nec possibilitatis meæ (quantum metior vires meas) pervenire usque illuc. Quis sum ego, ut disponam castrorum acies, ut egrediar ante facies armatorum ? aut quid tam remotum a professione mea, etiamsi vires suppeterent, etiamsi peritia non deesset. » (s. Bern., Ep. 256, col. 464.)

à cause de sa sainteté que les Croisés le désiraient pour
chef et voulaient le porter au commandement de l'expédition ; c'est en raison de sa sainteté qu'il n'eût pas été
à sa place dans les rangs de cette milice presque exclusivement composée de pécheurs, grands et petits, publics
ou non, qui acceptaient les fatigues et les périls de ces
guerres lointaines comme une expiation de leurs fautes (1).
En effet, s'il n'entrait pas de calcul politique dans l'enthousiasme des Croisés, ceux-ci n'étaient pas non plus
entièrement désintéressés et, à défaut de gain temporel,
ils espéraient, en échange de leurs sacrifices, un profit
pour leur âme et la remise des peines de l'autre vie. A
peu d'exceptions près, ils auraient pu répéter, au départ,
et adresser à tout ce qu'ils avaient aimé, à tout ce qu'ils
allaient quitter, les poétiques adieux de ce Guillaume VII,
comte de Poitiers, qui a célébré sa pénitence (2) dans ses

(1) « A la voix du Pontife (Urbain II), les brigands, les meur-
triers, les incendiaires accouraient par milliers pour racheter leur
âme en transportant chez les infidèles les fureurs qu'ils avaient
exercées dans leur patrie. Les coupables de tous les rangs et de
toutes les espèces adoptèrent ce nouveau moyen d'expiation. »
(Gibbon, op. cit., c. 58, t. XV, p. 405.)

(2) Au dire de quelques historiens, elle n'aurait pas été aussi
sincère qu'il voudrait le donner à entendre : « Guillaume VII,
de Poitou, premier trouvère dont il soit fait mention, enlève la
comtesse de Châtellerault et répond à l'évêque d'Angoulême, qui
l'exhorte à changer de conduite : Je me corrigerai quand tu te
peigneras. Le prélat était entièrement chauve. Il se décide ensuite
à faire le voyage de Jérusalem, et part avec une troupe nombreuse de belles amies et plusieurs milliers d'hommes, dont six
seulement gagnent Antioche. La chronique nous apprend qu'il
fut *bon troubadour, bon chevalier d'armes, et courut longtemps le
monde pour abuser les dames.* » (Cantu, op. cit., t. X, p. 16.)

vers, mais dont l'histoire nous a raconté surtout les violences et les déportements :

« Puisqu'il m'a pris fantaisie de chanter, je ferai un chant plein de tristesse : je ne tiendrai plus au Poitou ni au Limousin.

« Je partirai pour l'exil, laissant mon fils en guerre, en émoi et en péril, exposé à la malice de ses voisins.

« J'ai toujours été preux et vaillant ; mais à présent nous nous séparerons l'un de l'autre. Et moi, je m'en vais vers celui à qui les pèlerins demandent merci.

« Je quitte tout ce que j'avais coutume d'aimer, chevalerie et grandeur, et je m'en vais, sans plus tarder, où les pécheurs sont délivrés.

« J'ai été mondain et folâtre : mais Notre-Seigneur ne le veut plus. Je ne puis plus supporter le fardeau, en approchant du terme.

« O mes amis ! quand je serai en présence de la mort, venez tous près de moi ; car si j'aimais autrefois la joie et les plaisirs, je vois volontiers partir loin de moi et joie et délices, et le vair et le gris, et la marte zibeline (1). »

Mais entre toutes les croisades, c'est la seconde principalement qui présente ce caractère de pénitence et d'expiation. Louis VII ne pouvait calmer sa conscience bourrelée de remords au souvenir des horribles excès commis, en son nom et par ses ordres, sur les terres du comte de Champagne, et surtout de l'incendie de Vitry, dont les habitants, au nombre de treize cents, hommes,

____

(1) Villemain, *Tableau de la littérature au moyen-âge*, 5e leçon, t. I, p. 147.

femmes et enfants, avaient été brûlés dans la grande église, où ils s'étaient réfugiés pêle-mêle, et d'où leurs cris parvinrent aux oreilles du vainqueur et l'émurent d'effroi et de pitié, mais trop tard pour qu'il pût leur porter secours (1). A cette nouvelle, « saint Bernard, comme un autre Ambroise, avait osé faire entendre les plaintes de la religion et de l'humanité (2) », et, pour obtenir l'absolution des violences que lui reprochait l'Eglise et dont il s'accusait lui-même, le roi, docile à la voix du grand abbé de Clairvaux, résolut d'aller combattre les infidèles en Orient (3). Les contemporains pouvaient regretter que saint Bernard eût refusé de diriger l'expédition, que son grand sens et son zèle indomptable auraient préservée sans doute des erreurs et des défaillances qui la firent échouer : personne n'en fut scandalisé comme s'il eût manqué à un devoir, car ce n'était pas à lui de donner l'exemple de la réparation puisqu'il n'avait eu aucune part au crime. Il est à remarquer que ce n'est qu'assez tard qu'on s'avisa de faire un reproche aux clercs et aux moines de leur abstention dans les guerres contre les Musulmans. Nous ne croyons pas qu'avant le hardi et caustique Rutebeuf, aucune voix se soit élevée pour accuser les hommes d'Église de vivre tranquillement de l'autel, en laissant à d'autres le soin de défendre, au péril de leurs jours, les intérêts de la religion (4). Au douzième siècle,

(1) Michelet, *Histoire de France*, l. IV, c. 3, t. V, p. 299.
(2) Michaud, *Histoire des croisades*, l. VI, 4ᵉ éd., t. II, p. 145.
(3) Ibid., p. 146.

(4)   « Clerc et prélat doivent vengier
         La honte Dieu, qu'ils ont ses rentes.

on aurait plutôt blâmé les religieux qui désertaient le recueillement du cloître pour s'exposer à tous les hasards, à
toutes les distractions des lointains pèlerinages. On était
alors bien éloigné de trouver mauvais ou surprenant (1)
que saint Bernard condamnât leur conduite. Car il les
avait sévèrement jugés, quatre années avant la seconde
croisade, dans la personne d'un abbé de l'observance de
Cîteaux, qui annonçait le dessein de se rendre en Palestine. Cet abbé, du nom de Raynald, ne voulut pas céder
aux représentations de Bernard, lequel crut opportun de
faire intervenir le Souverain-Pontife et de lui écrire en
ces termes : « L'abbé de Morimond va quitter inconsidé-
rément le monastère qu'il gouverne et, dans un accès de
zèle irréfléchi, se mettre en route pour Jérusalem. Son
exemple entraînera tous ceux à qui pèsera désormais la
charge pastorale et qui ne se feront pas scrupule de la
secouer du moment qu'ils verront jour à le faire en sûreté
de conscience. Cela est à craindre chez nous surtout, où
l'honneur est bien moindre que le fardeau. Et cependant
ce qu'il faut là-bas, ce sont des soldats propres au
combat, plutôt que des moines, bons seulement pour la
psalmodie (2). » Cette lettre, Pierre-le-Vénérable l'eût

> Il ont à boivre et à mengier ;
> Si ne lor chaut c'il pluet ou vente.
> Siècles est touz en leur dengier.
> C'il vont à Dieu par teile sente,
> Fol sunt c'il la vuelent changier ;
> Car c'est de toutes la plus gente. »

(Rutebeuf, loc. cit.)

(1) Comme M. Michelet, loc. cit., p. 301.
(2) Bern. ep. 359, col. 560.

volontiers signée de son nom. Il pensait, lui aussi, que toutes les fois qu'un religieux prenait le bourdon ou la croix, c'était sans profit pour la cause qu'il prétendait servir et au détriment de l'esprit et des obligations de son état. Il le donne clairement à entendre dans cette lettre qu'il écrivit aux religieux du Mont-Thabor et dont nous avons déjà cité quelques lignes (1). Après les compliments du début, il s'autorisait de son titre de supérieur de toutes les maisons clunisiennes pour adresser à ses correspondants de paternels avis : « Vous le savez, leur dit-il, ce n'est pas la sainteté des lieux, mais la sainteté des œuvres qui sauve les âmes. Nés pour la plupart dans nos contrées, vous les avez abandonnées pour vous établir au delà des mers. Demandez-vous à quelle intention, à quel mobile vous obéissiez alors ; examinez-vous aussi sur vos dispositions actuelles. Car, selon la parole d'un païen, mais d'un sage, « on change de climat, on ne change pas de caractère en traversant les mers (2). » On le voit, Pierre-le-Vénérable ne faisait pas grand fond sur les pèlerins de l'ordre monastique, et ne se serait pas porté garant de la pureté de leur zèle. Il exprime encore ailleurs les mêmes défiances, et d'une manière d'autant plus piquante, qu'elles percent comme à son insu, au travers des précautions polies, des formules de charité courtoise, sous lesquelles il prend à tâche de les dissimuler.

Plus heureux que Raynald de Morimond, Thibaud, abbé du monastère de Sainte-Colombe, à Sens, allait faire le voyage de Jérusalem. Sans doute il s'était mis en règle

(1) Voir p. 220.
(2) Petr. Ven. ep. II, 44, col. 266.

avec ses supérieurs et avec les devoirs de sa charge.
Pierre ne cherche pas à le dissuader de partir, mais il
l'exhorte à un dernier examen de conscience et s'efforce
de le mettre en garde contre les illusions communes à ses
pareils, qui prennent trop souvent l'empressement d'une
curiosité toute profane pour les mouvements d'un zèle
inspiré de Dieu. « Vous me demandez, lui dit-il, d'ajouter
à ma lettre quelques fortifiantes paroles, de nature à vous
prémunir contre les fatigues qui vous attendent sur terre
et sur mer. Je ne sais rien de plus propre à ranimer un
courage abattu, que le témoignage d'une bonne conscience. C'est là que les saints ont puisé le courage de
supporter les épreuves avec joie, les travaux avec constance, et la force de sortir vainqueurs de tous les combats. Si donc, mon très-cher, votre œil est simple en
cette affaire, si votre intention en entreprenant ce pèlerinage est pure et selon Dieu, croyez-en la Vérité qui vous
l'affirme, tout votre corps sera lumineux, et vos actions,
vos fatigues, vos sueurs ne coureront aucun risque d'être
rangées parmi les œuvres de ténèbres. Je crois pour ma
part — et votre vie passée m'en répond — que vous
n'avez qu'une chose en vue au moment de commencer ce
laborieux voyage : il vous en coûte d'être privé ici-bas de
la présence visible de votre Sauveur, et votre âme, ouverte aux saintes affections de la piété, a du moins voulu
contempler les lieux à jamais consacrés par sa naissance,
par ses prédications, par sa passion, sa mort et sa sépulture, les lieux d'où il s'est levé au jour de sa résurrection,
d'où il est remonté au ciel au jour de son ascension. C'est
pour cela, je n'en doute pas, que vous quittez notre terre

d'Occident, que vous vous rendez en des pays que vous ne connaissez pas encore, sous le ciel de l'Orient, au risque de mille dangers et au péril de votre vie : c'est afin de voir des yeux de la foi, à Nazareth la conception du Christ, à Bethléem sa naissance, et d'honorer au sépulcre les trois jours où il demeura dans le tombeau ; c'est afin de voir, sur ces rivages, témoins de l'œuvre de la Rédemption, le Rédempteur lui-même. Vous adorerez les traces de ses pas avec le même amour, avec une foi plus ferme encore que les saintes femmes de l'Evangile. J'estime que le juge équitable et bienveillant des âmes saintes aura pour agréable votre voyage en ces lointaines contrées, au même titre que la visite que lui rendirent au sépulcre ces pieuses femmes et les disciples, qui n'eurent pas à venir de bien loin. Car je suppose que, tandis que vos fatigues auront été plus grandes, vos dispositions n'auront pas été moins droites. Attachez-vous donc à purifier cet œil de votre âme, d'où procèdent les œuvres de lumière ou les œuvres de ténèbres, et prenez garde que la légèreté, l'inconstance, la curiosité, hôtes si fréquents des grands chemins, ne viennent à obscurcir son éclat. Défendez-vous de l'appât du gain, à la vue des dépouilles de l'ennemi, de peur qu'on ne dise qu'un serviteur de Dieu, oublieux des âmes qui lui étaient confiées, a pris pour guide l'avarice au lieu de la dévotion. Fermez aussi votre cœur à l'amour de la vaine gloire, de peur qu'un moine et un abbé ne finisse par agir et par combattre comme un soldat, au mépris de sa vocation et du caractère dont il est revêtu (1). » Ne dirait-on pas que, s'il en était encore

(1) Petr. Ven, ep. V, 7, col. 396, 397.

temps, Pierre-le-Vénérable, au lieu d'avertir Thibaud des tentations qui l'attendent sur la route et de l'exhorter à n'y pas succomber, lui conseillerait de les fuir et de renoncer à son pèlerinage? D'autant que, selon lui, échanger la paix et le travail silencieux du cloître contre les fatigues et les dangers de ces courses lointaines, ce n'est pas quitter le bien pour le mieux, mais renoncer à la vie la plus parfaite pour embrasser la moins méritoire, et abandonner la part de Marie pour celle de Marthe. Un chevalier était venu trouver un jour l'abbé de Cluny, le priant de l'éclairer sur sa vocation, car il avait depuis longtemps la pensée de dire adieu au monde et de se consacrer à Dieu. Pierre, habitué à lire dans les cœurs, n'eut pas de peine à reconnaître en celui-ci le signe de l'appel d'en haut. L'homme de guerre voulut se lier aussitôt par un engagement solennel et, pendant le saint sacrifice, a genoux devant l'abbé et la main dans ses mains, il promit, en présence de témoins, de revenir, au jour qui venait d'être fixé, prendre l'habit dans le monastère de Cluny. En signe de sa promesse, il désira que Pierre lui rasât les cheveux et les conservât comme un gage. Le jour convenu approchait, et Pierre-le-Vénérable apprend que le chevalier va partir pour la Terre-Sainte (1). Il lui écrivit en toute hâte. Après lui avoir rappelé ses serments, il ajoutait : « Qui croira qu'un homme sensé en vienne à ce point de démence? Le croie qui voudra : pour moi, je m'y refuse absolument. Le moyen de croire d'un ami si solide et si vrai ce qu'on croirait à peine du dernier des

(1) Petr. Ven. ep. II, 15, col. 207.

bouffons? Mais comme je m'adresse à un homme de sens,
il est vrai, mais après tout à un laïque et à un soldat, il
faut bien répondre aux raisonnements, que vous roulez
apparemment dans votre esprit. Peut-être, en effet, vous
dites-vous en vous-même : quel genre de vie, quelle bonne
œuvre, quelle conversion peut-on mettre en balance avec
un pèlerinage au tombeau du Seigneur? A quoi je ré-
ponds : Il est permis sans doute d'abandonner un moindre
bien pour un plus grand, mais jamais le plus grand bien
pour le moindre, jamais non plus un bien pour un autre
d'égale valeur. Or il est plus parfait de servir Dieu toute
sa vie dans l'humilité et la pauvreté, que de faire, dans
un superbe et brillant appareil, le voyage de Jérusalem.
S'il est bon de visiter Jérusalem, dont le sol a été foulé
par les pieds du Seigneur, il est meilleur d'aspirer au ciel
où nous le verrons face à face. Vous avez promis plus, et
vous voulez donner moins : vous ne pouvez ainsi vous acquitter de votre dette (1). » Ne nous étonnons plus maintenant que Pierre-le-Vénérable, en s'excusant de ne point
aller à l'assemblée de Chartres sur ce qu'il avait à présider
l'assemblée de Cluny (2), semble faire passer les affaires
de son ordre avant les intérêts de la Croisade. Il a beau
écrire à Suger (3) qu'il n'estime rien à l'égal de la guerre
sainte : il n'a garde de distraire, au profit d'une entreprise
dont il n'est pas responsable, la moindre partie du temps
et des soins qu'il doit aux monastères dont il rendra
compte devant Dieu. Comme chrétien, il voit dans la Croi-

(1) Ibid.
(2) Voir plus haut, p. 214.
(3) Voir plus haut, p. 215.

sade l'œuvre la plus pressante que puissent accomplir les armes des princes catholiques ; comme religieux, il ne saurait mettre en oubli cette échelle de devoirs et de bonnes œuvres, qu'il vient d'établir à l'usage de ceux que leur vocation et leurs engagements retiennent au fond du cloître.

Il le pouvait moins que jamais, au moment où Louis VII s'apprêtait à partir pour la Palestine. La Bourgogne était alors le théâtre de brigandages, dont nous avons peine aujourd'hui à nous faire une juste idée. Les protecteurs naturels de l'ordre et de la paix, les seigneurs étaient les premiers à les troubler par leurs entreprises violentes sur les propriétés et sur les personnes. Les couvents surtout se voyaient en butte à leurs agressions, et l'un des plus menacés, parce que son opulence promettait une plus riche proie, était celui de Cluny. L'abbé devait donc rester à son poste, pour défendre les biens du monastère et la vie des moines. Pierre-le-Vénérable ne savait que trop, d'ailleurs, à quels excès pouvait s'emporter l'avidité brutale des barons et des soldats de son temps. Nous trouvons dans ses lettres plus d'un témoignage de l'effroyable licence, qui était comme l'état normal de cette société, désordonnée jusqu'à l'anarchie, toutes les fois que ses forces surabondantes n'étaient pas maîtrisées, assouplies, tournées vers un but légitime par la seule puissance alors obéie et respectée, par l'Église. Et l'Église elle-même ne voyait que trop souvent les scandales éclater dans son sein, et ses ministres donner l'exemple des passions qu'ils avaient mission de réprimer chez les autres. Il n'y avait guère plus de dix ans que le

diocèse d'Orléans avait été ensanglanté par un de ces
crimes doublement odieux, en raison du caractère de leurs
auteurs. L'évêque Jean était mort dans une extrême
vieillesse, laissant vacant un siége qu'il avait occupé avant
d'avoir atteint l'âge d'homme, et où il avait porté, d'abord
les désordres d'une jeunesse sans mœurs, puis la plus
entière incurie. On élut pour le remplacer le doyen Hugues, prêtre sage et vertueux, dont la vigilance n'aurait
pas manqué de mettre ordre aux abus qui s'étaient mul-
tipliés à la faveur du relâchement de l'administration précédente. Il revenait de la cour du roi, qui avait sanctionné
son élévation, lorsqu'il fut mortellement frappé sur la
route (1). Les assassins ne furent point recherchés, et l'im-
punité dont on les voyait jouir, ne tarda pas à leur susciter des imitateurs. En effet, à quelques mois de là, un
meurtre semblable épouvantait Paris et indignait Pierre-le-
Vénérable qui, dans une lettre à Innocent II, appelle sur
la tête des coupables, au défaut des rigueurs trop lentes
de la justice séculière, les coups du glaive spirituel de la
papauté (2). Au reste, l'instigateur de l'attentat était justi-
ciable des tribunaux ecclésiastiques : c'était un archidiacre
de Paris, Thibaud Notier, lequel depuis longtemps nourrissait une mortelle haine contre le prieur de Saint-Victor,
Thomas, homme d'une grande considération, que l'évêque Etienne, désireux de s'assurer le secours de ses lu-

(1) Petr. Ven. Ep. I, 17, col. 87. Cf. Orderic Vital, *Hist. eccl.*
Pars III, l. XIII, c. 3, col. 934. Orderic, ajoute qu'après le meurtre du doyen, l'église d'Orléans fut longtemps comme un vaisseau
sans pilote : « Et episcopatus sine praesule, sicut navis sine guber-
natore in mari, diu fluctuavit. »
(2) Petr. Ven. Ep. I, 17, col. 87.

mières et de sa piété, avait associé au gouvernement de son diocèse. Thibaud était avare et orgueilleux ; Thomas le reprenait souvent du premier de ces vices, et avait, dans une circonstance récente, violemment irrité le second, en portant l'évêque à désavouer publiquement son archidiacre. Celui-ci, contre toute prudence et à l'insu d'Étienne, avait de son chef jeté l'interdit sur son archidiaconé, où un vol venait d'être commis au préjudice d'un chanoine. La sentence fut cassée par l'évêque de Paris, et devait l'être, ne fût-ce que pour maintenir les droits de l'autorité, méconnus par l'entreprenant archidiacre. Il jugea, et à bon droit, que la main qui le frappait avait obéi à l'impulsion de Thomas. Il jura de se venger. Il avait deux neveux, qui lui étaient dévoués corps et âme, et qui ne demandèrent pas mieux que de servir ses rancunes. Un jour qu'Étienne revenait de l'abbaye de Chelles, en compagnie de Thomas, les deux jeunes gens, qui se tenaient en embuscade au bord de la route, dans le voisinage de Gournay, se jetèrent sur le prieur et, l'un d'eux lui ayant fendu le crâne d'un coup d'épée, ils le laissèrent sanglant et inanimé entre les bras de son évêque. Ce qui ajoutait encore au caractère sacrilége de l'assassinat, c'est qu'il avait été commis un dimanche, jour doublement consacré, au moyen âge, par la loi de l'Église et par la Trêve de Dieu. Un grand nombre d'archevêques, d'évêques et d'abbés, réunis en synode, prononcèrent l'excommunication majeure contre les coupables, et Pierre-le-Vénérable écrivit au Souverain-Pontife, le suppliant de ratifier ce jugement, d'aggraver même la peine portée par les prélats, pour peu qu'il le trouvât opportun, afin d'avertir et de dé-

sarmer ceux que le retour si fréquent de pareils crimes
ne faisait qu'enhardir à les imiter (1). Mais ce n'est pas
seulement pour le compte d'autrui que l'abbé de Cluny eut
à se faire ainsi l'organe de la justice et des lois. L'année
qui suivit le meurtre du prieur de Saint-Victor, il élevait
la voix contre un attentat, dont il avait été l'une des vic-
times. Il revenait du concile de Pise, lui et un grand nombre de prélats et d'abbés, parmi lesquels les archevêques
de Reims, de Sens, de Bourges et d'Embrun ; les évêques de Troyes, de Limoges, de Poitiers, d'Arras, de
Rennes et de Belley ; les abbés de Vezelay, de Saint-Ger-
main-des-Prés, de Saint-Remi, et de Saint-Sulpice. Ces
vénérables personnages chevauchaient, avec leur escorte
de moines et de clercs, entre Luna et Pontremoli, au pied
des Apennins, lorsqu'une troupe d'hommes armés fond
sur eux à l'improviste, fait main basse sur leur bagage,
et traîne en prison, dans les châteaux d'alentour, ceux
qui ne peuvent échapper par la fuite. Les assaillants
étaient des soldats au service de Conrad de Hohenstauf-
fen, lequel avait pris parti pour l'antipape Anaclet. Ils
n'épargnèrent pas même l'archevêque de Reims qui, malgré son grand âge et sa haute dignité, fut indignement
insulté et frappé, puis enfermé dans une tour. Les plus
heureux, les plus prompts à faire retraite, avaient gagné,
tremblants et hors d'haleine, le bourg de Pontremoli (2),

(1) Ibid. — Orderic Vital, *Hist. eccl.*, pars III, i. XIII, c. 3, col.
934 ; cf. ibid., n. 64.

(2) Ici, un de ces jeux de mots dont Pierre le Vénérable, selon
la mode du temps, est coutumier, et qu'on ne peut rendre exacte-
ment en français : « *Vix ad Pontem Tremulum tremuli et anheli
pervenerint.* » (Petr. Ven. Ep. I, 27, col. 110.)

d'où ils n'osaient sortir de peur des ennemis qui infes-
taient la campagne, et où plusieurs étaient retenus par
leurs blessures, comme l'évêque de Troyes, qui avait été
jeté à bas de son cheval, par un coup de lance. Quant
à Pierre-le-Vénérable, il avait voulu parlementer et, dans
ce dessein, avait fait, à la première alarme, quelques pas
en avant de ses compagnons, mais sa mule, menacée,
percée même de la pointe d'une lance, avait brusquement
rebroussé et l'avait emporté à toute bride dans un petit
village des environs. Il s'y tint quelque temps caché, dans
la demeure d'un partisan d'Innocent, puis se rendit, sous
la conduite de son hôte, à Pontremoli. C'est là qu'au nom
de ses compagnons de voyage et d'infortune, il écrivit au
Souverain-Pontife : « Voici venir les jours de tribulation et
d'angoisse, prédits par le prophète... Nous les avons vus,
ces envoyés de Sennachérib, blasphémant le Dieu du ciel ;
Nabuchodonosor s'est rué sur le peuple de Dieu, et l'a
traîné en captivité ; Doeg aussi s'est trouvé là, pour porter
la main sur les prêtres du Seigneur. Je me vois forcé de
vous retracer une lamentable histoire ; ma douleur, je le
sens, mes larmes vont plus d'une fois m'interrompre ; à
peine pourrai-je achever mon récit. Aussi aimerais-je bien
mieux garder le silence ; mais puisque j'ai été témoin du
crime, il me faut, bon gré mal gré, déposer contre les
coupables, qui renouvellent de nos jours les violences du
siècle des martyrs (1). » Les coupables, ce n'étaient pas seulement les bandits, soudoyés par Conrad ; car Pierre demande au Pape de sévir contre tout le diocèse de Luna,

(1) Petr. Ven. Ep. 1, 27, col. 108.

de frapper du glaive étincelant de la vengeance apostolique tous ceux qui étaient de connivence avec les auteurs
du guet-apens, sinon par une complicité active, du moins
par une répréhensible neutralité. Et il semble envelopper
dans cette accusation l'évêque de Luna lui-même. Celui-
ci paraît toutefois avoir eu à se reprocher plus de faiblesse que de mauvais vouloir, et l'on dirait que sa conduite a été moins odieuse que ridicule, quand on voit
l'abbé de Cluny quitter, en la dénonçant, le ton de l'indignation et de la douleur, pour celui du persiflage... « L'évêque de Luna, dit-il, nous est à peine apparu, et a subi
tout à coup une éclipse de lune ; nous avions cru qu'il
nous luirait durant tout le voyage ; c'est tout au plus si
nous avons joui de sa société l'espace d'une lieue (1). »
Quel fut le dénoûment de cette affaire ? nous l'ignorons.
Nous savons seulement qu'au bout de quelques jours, les
évêques et les abbés avaient passé les Alpes, et reprenaient
chacun le chemin de leur résidence.

Mais l'esprit de parti et l'amour du pillage se donnaient
libre carrière, en France comme au-delà des monts. Ils
s'attaquaient de préférence aux clercs et aux moines, en
dépit de la double garantie que ceux-ci auraient dù trouver, pour leurs personnes et pour leurs biens, dans la foi
du peuple et dans la protection des seigneurs, les défen-
seurs-nés, les avoués, comme on disait alors, des possessions ecclésiastiques. Mais il semble que ce titre, au lieu
d'imposer à ceux qui le portaient le devoir de veiller à la

____

(1) « Lunensis episcopus... lunarem eclipsim nimis immature
passus est... » (Petr. Ven. Ep. I. 27, col. 112.)

sûreté des abbayes et des évêchés, leur donnait alors le droit de s'élever au-dessus de tous les scrupules et de ne respecter plus aucune barrière. Au temps de la seconde croisade, le comté de Mâcon appartenait à Guillaume IV, jeune homme ambitieux et emporté, qui n'avait pas fait difficulté de s'agrandir aux dépens de ses plus proches parents, et qui voulait dépouiller l'archevêque de Vienne, Humbert, du domaine temporel qu'il tenait de ses prédécesseurs et que leur avait cédé Rodolphe III, dernier roi de Bourgogne. Trop faible pour résister aux armes du comte, Humbert en appela au jugement de l'empereur Conrad, qui lui donna gain de cause et lui délivra un diplôme, en date du 6 janvier 1146, où il excluait nommément Guillaume, comte de Mâcon, de toute suzeraineté sur la ville de Vienne, et enjoignait aux suffragants de l'archevêque de l'aider à recouvrer sa juridiction temporelle et spirituelle. La sentence impériale ne fut pas plus efficace que les protestations et les plaintes de l'archevêque. Guillaume continua, et ses héritiers après lui, de prendre le titre de comte de Vienne et d'en exercer l'autorité, tandis que les successeurs de Conrad renouvelaient, presque tous les dix ans, le diplôme de 1146, et cela jusque vers le milieu du siècle suivant. L'intervention de l'empereur semble n'avoir eu d'autre effet que d'aigrir davantage l'irritable comte, et d'exposer les ecclésiastiques de ses États à des vexations plus nombreuses et plus intolérables. Dans le diocèse de Mâcon, les choses allèrent si loin que l'évêque et les chanoines prirent le parti de fortifier leurs maisons, soit à la ville soit à la campagne. Guillaume, prétendant qu'ils avaient empiété sur ses droits, voulut les contraindre à démolir ces ouvrages, à peine achevés. Après quelques contestations, on convint cependant de s'en remettre à la décision de deux arbitres, choisis, l'un par le comte, l'autre par les chanoines et leur évêque. Les arbitres prononcèrent en faveur de ceux-ci, et le comte cessa dès lors de les inquiéter (1). Sur ces entrefaites, il prit la croix et s'éloigna de la Bourgogne. Croira-t-on qu'on fut bientôt réduit à le regretter? Ses États, en son absence, devaient être administrés par un vicomte, qui se contenta de les piller, « vrai loup, dit Pierre-le-Vénérable, qu'on voyait rôder sans repos ni cesse, la matin, le soir, toute la nuit (2), » jamais rassasié de butin, détroussant les voyageurs sur les grands chemins, rançonnant les marchands sur les places publiques, envahissant les monastères, saccageant les églises (3). Sa rapacité n'épargnait rien, pas plus les chaumières que les abbayes; mais Cluny eut surtout à souffrir de ses déprédations. A son exemple, les seigneurs du voisinage faisaient assaut de rapines et de violence; princes, comtes, ducs, tous se conduisaient comme s'ils avaient reçu mission, non de protéger, mais de dévorer le peuple de Dieu; et tout le pays compris entre la Saône et la Loire était livré, comme une proie sans défense, aux dents de ces bêtes féroces (4). L'un de ces farouches barons, Hugues de Lachaux, avait fait élever, sur une éminence qui commandait Cluny, et dans un dessein facile à deviner, un château fort, qu'on

(1) *Art de vérifier les dates*, t. II, p. 488.
(2) Petr. Ven. Ep. VI, 26, col. 435.
(3) Petr. Ven. Ep. VI, 27, col. 436, 437.
(4) Ibid.

voyait déjà se dresser au-dessus de la tête de l'abbaye (1). Pierre-le-Vénérable était absent lorsque Hugues avait conçu ce dessein et commencé de le mettre à exécution. A son retour, l'abbé trouva le mur d'enceinte entièrement achevé, à l'exception d'une grosse tour de pierre, dont les matériaux toutefois étaient réunis sur place, et que suppléait, en attendant, une tour provisoire de bois. Dans le premier moment, les moines, privés des conseils de leur abbé, avaient fortifié à la hâte le village de Clairmain, dépendant de l'abbaye, et bâti sur une hauteur voisine du château de Hugues ; ils opposaient ainsi forteresse à forteresse. A cette vue, les chevaliers et les châtelains d'alentour, les comtes et les ducs de Bourgogne, « flairant une proie dorée et comme alléchés par l'odeur d'une fumée d'argent, » se mirent en devoir d'exciter les religieux et leurs vassaux à prendre les armes (2). Ils ne le faisaient, à les en croire, que par zèle pour les intérêts de l'abbaye et par compassion pour les dangers qu'elle courait. Ces perfides incitations trouvaient plus d'un écho parmi les moines. On en voyait qui parcouraient les rangs de leur confrères, soutenant que ces seigneurs étaient des hommes prudents, rompus au métier de la guerre, et dont les conseils n'étaient point à mépriser. A quel esprit

(1) « Unde notum facio benignitati vestræ, quid, post regressum meum a vobis, factum sit de castro, quod super ipsum, ut ita dicam, Cluniaci caput, Hugo Discalceatus ædificabat, contigerit. » (Petr. Ven. Ep. VI, 45, col. 464.)

(2) « Inveni universos adjacentes nobis milites, castellanos, ipsos insuper comites et duces Burgundiæ nostræ, velut aureæ, ut dicitur, fortunæ inhiare, et quasi argentei fumi nidore attractos, ad arma sumenda nostros undique concitare. » (Ibid)

obéissaient-ils en parlant ainsi? Pierre-le-Vénérable ne veut même pas se le demander (1) ; mais il est aisé de le conjecturer, et de reconnaître dans ces auxiliaires mal inspirés des plus grands ennemis de leur Ordre, des survivants impénitents du vieux parti des Pontiens. Par bonheur ils n'étaient pas les plus nombreux, et les sages de la communauté n'eurent pas de peine à les réfuter, en représentant qu'il serait souverainement messéant à des moines, vêtus du froc, de ceindre l'épée, qu'ils deviendraient la fable de l'univers entier, et bientôt la proie de leurs ennemis ; car ils n'avaient pu apprendre à combattre dans leurs bibliothèques, et ils ne tiendraient pas longtemps contre leurs rusés adversaires, instruits à guerroyer dès l'enfance et, pour ainsi dire, dès le berceau (2). Ces avis prévalurent, et le différend, provoqué par les démonstrations hostiles du seigneur de Lachaux, se dénoua, peu après, d'une manière pacifique. On nomma de part et d'autre des arbitres : du côté des barons, Hugues de Berzé et plusieurs chevaliers ; du côté des religieux, le moine Enguizon, assisté de quelques-uns de ses confrères. Ils arrêtèrent les clauses d'un accommodement, d'après lequel la montagne, objet de la querelle, devait être cédée à l'abbaye, et le château rasé par les soins de Hugues de Lachaux, qui s'engagerait, en son nom et au nom de tous ses héritiers, à ne jamais fortifier aucun des points situés entre son domaine de Bussière et Cluny. En retour, Pierre-le-Vénérable devait payer à Hugues deux cent-vingt livres. Hugues signa ce traité, qui fut souscrit par l'arche-

(1) « Quo spiritu, ipsi viderint. » (Ibid.)
(2) Ibid.

vêque de Lyon et ses suffragants, par le comte Guillaume de Mâcon et les autres seigneurs de la province. En adhérant à cet accord, ceux-ci s'obligeaient, pour leur propre compte, à ne rien entreprendre, à l'avenir, contre les intérêts et la sûreté de l'abbaye. Tinrent-ils leur promesse? Il est permis d'en douter, quand on voit, à dix années de là, le pape Alexandre III écrire aux barons qui avaient figuré dans ces démêlés, une lettre qui semble suspecter la fidélité de leur mémoire et où sont nommément désignés les comtes de Lachaux et de Berzé et le vicomte de Mâcon. Le Souverain-Pontife leur rappelle la paix jurée et accorde à ceux d'entre eux qui l'observeraient une année d'indulgence et sa bénédiction apostolique (1). Mais ce n'était là qu'un faible frein contre les passions de ces violents et cupides seigneurs. Trois ans plus tard, l'abbaye de Cluny était envahie et mise au pillage par le comte Guillaume de Chalon-sur-Saône. Il avait pris à sa solde toute une armée de routiers ou de brabançons ; il marchait à leur tête et approchait déjà de Cluny lorsque, dit un vieil historien, « les religieux et plusieurs gents de la terre lui vindrent au-devant tous désarmés, portant les reliques qu'ils avaient avec eux, la croix et le *Corpus Domini*, pour lui prier merci et, pour l'honneur de Dieu, qu'il ne mesfit rien à l'église : mais le desloyal comte et ses gents les dépouillèrent tout nuds, et robèrent l'abbaye et pillèrent tout ce qu'ils trouvèrent et en tuèrent bien cinq cents (2). » A cette nouvelle, le roi de France assemble

(1) Ap. Petr. Ven. op. col. 463, n. 192.
(2) *Le Miroir historial*, ap. *l'Art de vérifier les dates*, t. II, p. 529. Cf. *Spicil.*, t. III, p. 640.

en toute hâte son armée, renforcée de celles du duc de
Bourgogne et du comte de Nevers. Guillaume n'osa les
attendre ; ses États furent démembrés au profit des
deux grands feudataires qui avaient prêté main forte au
roi, et l'on pendit tous les brabançons qui ne surent pas
se dérober au châtiment par la fuite (1).

Pierre-le-Vénérable ne fut pas témoin de ces derniers
événements. Il dut cependant les pressentir avant sa mort,
et je doute qu'il se fît illusion sur la paix éphémère qu'il
avait conclue avec les dangereux voisins de son abbaye.
Il connaissait trop bien tous ces barons, leurs vues ambi-
tieuses et leur humeur turbulente ; ils les avait vus trop
souvent à l'œuvre. Au moment même où il entrait en
arrangement avec les seigneurs bourguignons, il interve-
nait, à titre officieux, dans une querelle du même genre,
qui troublait un monastère auquel le rattachaient de chers
souvenirs et des liens de famille encore existants : le
monastère de Vézelay, où il avait passé dix années de son
heureuse et édifiante jeunesse (2), et dont l'abbé actuel
était son propre frère, Pons de Montboissier. Les bourgeois
de Vézelay, en révolte ouverte contre leur abbé, venaient
de se constituer en commune indépendante, sous l'autorité de magistrats pris dans leur sein et décorés du titre
de consuls. Mais ce soulèvement populaire était au fond
moins spontané qu'il ne semble à première vue ; il avait
été provoqué, attisé par le comte de Nevers, qui espérait
bien en recueillir tous les fruits. Les priviléges de cette

(1) Ibid.
(2) Voir le ch. 1er.

abbaye, investie par son fondateur du droit de propriété
sur le bourg et de juridiction sur les habitants, était
depuis longues années l'objet des convoitises des seigneurs
du Nivernais. Le comte régnant, Guillaume III, vit un
utile auxiliaire de ses projets d'usurpation dans le mécontentement des bourgeois, fort animés contre les droits
seigneuriaux des moines et prêts à secouer, à la première
occasion, des servitudes dont peut-être on leur faisait trop
sentir le poids. L'orage éclata. Mais on comprit si bien
d'où partait le premier coup, que les amis de l'abbaye,
voulant prévenir une lutte meurtrière, à redouter pour
l'un et l'autre parti, et travailler à la conclusion de la
paix, s'adressèrent, non pas aux bourgeois révoltés, mais
au comte de Nevers, comme à celui qui fomentait la sédition et qui, mieux que personne, y pouvait mettre fin (1).
Pierre-le-Vénérable entra en pourparlers avec lui. Ils se
virent deux fois, d'abord au bourg de Luzy, dans le diocèse d'Autun, puis à Nevers (2). On fut, à plusieurs

(1) L'historien de Vézelay, Hugues de Poitiers, raconte que
dans le cours des conférences tenues en vue de la paix, « le comte
promit solennellement, si l'abbé consentait aux arrangements
arrêtés par ses amis, de dissoudre lui-même la commune ou la
sacrilége confédération de ces hommes, de l'abolir complétement,
et de rétablir l'abbé sain et sauf dans son monastère, en lui con-
servant tous les droits de la seigneurie. » Hugues ajoute qu'un
peu plus tard, Guillaume ayant envoyé en présent à l'abbé Pons
quelque vases précieux, pour l'engager à se relâcher de ses prétentions, « les traîtres et les sacriléges furent couverts de confusion et craignirent d'être abandonnés par leur prince. » (Hugues
de Poitiers, *Histoire du monastère de Vézelay*, liv. III, ap. Guizot,
Collection des mémoires relatifs à l'histoire de France, t. VII, p. 181,
182.)
(2) Ibid., p. 180, 181.

reprises, sur le point de s'entendre, mais soit mauvaise foi de la part du comte, soit mauvais vouloir du côté de l'abbé de Vézelay, cette double tentative de rapprochement avorta. Il est permis de tenir en suspicion les sentiments de Guillaume de Nevers, en dépit ou plutôt à cause des protestations qu'il prodigua dans le cours de ses entrevues avec Pierre-le-Vénérable et les autres fondés de pouvoir de l'abbé Pons. Il y eut trop de déclamation dans ses paroles, trop d'affectation théâtrale dans son attitude, pour qu'on puisse le croire entièrement sincère. Un jour, au début des conférences de Nevers, il lui arriva de se jeter aux genoux de l'abbé de Cluny, lui serrant les mains avec effusion, essuyant de belles larmes qu'il repandait en grande abondance, et jurant qu'il ne chérissait personne plus tendrement que Pons, qu'il n'avait rien plus à cœur que de rentrer en bonne amitié avec lui (1). C'était le même homme qui, devant ses familiers, disait que la mort de l'abbé de Vézelay lui serait plus agréable que les plus riches parures (2). De son côté, Pons était loin de seconder les efforts charitables et les vues conciliantes de son frère. Il ne lui avait jamais témoigné beaucoup d'affection. Caractère dur et hautain, souffrant impatiemment l'autorité d'autrui, il lui en avait surtout coûté de reconnaître celle Pierre, plus jeune que lui et avant lui promu aux grandes dignités de leur Ordre. N'étant encore que simple moine, à l'abbaye de Cluny, que son frère gouvernait déjà en qualité d'abbé, il s'était un jour enfui, de grand

(1) Ibid., p. 182.
(2) Ibid., p. 179.

matin, à l'insu de tout le monde, pour se soustraire à une dépendance qui révoltait son amour-propre (1). Depuis l'ouverture des négociations, toutes les démarches, toutes les paroles de Pierre étaient, de la part du soupçonneux abbé de Vézelay, l'objet d'une défiance que ses partisans les plus déclarés ne pouvaient s'empêcher de blâmer (2). Lorsqu'il fut obligé de quitter Vézelay, Pons, sans asile et sans ressources, était venu frapper à la porte de Cluny. Accueilli avec la plus affectueuse compassion par son frère, il le pria de lui concéder le prieuré de Souvigny, où il désirait attendre, en paix et dans une honorable situation, le terme de ses tribulations et de son exil.

(1) « A me ut perfuga recessisti, ut dolosus evasisti, ut fur matutinus, ne dicam nocturnus, me contempto, inviso, insalutato fugisti. » (Petr. Ven. Ep. I, 16, col. 85.) — Cf. Ep. III, 4, col. 282, où Pierre reproche à Pons de n'avoir pas voulu s'entremettre avec lui pour reconcilier deux de leurs frères, Eustache et Héraclius, que des questions d'intérêt avaient un moment brouillés.

(2) Inter hæc Pontius abbas, suasu forte fratris sui Petri abbatis Cluniacencis, hanc vexationem redimere cogitabat : præsertim cum comes Petri judicio rem committeret. Ea de re Macarium Floriacensem abbatem consuluit Pontius, qui fratrem suum suspectum habebat, cui ille ita respondit : « Pax vestra si venalis vobis proponeretur, quæ vos et a tantæ tribulationis angaria levaret, vestrosque adversarios humiliaret, et unanimes exhilararet; caro valde emenda videretur, dummodo ecclesia vestra status sui rectitudinem et libertatis privilegia illibata servaret. Porro fratrem vestrum sic habere suspectum ut, cum se comes ex toto ei se committat, vos ejus arbitrium declinetis, durum valde videtur. Libratis itaque hinc inde causis, quod utilius judicamus dicimus, ut expectetis legatos, quos ad dominum Papam direxistis, et cum venerint, responsum domini Papæ et privilegia Ecclesiæ vestræ domno abbati ostendite; et tunc demum negotium vestrum ejus arbitrio fideliter committite. Neque enim credimus aut privilegiis vestris aut præceptis domini Papæ contraria et repugnantia judicare. » (Ann. Bened., t. VI, p. 534.)

Pierre se montra disposé à le satisfaire, et lui demanda seulement un court délai, afin de prendre les mesures indispensables. Au lieu de se fier à cette promesse, l'abbé de Vézelay crut en hâter l'exécution en s'adressant au Souverain-Pontife et en le suppliant d'interposer son autorité. Justement blessé de voir qu'on voulait lui arracher par force ce qu'il était prêt à octroyer par charité, Pierre revint sur sa décision et prit le parti d'éluder, à l'aide de réponses évasives et dilatoires, toutes les instances de Pons et de ses amis (1). A Nevers, tout portait ombrage à Pons et à ceux de ses moines qu'il avait amenés avec lui et auxquels malheureusement il avait communiqué ses préventions. Pierre conférait-il sans eux, soit avec le comte, soit même avec ses propres confidents : il conjurait la perte du monastère de Vézelay, et trahissait la cause qu'il s'était chargé de défendre (2). Les religieux de Vézelay allèrent un jour le trouver, et lui représentèrent, d'un ton de reproche, au nom de Dieu et de la puissance apostolique et de la part de leur Chapitre, qu'il ne devait se permettre ni tolérer, sous le prétexte de la paix, aucune entreprise contre les priviléges et la dignité de leur Église. Sans leur répondre, l'abbé de Cluny donna ordre à ses gens de se préparer au départ, puis, ayant fait appeler son frère, il lui parla en ces termes : « Qu'est-ce donc que tu fais ? Pourquoi me déshonores-tu si légère-

(1) Hugues de Poitiers, loc. cit,, p. 175, 178. Cf. Labbe, *Concil.*, t. X, col. 1082.

(2) C'est ce qui ressort du récit de Hugues de Poitiers (loc. cit., p. 182), malgré l'évidente partialité de ce chroniqueur en faveur, de Pons, sur l'ordre duquel il a commencé son histoire.

ment? Te semblé-je donc un enfant ou un homme en délire? Je travaille de tous mes efforts pour assurer ta paix et ton bien, je veille sans relâche pour défendre tes intérêts et te procurer le succès ; et toi, en revanche, ce que j'édifie, tu le renverses ; ce que je construis, tu le détruis ; ce que je rassemble, tu le dissipes ; ce que je dis ouvertement pour le bien de la paix, tu le contredis secrètement en m'accusant ! Ainsi donc, puisque mes soins te paraissent superflus, porte à toi seul ton propre fardeau (1). » Il faut le dire, l'humeur inquiète et jalouse de l'abbé Pons ne fut peut-être pas la cause unique de cette rupture. Il n'y avait pas seulement entre les deux frères incompatibilité de caractère, mais aussi opposition d'esprit et d'idées. Nul doute que Pierre-le-Vénérable ne portât, dans son office de médiateur, une largeur de vues et une facilité de procédés, que désavouait l'"inflexible et opiniâtre abbé de Vézelay. A coup sûr, Pierre ne pouvait excuser les coupables violences qui avaient troublé et ensanglanté ce monastère ; il ne pouvait méconnaître la véritable origine de la sédition, qui était née beaucoup moins de l'impatiente ardeur des bourgeois pour leur affranchissement, que des injustes prétentions et des instigations intéressées du comte de Nevers. Toutefois, il semble incliner vers les mesures de clémence et vers le parti des concessions. Peut-être, si son rôle en cette affaire nous était mieux connu (2), le verrions-nous encou-

(1) Hugues de Poitiers, loc. cit., p. 182, 183.
(2) Il manque vingt-huit feuillets dans le manuscrit de Hugues de Poitiers, après le discours de Pierre-le-Vénérable, que nous avons rapporté.

rager et applaudir le mouvement communal de son siècle.
On sait que le clergé s'y montra presque partout favorable,
principalement dans les provinces du midi et du centre de
la France (1). On sait les liens qui rattachent ce mouvement à la grande et religieuse institution de la Trève de
Dieu, laquelle avait pris naissance à l'ombre de Cluny,
sous l'inspiration de l'un des prédécesseurs de Pierre-le-
Vénérable, saint Odilon (2). Pierre avait hérité du charitable amour d'Odilon pour le peuple et pour les pauvres.
S'il élève si hautement la voix contre ces barons qui
mettaient la Bourgogne à feu et à sang, ce n'est pas seulement pour garantir son abbaye de leurs incursions, c'est
surtout pour protéger les gens de la campagne, les bourgeois,
les veuves, les orphelins, livrés sans défense à la merci
de leurs oppresseurs (3). On devine que les paysans qui
vivaient sur les terres de Cluny, devaient y être heureux,

(1) « Le prêtre et le roi favorisèrent également l'affranchissement des serfs ; tout homme qui échappe à la servitude locale de
la terre leur appartient, appartient au pouvoir central, abstrait,
spirituel. Prêtres et rois s'avisent enfin d'affranchir des villes
entières, de créer les communes, et de chercher en elles une armée
anti-féodale. Alors le peuple qui jusque-là n'arrivait à la liberté
que dans la personne du prêtre, apparaît pour la première fois
sous sa forme propre. » (Michelet, *Introduction à l'Histoire universelle*, p. 84.) — « En résumé, au midi, sympathie de l'Église pour
les libertés communales ; au centre, point d'hostilité connue ; au
nord, parfois opposition, mais d'ordinaire opposition provoquée
par les citoyens, telle est l'histoire des rapports de l'Église et des
communes à l'époque de leur affranchissement. » (Gorini, *Défense
de l'Église*, t. IV, p. 21.)

(2) Voir à ce sujet un très-remarquable article de M. le comte
de Champagny, dans le *Correspondant*, n° du 25 mai 1858. — Cf.
Pignot, *Histoire de l'Ordre de Cluny*, t. I, p. 292, 398.

(3) Petr. Ep. VI, 27, col. 436.

17

et l'on n'est pas surpris qu'ils n'aient jamais eu la pensée de secouer une autorité si paternelle. Serait-il trop téméraire de supposer que s'il n'avait pas été découragé par les préventions et les exigences de son frère, Pierre-le-Vénérable aurait amené les partis à un accord qui eût prévenu bien des malheurs et concilié tous les intérêts, tous les droits, en assurant aux bourgeois de Vézelay une situation plus légale que celle où ils se maintinrent par la force durant trois années, et plus conforme à leurs vœux d'émancipation que celle qui, à la fin, leur fut imposée par l'autorité royale (1)?

(1) Nous n'avons pas refait l'histoire de la commune de Vézelay : elle n'est plus à refaire ; il faut aller la chercher dans les *Lettres sur l'Histoire de France*. (*Œuvres complètes* d'Augustin Thierry, 11ᵉ éd., t. V, p. 326 et suivantes.) Seulement il convient de tenir toujours en regard de ce brillant tableau les pages si solides de l'abbé Gorini et les irréfutables réfutations qu'il oppose à plusieurs des vues d'Augustin Thierry touchant le rôle du clergé dans la révolution communale. Voir surtout *Défense de l'Eglise*, t. IV, p. 12 et 21.

CHAPITRE VIII

Pierre-le-Vénérable approchait de sa fin. C'est dans
l'intérieur de son abbaye, au milieu de sa famille religieuse, que nous allons le voir dépenser les restes de son
ardeur et achever une vie, tout entière consacrée au service de l'Eglise et de son Ordre. De plus en plus, il se
retranche dans l'accomplissement des devoirs de sa charge,
n'ayant plus d'autre soin que la prospérité de son monastère et le bien spirituel de ses moines, qu'il ne cesse d'instruire et d'édifier par ses exemples et par ses discours.
Sa parole était fort appréciée partout où elle se faisait entendre, et aucun de ses biographes n'a omis de vanter
ses qualités oratoires (1). Nous avons quatre sermons de
lui. Peut-être justifieraient-ils médiocrement l'estime où il
semble avoir été tenu de son temps comme prédicateur,
si l'on n'avait égard au goût pédantesque et subtil de

(1) « Suavis eloquio,... sermone admirabilis, facundia insupera-
bilis. » (Radulph. ap. Pet. Ven. op. col. 17.) — Ingenio, et eloquio clarus, non minus religione et morum integritate quam scien-
tia venerabilis, scripsit sermones ad fratres utiles et elegantes. »
(Joan. Trithemius, lib. II, virorum illustrium, ord. S. Bened.,
cap. cxxiii, *ibid.*, col. 15.)

l'époque, aux habitudes d'esprit d'un auditoire exclusivement monastique, auprès duquel des considérations d'une mysticité qui nous paraît aujourd'hui bizarre et quintessenciée, passaient pour ingénieuses et, il faut le croire, pour édifiantes. Prêchant sur la Transfiguration (1), Pierre veut expliquer la divergence apparente des évangélistes concernant la date du mystère. Il y avait fort peu de temps que saint Pierre avait reçu, en récompense de sa foi, les clefs du royaume des cieux, lorsque Jésus le prit à part et le mena sur le Thabor avec Jacques et Jean. Mais combien de jours séparent ces deux événements mémorables de la vie du Sauveur? Six, selon saint Matthieu et saint Marc; huit environ, au témoignage de saint Luc. Pour concilier les historiens sacrés qui, au fond, ne se contredisent nullement, pas n'est besoin d'un grand effort d'imagination, il suffit de serrer le texte d'un peu près, et 'on voit que, si les deux premiers avancent nettement que six jours s'étaient écoulés entre l'un et l'autre fait (2), e troisième, d'un ton beaucoup moins affirmatif, donne seulement à entendre qu'on n'était pas éloigné du huitième jour (3). En d'autres termes, une semaine est entièrement révolue, dans saint Matthieu et dans saint Marc, et la seconde commence dans saint Luc. Où est la différence? Mais à Cluny, paraît-il, on ne se contentait pas à si peu de frais. Écoutons Pierre-le-Vénérable : « Mes bien

(1) Petr. Ven. col. 953 et 49.

(2) « Et post dies sex assumit Jesus... » (Matth., XVII, 1.) Les mêmes termes se retrouvent littéralement dans saint Marc, IX, 1.

(3) « Factum est autem post hæc verba fere dies octo. » (Luc. IX, 28.)

chers frères, nous lisons dans l'évangéliste saint Luc :
« Il y avait près de huit jours que Jésus avait tenu ces
« discours, lorsqu'il prit avec lui Pierre, Jacques et Jean. »
Vous qui êtes habitués à méditer les saintes Ecritures,
vous savez que le nombre six, désigne les labeurs, les misères de la vie présente, le nombre sept, le repos de l'âme
dans la mort, le nombre huit, la résurrection de la chair.
Le sixième jour, en effet, l'homme est créé, il naît pour
travailler, et le Christ est couvert d'opprobres, flagellé,
crucifié, mis à mort. Le septième jour, Dieu qui a terminé
l'œuvre de la création, ordonne à l'homme de suspendre
ses travaux, et le Christ, descendu de la croix, repose
dans le sépulcre. Enfin le huitième jour, il nous donne,
, dans sa résurrection, le gage de la nôtre et la promesse
de l'immortelle vie (1). » C'est sur ces singuliers principes
d'exégèse que Pierre-le-Vénérable va fonder son interprétation des textes évangéliques. On ne peut arriver au repos, à la résurrection qu'après avoir passé par les six jours
de travail et d'épreuves. Voilà pourquoi saint Marc et saint
Matthieu ont eu raison de nous dire qu'au bout de six
jours seulement, les disciples furent admis à se reposer
sur la montagne et à contempler la gloire de leur maître.
Il nous faut donc imiter leur exemple si nous voulons
partager leur bonheur. Les six jours d'attente sont le
symbole de la vie présente ; ils sont suivis du repos et de la
joie du Thabor, qui figurent à leur tour la mort et la vision béatifique. Travaillons et faisons le bien durant les
six jours qui nous sont donnés ici-bas, et nous verrons Dieu

(1) Petr. Ven. op. col. 954, 955.

sur la montagne de Sion ; nous le verrons le huitième jour, le jour où Jésus-Christ est sorti du tombeau, après sa mort et après sa passion, le jour où, comme l'indique saint Luc, complétant au lieu de les contredire les données des autres évangélistes, le Sauveur s'est transfiguré, aux yeux de ses apôtres, sur la montagne de Galilée (1).

Telle est à peu près la matière de tous les sermons de Pierre-le-Vénérable, de ceux du moins dont le texte est venu jusqu'à nous ; et il faut ajouter que le style n'en est pas moins étrange et suranné. L'oreille de ses auditeurs était sans doute charmée, la nôtre est singulièrement fatiguée du perpétuel cliquetis d'antithèses qu'on entend résonner à chaque page, à chaque ligne. Il vient de rappeler cette voix qui, sur le Thabor, sortit du sein de la nuée lumineuse, et qui disait : « Celui-ci est mon fils bien-aimé, en qui j'ai mis ma complaisance : écoutez-le. » Ces paroles que Dieu adressait aux trois disciples de l'Evangile, Pierre les adresse aux religieux qu'il exhorte : « Autrefois, leur dit-il, vous avez écouté le serpent et vous avez perdu le paradis ; écoutez maintenant le Sauveur et acquérez le ciel. Vous avez écouté l'ennemi et vous vous êtes exposés à la mort ; écoutez l'auteur de la vie et revenez à la vie... Vous avez cru celui qui vous trompait en vous promettant la divinité, croyez maintenant celui qui vous donnera la félicité qu'il vous promet (2). » En dépit ou à cause de ces défauts, les discours de Pierre-le-Vénérable, fort applaudis de son vivant, trouvèrent encore des

(1) Ibid., col. 955.
(2) Ibid., col. 972.

lecteurs et des admirateurs après sa mort. De cette vaine symétrie de phrases et de mots si laborieusement caden-cés, résultait une sorte de rhythme qui se prêtait à merveille, il le faut avouer, aux exigences de la psalmodie religieuse. Aussi les sermons du pieux abbé avaient-ils pris place dans la liturgie clunisienne. On les récitait, à l'office de matines, parmi les leçons tirées des homélies des premiers Pères. C'est à cette circonstance que nous devons la moitié des sermons, qui composent aujourd'hui toute l'œuvre oratoire de Pierre-le-Vénérable. Les deux derniers, longtemps perdus, ont été retrouvés par dom Martène dans un vieux livre d'Eglise, contemporain de Pierre lui-même, et composé à l'usage des religieux de son abbaye (1).

Malgré cette découverte, nous pensons qu'il nous est difficile de porter un équitable jugement sur la prédication du célèbre et éloquent abbé. Sa parole improvisée valait mieux sans nul doute que ses discours écrits. Lors de son passage au Paraclet, où il était venu apporter les restes d'Abélard, il parla plusieurs fois devant les religieuses et leur savante abbesse. Il prononça d'abord un éloge étudié et comme l'oraison funèbre du grand philosophe ; puis, se livrant à l'inspiration de son cœur, il voulut, dans une libre et émouvante improvisation, adoucir les regrets et ranimer la piété de son auditoire (2). Peut-être abusons-nous du droit que l'on a de lire entre les lignes, mais il nous semble que cette exhortation vivante et sans apprêt

(1) Martène, *Anecdot.*, t. V, col. 1417, ap. Pet. Ven. op. col. 971.
(2) Petr. Ven. Ep. VI, 21, col. 427.

fit plus d'impression que le discours composé à loisir suivant les règles de la rhétorique du temps. Toujours est-il que Pierre lui-même ne put s'empêcher de remarquer la faveur qui accueillit ces simples paroles, alors qu'elles sortaient de son âme, sans ordre et sans art, sous l'empire de l'émotion qu'il ressentait au souvenir d'une grande infortune et au spectacle d'une grande douleur. « Vous avez tout recueilli, écrivait-il quelque temps après à Héloïse, vous avez tout imprimé dans votre mémoire et dans votre cœur, même ce qui m'est échappé dans l'abandon d'un entretien sans apprêt ; pas un mot n'est tombé à terre (1). »

Nous pouvons d'ailleurs, au moins dans une certaine mesure, contrôler par nous-mêmes le sentiment d'Héloïse et de ses sœurs. Un des biographes de Pierre-le-Vénérable nous a transmis comme un écho de cette voix, dont la douceur pénétrante avait le don de remuer les âmes et de faire venir les larmes aux yeux. Son naïf récit, où respirent la foi et l'imagination des anciens légendaires, nous permet d'entendre, non plus le prédicateur de profession discourant sur la doctrine, avec une érudition aussi stérile que raffinée, mais le père, ouvrant son cœur à ses enfants, dans un épanchement de douleur chrétienne et de charité

____

(1) « Sic sacræ menti vestræ cuncta inhæserunt, sic benigno spiritui vestro omnia impressa sunt, quæ in illo fugaci seu volatico adventu meo dixi, quæ feci, ut non dicam ea quæ studiose a me tunc dicta sunt, sed nec verbum forte negligenter prolatum ad terram caderet. Ita notastis omnia, ita tenaci memoriæ ex sinceritatis affectu derivatæ commendastis, quasi magna, quasi cœlestia quasi sacro-sancta, quasi verba vel opera Jesu Christi. » (Petr. Ven. Ep. VI, 22, col. 428.)

pastorale. Le vénérable abbé visitait une maison de son Ordre. La nuit même de son arrivée, le prieur tombe malade, et soudain se trouve à l'article de la mort. Il témoigne un ardent désir de voir l'abbé, et de lui faire sa dernière confession. Mais, l'esprit affaibli par la maladie, il ne put surmonter la honte que lui inspirait le souvenir d'une faute, et n'eut pas le courage de l'avouer. Pierre, après l'avoir entendu, l'absout. Vers le milieu de la nuit, les frères, voyant le moribond sans mouvement et sans vie, croient que tout est fini, et courent au clocher. Au bruit du glas funèbre, toute la communauté arrive, et l'abbé au milieu des moines; ceux qui étaient déjà là lui font signe que le prieur n'est plus; mais lui, soit par un sentiment de défiance soit par une inspiration mystérieuse, met la main sur les tempes de celui qu'on croit mort, et reconnaît qu'il vit encore. Voici ce qui s'était passé : il avait été ravi en esprit au pied du tribunal de Dieu, pour y subir son jugement. Une troupe de démons l'accusait avec fureur, énumérant un à un tous ses péchés et disant : « Après avoir ainsi vécu, il est juste qu'il vienne avec nous. » Mais son ange gardien prenant sa défense : « Tous ses péchés disait-il, ont été expiés, il les a confessés à son abbé. » Sur quoi, les démons, élevant davantage la voix, nommaient la faute que le prieur avait cachée à son confesseur. Alors la mère du Sauveur, notre Dame intervient au milieu d'un nombreux cortége d'anges : « Pourquoi, dit-elle, esprits malins, harcelez-vous ainsi mon serviteur? Son heure n'est pas encore venue. Qu'il retourne sur la terre, qu'il se confesse à son Père, et puis il reviendra parmi nous. » Ces paroles mirent les démons en fuite, le malade reprit connaissance, et son premier soin fut de demander le Père, Ouvrant de grands yeux, il répétait d'un voix forte : « Où est le seigneur abbé ? » Pierre, se levant de son siége, se fait voir au malade ; tout le monde se retire, et le prieur raconte sa vision à l'abbé. Celui-ci, au sortir de cette confidence, alla retrouver la communauté, et son visage était inondé de larmes, au point que personne n'osait l'approcher ni lui faire une question. Enfin, s'étant remis un peu de son trouble : « Mes chers fils, dit-il, Dieu montre à notre égard une grande miséricorde, plus grande que vous ne sauriez l'espérer. Notre frère ne nous est pas seulement rendu, il est rendu à Dieu lui-même. » Le lendemain, l'abbé célébra les saints mystères en action de grâces ; puis il se rendit auprès du malade, le confessa de nouveau, lui donna l'absolution et le bénit en l'embrassant. Le surlendemain, le prieur mourut. Douloureusement affecté de cette perte, Pierre pleura amèrement au pied des autels. Après avoir assisté aux funérailles, et prié avec ferveur pour celui qu'il savait inscrit au nombre des prédestinés, mais dont il voulait assurer la prompte délivrance, il reprit le chemin de Cluny. A son arrivée, il assemble tous les frères au chapitre, et leur adresse un discours plein d'onction, plein de larmes et de piété. Il leur dit avec quel filial empressement le prieur l'avait accueilli ; il leur raconte sa maladie, sa confession, la fausse honte qui retint sur ses lèvres l'aveu d'une faute, sa vision, comment il fut accusé par les démons, défendu par l'ange, l'intervention de la Mère de miséricorde qui l'arracha des mains des démons, le rendit à la vie, et lui enjoignit de confesser le péché qu'il avait dissimulé. A ses souvenirs, il ne put maîtriser son émotion ni retenir les pleurs qui s'échappaient de ses yeux. Tous ses auditeurs fondaient en larmes. Il les exhorta ensuite à tirer profit des leçons qui découlaient de ces événements, à ne pas méconnaître la vertu de la confession qui était capable, pourvu qu'on y apportât une entière franchise, de tenir le démon en échec et de nous mériter le secours de la sainte Vierge : « Et maintenant, dit-il en finisssant, prions pour lui, et payons-lui le tribut de la piété et de la charité fraternelle (1). »

Ce simple et touchant récit, fait, selon nous, plus d'honneur à l'éloquence de Pierre-le-Vénérable que les quatre discours qui nous sont parvenus sous son nom. Mais cette faculté d'émouvoir, si précieuse chez un orateur, l'abbé de Cluny ne l'a-t-il exercée qu'au profit des religieux de son Ordre ? N'a-t-il jamais expliqué l'Evangile devant un auditoire populaire ? L'usage et les statuts de la plupart des congrégations voulaient que, partout où des laïques, hommes ou femmes, bourgeois ou paysans, vivaient à l'ombre et sous la dépendance d'une abbaye, l'abbé prît soin de leurs intérêts spirituels et les prêchât à certains jours ou se fît suppléer, dans ce ministère, par un moine doué du talent de la parole (2). Nous aurions aimé à entendre Pierre commenter le mystère de la Transfiguration en présence de simples fidèles illettrés, sans nulle teinture de théologie et sur lesquelles les abstrac-

(1) *Petr. Ven. vita, auctore Radulpho monacho*, chap. VII, op. Petr. Ven. op. col. 21.

(2) Martène, *Ant. monach. rit.*, cité par M. Lecoy de la Marche, *La chaire française au moyen-âge*, p. 209.

tions scolastiques et les allégories alambiquées ne pouvaient avoir aucune prise. Nul doute que sa parole, forcée
d'être moins savante, ne nous eût semblé alors mériter
beaucoup mieux les éloges de ses panégyristes. Chose digne
de remarque ! la chaire française est en progrès, à dater
du jour où les prédicateurs sortent plus fréquemment du
cloître pour aller convertir le peuple. Longtemps cette
portion du troupeau fut assez négligée. Ce qui le prouve,
c'est l'insistance avec laquelle, depuis le neuvième siècle,
les conciles reviennent sur la nécessité d'évangéliser les
ignorants et les simples, de leur parler en langue vulgaire
et de leur adresser des discours appropriés à leur intelligence et à leurs besoins (1). Au douzième siècle, Robert
d'Arbrissel et Foulques de Neuilly se vouèrent à cet apos-
tolat. Malheureusement leur parole, qu'ils ont négligé de
fixer par écrit, ne leur a pas survécu, et n'a laissé d'autre
trace dans l'histoire que le souvenir des succès qu'ils
obtinrent de leur vivant et des conversions innombrables,
opérées par cette éloquence toute nouvelle dans sa verve
hardie et familière (2). Ainsi devait parler saint Bernard
quand il prêchait la Croisade ou qu'il exhortait, en lan-

(1) Voir Lecoy de la Marche, ouv. cité, p. 222, où, entre autres
témoignages, nous lisons que « Charlemagne, dans ses capitulai-
res, recommande que la prédication soit toujours faite de manière à
ce que le vulgaire puisse la comprendre (*ut juxta quod bene vulgaris
populus intelligere possit assidue fiat*. Capit. de 813, ch. 14, ap.
Labbe, t. VIII, p. 1288), et que les Conciles tenus en 813 à Reims,
à Tours, à Mayence, prescrivent, dans des canons bien connus,
de prêcher d'une façon intelligible pour tous. « (*Verbum Dei præ-
dicet juxta quod intelligere vulgus possit*. Labbe, t. VII, p 1243,
1249, 1256.)
(2) Voir Lecoy de la Marche, ouv. cité, p. 11, 12.

gue romane, les frères convers de sa communauté (1), se
dépouillant alors, il le fallait bien pour entrer dans ces
âmes, de l'afféterie subtile et mystique où il se complaît
dans ses homélies latines, les seules que nous ayons con-
servées, toutes destinées à un auditoire de moines lettrés,
écrites et conçues dans le goût de l'époque, et inférieures,
selon nous, à sa gloire et à son génie, malgré l'émotion
qui les anime souvent, et l'onction de foi, de piété, qu'on
y voit presque partout répandue. Les défauts qui les dé-
parent et qu'il faut moins imputer à saint Bernard qu'à
son temps, ne se trouvent plus dans les sermons d'un
célèbre évêque de la seconde moitié du douzième siècle,
Maurice de Sully. C'est qu'il prêchait pour le peuple.
Quand on ouvre le recueil de ses œuvres oratoires, on se
croit transporté dans un autre âge : plus de pédanterie
scolastique, plus d'abstractions, d'allégories arbitraires ;
une explication naturelle et pratique des saints évangiles ;
des comparaisons prises dans la vie de tous les jours, des
traits de mœurs qui sont pour nous de l'histoire, après
avoir été, pour les contemporains, de la morale usuelle et

(1) « Qu'il y ait eu à Clairvaux des frères qui ne connussent pas
la langue latine, et que saint Bernard les instruisît lui-même, ce
double fait résulte clairement de deux textes que je vais rapporter. On lit d'abord dans la *Vie de saint Bernard* qu'un frère convers parla un jour à ce célèbre abbé des prédications, des leçons
qu'il faisait aux religieux laïcs, *illa prædicatio vestra quam nobis
sæpius inculcastis.* (Bern. vita, lib. VII, cap. 26.) En second lieu,
on voit dans l'Epitre de Jean l'Ermite sur la vie de saint Bernard,
qu'un disciple du fondateur de Clairvaux, en se promenant dans
un bois voisin de l'abbaye, traduisait à un frère convers le texte
latin des miracles de saint Pierre, et le lui exposait en langue
romane, *exponens ea secundum idioma Romanæ linguæ.* » (L'abbé
Blampignon, *de l'Esprit des sermons de saint Bernard*, p. 188.)

adaptée aux circonstances ; enfin un style simple, dont l'étoffe n'est que la langue de tout le monde, et qui nous offre, dans l'éloquence sacrée, le premier modèle de cette « popularité de l'expression », qu'un excellent juge louera dans notre grand Bourdaloue (1). Maurice de Sully est, on peut le dire, de plain pied avec ceux qui l'écoutent ; constamment il s'inspire de leur caractère, de leurs dispositions et de leurs besoins ; jamais orateur n'a mieux prouvé, par son exemple, que ce sont les auditeurs qui font les prédicateurs (2).

Les biographes de Pierre-le-Vénérable ne l'ont pas seulement loué comme prédicateur, mais aussi comme directeur de conscience. « Dans cet art de la direction, dit l'un d'eux, le Père était sans égal ; il y portait une douceur de piété vraiment incomparable... Un religieux s'était-il adressé une seule fois à lui, aussitôt il lui donnait une place à part dans ses affections ; il l'entourait de ses conseils, et l'enveloppait pour ainsi dire de sa sollicitude. Aussi arrivait-il, au contraire de ce qui se passe d'habitude à l'égard des chefs de communauté, que tout le monde aspirait à l'avoir pour confesseur, tant il excellait à consoler les affligés, à encourager les faibles, à rendre

(1) D'Aguesseau, *Quatrième instruction à son fils, second objet.*

(2) Bossuet semble dire la même chose sous une autre forme dans ces paroles que Mme Cornuau avait recueillies de sa bouche : « Quand vous et les saintes âmes pour qui je travaille, goûtent ce que je fais, je reconnais la vérité de ce que dit un grand saint du cinquième siècle : Le docteur reçoit ce que mérite l'auditeur. » (*Avertissement* de Mme Cornuau, *Œuvres* de Bossuet, éd. Vivès, t. XXVII ; p. 424.) — Sur les caractères de l'éloquence de Maurice de Sully, voir Lecoy de la Marche, ouv. cité, p. 47, 48.

aux cœurs blessés la force et la santé (1). Voulant nous donner une idée de son expérience des âmes, le même chroniqueur nous le montre assistant un pauvre frère à l'agonie. Il se trouvait en visite abbatiale au couvent de Sauxillange, où il avait été nourri dans les sciences et formé aux vertus de son état (2). On vient le prévenir qu'un moine, couché à l'infirmerie et en danger de mort, est étrangement tourmenté par le démon, qu'il s'agite comme pris de démence, et crie avec l'accent du désespoir : « Je me meurs, je me meurs, je me meurs ! » Ses confrères, accourus à ses cris, lui en avaient demandé la cause, et il avait répondu en pleurant qu'il voyait un cheval noir qui le foulait aux pieds, qu'il ne pouvait ni le chasser ni l'éviter. L'abbé se rend auprès de lui, et lui demande ce qu'il a : « Seigneur, répond-il, le cheval noir est là, qui me tient sous ses pieds, et il va me dévorer. » L'abbé fait le signe de la croix, répand sur lui de l'eau bénite et tâche de le consoler ; le démon cependant ne cessait de le tourmenter. Alors Pierre, comme par une inspiration d'en-haut, lui demande s'il n'a rien caché en confession ; le moine répond que non. « Vous me trompez, dit le Père, si vous vous étiez confessé en toute sincérité; l'esprit malin ne pourrait rien sur vous. » Et le pieux pasteur; voulant arracher cette brebis au loup qui allait l'emporter, s'efforce d'en obtenir un aveu. Mais le malheureux gardait le silence. Le Père se met alors à le questionner sur différents péchés et en vient bientôt à celui qui n'avait pas

(1) Radulph., c. 2, col. 18.
(2) Voir plus haut, ch. 1. p. 11 et 19.

été confessé. Le mourant ne l'a pas plutôt entendu nommer, qu'il se répand en larmes et se dit prêt à tout révéler. Il recommence donc sa confession et à l'instant le cheval noir disparaît (1).

Quelque préférence qu'il pût témoigner à ses pénitents, Pierre-le-Vénérable se regardait comme le père de tous les membres de sa communauté, et pensait qu'il se devait à chacun, aux plus humbles surtout, qui ne pouvaient souffrir sans qu'il le sût, sans qu'il s'empressât à les soulager. Un jour, au plus fort de l'hiver, il apprend qu'un frère est trop peu couvert et qu'on n'a pas de vêtement plus chaud à lui donner. Pierre ne pense plus à autre chose. Pendant l'office de la nuit, il voit le pauvre moine qui tremblait de froid non loin de lui ; il lui fait signe de le suivre hors du chœur et, lorsqu'ils sont seuls, il se dépouille de sa propre pelisse et la lui jette sur les épaules (2).

Les religieux de Cluny auraient dû, ce semble, répon-

(1) Radulph., c. 10, col. 24.
(2) Ibid., c. 3, col. 10. — La charité de Pierre-le-Vénérable s'étendait aussi sur les pauvres étrangers à son couvent. Il fit donner un jour la meilleure de ses pelisses à une pauvre femme qui demandait l'aumône à la porte du monastère de Sauxillange. Voici le récit de son biographe : « Cum autem de eadem domo egrederetur, obviam habuit in porta mulierem pauperrimam, quæ eleemosynam sibi dari petebat. Quam ut vir Dei conspexit, paulatim substitit, et Bernardum famulum suum, qui in talibus specialiter ei familiarius adhærebat, ad se vocari jussit, et, ut pelliciam suam peroptimam pauperi daret, secretius imperavit. Quod cunctis charitatem viri mirantibus, licet occulte fieri voluerit, celebre factum apparuit. Nec mirum alicui videatur quod inter miracula opus misericordiæ interseruimus, cum ei dictum sit et desuperius revelatum : *Misericordia salvabit te.* » (Ibid., c. 12, col. 25.)

dre à tant de zèle et de dévouement par leur docilité et
leur affection. Mais Pierre-le-Vénérable, sur la fin de sa vie
surtout, fut mal payé de ses soins, et recueillit peu de
fruit de ses efforts. L'insubordination croissante des partisans d'une discipline mitigée, des infractions de plus en
plus nombreuses aux règles qui sont le fondement même
de la vie monastique, des abus criants, des crimes odieux,
en un mot tous les signes avant-coureurs d'une décadence
prochaine vinrent attrister les dernières années du digne
et saint abbé. Un moine, atteint depuis longtemps de
phtisie, meurt un jour à Cluny. On veut laver son corps
avant de l'ensevelir, et, en le dépouillant de ses vêtements, on y trouve trois oboles, qu'il portait sur lui au mépris du vœu de pauvreté (1). Les prescriptions relatives à
l'abstinence n'étaient pas plus religieusement observées.
Il régnait, à cet égard, un tel oubli de la règle (2), que
Pierre-le-Vénérable se vit obligé d'écrire la lettre suivante
aux prieurs et aux gardiens de l'Ordre : « Faut-il parler

(1) Radulph., c. 9, col. 23.

(2) Saint Benoît avait défendu l'usage de la viande d'une manière absolue, mais en termes trop vagues pour prévenir tout
conflit entre les casuistes. Sa défense était ainsi conçue : « Car-
nium quadrupedum omnino ab omnibus abstineatur comestio,
præter omnino debiles et ægrotos. » Le saint avait-il entendu
prohiber aussi la chair des oiseaux ? Quelques commentateurs, et
non pas des plus relâchés, assuraient que non. C'était le sentiment
de sainte Hildegarde, qui ajoutait à l'article de saint Benoît, ces
paroles en manière de glose : « Sani vero carne volatilium, quoniam mundæ sunt nec ardentem libidinem comedentibus infe-
runt, manducabunt. » (Voir Migne, t. CXCVII, col. 1059.) Mais on
va le voir, les moines dont se plaint Pierre-le-Vénérable allaient,
dans la pratique, beaucoup plus loin que la sainte dans son interprétation.

ou me taire? Faut-il ouvrir ou non la bouche? Si je me tais, je me range parmi ceux dont le prophète a dit : « Ce sont des chiens muets, qui ne savent plus aboyer » (Isaïe, LVI, 10) ; je tombe sous le coup de la malédiction d'Ezéchiel : « Si vous ne reprochez pas à l'impie son iniquité, et qu'il meure dans le péché, je vous redemanderai son sang. » (Ezech., III, 18.) Il ne me reste dès lors qu'un parti à prendre : je dois parler, je dois crier : « Criez sans cesse, me dit Isaïe, que votre voix éclate comme la trompette. » (Isaïe, LVIII, 1.) Je parle donc, je crie, afin que vous parliez à votre tour, vous qui commandez aux autres, et qu'ils entendent aussi vos clameurs. Songez-y, vous n'auriez pas moins à craindre que moi, si vous gardiez le silence, car vous avez été appelés, sinon à la plénitude du pouvoir, du moins au partage de ma responsabilité. On m'a rapporté, et je le tiens, non de gens de peu, mais de personnes très-dignes de foi, qu'il n'y a plus à présent aucune différence, quant à l'usage des viandes, je le répète avec une profonde douleur, entre nos frères et les laïques, entre des religieux et des séculiers, et, pour tout dire, entre des moines et des bateleurs. Je dis qu'il n'y a aucune différence entre les uns et les autres ; je me trompe : il y en a une, mais contre l'ordre. A cause de Dieu, les mimes et les bouffons ne mangent pas de chair le samedi ; la plupart des laïques font abstinence le mercredi, quelques-uns même le lundi. Mais nos frères, ces clunistes qui sont entrés dans un Ordre saint pour ne vivre qu'en vue du ciel, voilà que sans respect pour Dieu, sans souci de la pudeur, ils se nourrissent de viande, à ce qu'on m'assure, d'un bout à l'autre de l'année, un seul jour excepté, le vendredi ; et ce n'est pas en secret qu'ils en usent ainsi, mais à découvert et aux regards de tous, se faisant gloire, comme la Sodome du prophète, de leur prévarication. (Isaïe III, 9.) On les voit errer, çà et là, semblables à des milans et à des vautours ; du plus loin qu'ils aperçoivent la fumée des cuisines, qu'ils sentent l'odeur du rôti ou des râgouts, ils volent et arrivent au plus vite. Le scandale qu'ils donnent retombe sur l'ordre sacerdotal, qu'on enveloppe avec eux dans un commun mépris. Si l'un d'eux redoute encore assez la colère de Dieu pour s'abstenir de ces aliments, ils le tournent en ridicule, le traitent d'hypocrite, d'intrigant ou d'ignorant ; ils se gardent de lui comme d'un ennemi public. Les fèves, le fromage, les œufs, les poissons mêmes leur soulèvent le cœur. Ils ne prennent plus de goût qu'aux mets des Egyptiens. Le porc rôti ou bouilli, la génisse bien grasse, le lapin, l'oie, pourvu qu'elle soit choisie avec soin, la poule, tous les quadrupèdes en un mot et tous les oiseaux domestiques, chargent aujourd'hui la table de nos saints moines. Mais bientôt cet ordinaire leur paraît trop commun. Ce n'est pas trop pour eux de tous les raffinements des cuisines royales. Le moine, devenu délicat, ne saurait plus se nourrir que de chevreuil, de cerf, de sanglier et d'ours. Chasseurs, battez les forêts ; oiseleurs, déployez toute votre activité, tout votre art, pour prendre les faisans, les perdrix, les tourterelles : sans vous, le serviteur de Dieu mourrait de faim (1). » La congrégation clunisienne avait bien dégénéré de l'édifiante régularité qu'on y admirait

____

(1) Petr. Ven. Ep. VI, 15, col. 418, 419.

sous le gouvernement de saint Odon. En ces temps de ferveur, on citait comme un prodige, un moine, un seul, qui avait osé transgresser la loi de l'abstinence. Et l'on racontait avec terreur, mais sans le mettre en doute ou en paraître surpris, l'effroyable châtiment, dont il avait payé, disait-on, son double péché de désobéissance et de gourmandise. Ce religieux s'était rendu un jour, de grand matin, chez ses parents, et leur avait demandé à manger. Ceux-ci, croyant répondre à son désir, lui disent qu'ils ont du poisson, qu'ils vont lui en apprêter. A cette proposition, il se met en colère, et, levant le bâton qu'il tenait à la main, il assomme une poule qui se trouvait là, et dit : « Que me parlez-vous de poisson ? Cette poule, voilà le poisson qu'il me faut aujourd'hui. » Tout en rougissant de l'effronterie de leur fils, ses honnêtes parents n'osent lui résister et, mettant la poule sur le feu, la font rôtir. Mais lui, trouvant le temps long et comme poussé par le démon, sans attendre qu'on lui serve la poule ni qu'elle soit cuite, en arrache un morceau et le porte précipitamment à sa bouche. Il veut l'avaler et ne le peut ; il essaye de le rejeter, mais en vain. A ses cris, ses parents accourent tout en émoi ; ils ont beau s'empresser autour de lui, s'ingénier pour le soulager. Le malheureux, le gosier obstrué par cette nourriture maudite, ne respire plus, et, n'ayant pu prononcer une parole ni confesser ses péchés, il meurt en quelques instants, au milieu d'horribles souffrances (1).

L'ordre de Cluny comptait encore, au temps de Pierre-

(1) Ibid, col. 421.

le-Vénérable, de dignes religieux, qui donnaient l'exemple de toutes les vertus de leur état, et usaient de leur influence et de leur autorité pour corriger autour d'eux les abus. Mais ils ne réussissaient pas toujours en proportion de leur zèle. Quelquefois leurs tentatives de réforme n'avaient d'autre effet que de soulever contre eux les moines réfractaires et de les porter aux dernières violences. Dans un de ses séjours à Rome, Pierre vit en songe, au milieu de la nuit, un des dignitaires les plus estimés et les plus recommandables de la Congrégation, Guillaume de Roanne, prieur de Charlieu au diocèse de Mâcon. Il lui apparut, la figure livide et semblable à un cadavre, et lui dit qu'il venait de périr de mort violente, victime de la vengeance de ses religieux. A son reveil, Pierre envoie en toute hâte à Charlieu. Son rêve ne l'avait point trompé. Guillaume avait voulu ramener à une vie régulière quelques mauvais moines de son prieuré, il leur avait même infligé, à plusieurs reprises, quelques-unes des corrections autorisées par la règle. Outrés de dépit, ils avaient formé un complot contre lui, et l'avaient fait empoisonner (1).

On comprend la douleur, le découragement du saint abbé, lorsque de pareils scandales venaient à sa connaissance. C'était donc là le fruit d'une administration de plus de trente années, si pleine de promesses à ses débuts, marquée dans la suite par tant de mesures salutaires, et dont il allait rendre compte à Dieu sans pouvoir lui présenter autre chose que des efforts stériles et des espérances

---

(1) Radulph., c. 15, col. 26.

déçues! Lui-même, le doux et indulgent abbé, ne fut pas à l'abri des trames perpétuellement ourdies par les clunistes récalcitrants. Sa vie ne fut pas menacée; mais ils déchiraient sa réputation, traversaient tous ses projets, décriaient tous ses actes. « Cette année, écrivait-il en 1150, je n'ai cessé d'entendre les sifflements de mes serpents (1). » Poussé à bout, il avait résolu de tenter les voies de rigueur, et venait de demander au Souverain-Pontife de frapper les coupables de ses foudres. Saint Bernard, intervenant au nom de la clémence, l'engageait à patienter encore, à espérer le retour des factieux. « Vous voulez, répond Pierre, que je remette l'épée au fourreau, que je me repose sur la miséricorde du soin de tout réparer. Agir ainsi ne serait ni difficile ni nouveau pour moi. La nature et l'habitude m'inclinent assez l'une et l'autre à l'indulgence. Je l'ai assez souvent prouvé à l'égard de fautes graves, moins graves à la vérité que celles d'aujourd'hui, dignes toutefois, si la bonté n'avait retenu mon bras, des châtiments les plus sévères. J'en use encore de même à présent et, je puis le dire, tous les jours. Mais quoi! en sera-t-il toujours ainsi? Chanterai-je toujours les miséricordes du Seigneur, et jamais ses jugements? Le soldat ne trempera-t-il jamais son glaive dans le sang? C'est donc en vain qu'il en est armé. Il est vrai, je le reconnais, l'Eglise ne porte pas le glaive du prince; mais elle a en main la verge du pasteur... Je n'ai jamais été, je ne serai jamais le bourreau de personne; mais, par leurs murmures, leurs calomnies, leurs

(1) Petr. Ven. Ep. VI, 46, col. 469.

outrages, ils ont déchiré leurs frères à belles dents, leurs ongles ont mis en pièces, en s'attaquant aux meilleurs de ses membres, le corps de leur Eglise : vous demandez leur pardon, faut-il encore les récompenser? Eh bien! je le veux, je serai parfait bon gré mal gré ; je le serai, moi qui n'osais l'espérer, comme mon Père céleste est parfait. Je ne me vengerai pas de mes ennemis, je ne leur ferai que du bien. Qu'ils soient donc élevés aux plus hautes charges, qu'ils commandent, qu'ils règnent, mais sans moi! Qu'ils aient tout, dignités, honneurs, mais loin de moi! Qu'on leur donne tout ce que je possède, je ne leur refuse même pas mon cœur, mais qu'ils ne restent pas à mes côtés. Il n'y a pas, vous le savez bien, de plus dangereux fléau qu'un ennemi domestique. Rappelez-vous le proverbe; il est bien connu : Etre trompé une fois, c'est un malheur ; deux fois, une sottise ; trois fois, une honte. Voulez-vous une autorité plus sainte : écoutez Salomon : « Ayez beaucoup d'amis, dit-il, mais s'agit-il d'un conseiller, choisissez-le entre mille. » (Eccli., vi, 6.) Vous trouvez peut-être que je raisonne comme les enfants du siècle; Dieu m'est témoin que je fais peu de cas des pensées du monde, mais les enfants du siècle poursuivent leurs desseins avec plus de prudence que les fils de lumière; je demande donc au Seigneur la simplicité de la colombe pour ne pas ressembler aux méchants, et la prudence du serpent pour me garder de leurs embûches (1). »

Si l'indulgence de Pierre-le-Vénérable se lassa quelquefois, les déceptions ne purent jamais fatiguer son zèle

______

(1) Ibid., col. 467, 468, 469.

jusqu'à la fin, il resta sur la brèche, faisant tête aux abus, refoulant la décadence, sous quelque forme qu'elle essayât de se produire : car ce n'était pas seulement l'honneur de l'Ordre qui était en péril par suite des atteintes portées à l'intégrité de la discipline ; sa prospérité n'était pas moins compromise, et depuis longtemps ses ressources n'égalaient plus les charges qu'il avait à soutenir. Pierre avait pu dire que Cluny était le trésor de toute la république chrétienne (1) ; mais, ajoutait-il, « on y avait tant puisé qu'on l'avait presque épuisé (2). » L'année même où il se plaignait en termes si amères de l'ingratitude de ses administrés, Pierre-le-Vénérable, non moins attentif à leur bien-être matériel qu'aux intérêts de leur âme, essayait de prévenir la ruine qui menaçait la communauté et d'en améliorer le gouvernement économique. Il rédigea un directoire à l'usage des religieux préposés à la subsistance et à l'entretien de leurs confrères (3). « Ce que j'ai fait autrefois, dit-il, pour le bien spirituel de mon ordre, je l'entreprends aujourd'hui pour sa prospérité temporelle. Lorsqu'il y a vingt-six ans, j'ai été, malgré mon indignité, nommé abbé de Cluny, j'ai trouvé cette Eglise grande par sa réputation et sa piété, mais très-pauvre, obligée à de grandes dépenses et dotée de revenus qui, en comparaison des charges, pouvaient passer

(1) Voir plus haut, c. 3, p. 89.

(2) Petr. Ven, Ep. III, 8, col. 312 : « Video res Cluniacenses velut totius reipublicæ Christianæ ærarium esse ; de quo omnes hauriunt, quod pene exhauriunt, in quod rari pauca injiciunt, de quo plures multa accipiunt. »

(3) *Dispositio rei familiaris Cluniacensis facta a Domno Petro abbate Cluniacensi nono*, ap. Petr. Ven. opp. col. 1047 et sq.

pour presque nuls. L'abbaye comptait trois cents frères,
et plus : à peine si elle pouvait en nourrir le tiers. L'affluence des hotes était grande, le nombre des pauvres infini. La récolte de tous les doyennés était consommée en
moins de quatre mois ; le vin que l'on faisait sur toutes
nos terres, ne durait jamais deux mois entiers, et ne suffisait pas toujours à un seul. Le pain était noir et rempli
de son ; le vin, noyé d'eau, sans goût ni qualité (1). »
Pierre énumère les différentes réformes tentées jusque-là
en vue de rétablir l'équilibre entre l'actif et le passif du
couvent ; puis il expose la sienne, et on ne laisse pas
d'être surpris des connaissances spéciales dont il fait
preuve, de la compétence avec laquelle il traite des at-
tributions du cellérier comme aussi des mille détails qui
ressortissent au vestiaire. Ce qui ne l'empêche pas de se
souvenir des classiques et, pour montrer qu'il faut régler
ses dépenses sur ses revenus, de citer Horace, et de dire
après lui : « Il est, en toutes choses, un juste milieu, et
des limites qu'il faut respecter. » *Est modus in rebus, sunt
certi denique fines* (Horace, *Sat.*, I, 1, 106) ; et encore :
« Eprouvez longtemps ce que peuvent, ce que ne peuvent
pas porter vos épaules, » *Versate diu quid ferre recusent,
quid valeant humeri.* (Horace, *Ari poét.*, 39.) (2).

Pierre-le-Vénérable avait payé sa dette à l'Ordre, qu'il
avait reçu la mission de régir. Le succès avait souvent
manqué à ses efforts ; lui n'avait jamais manqué à ses
devoirs. Depuis longtemps il aspirait au repos (3) lorsque,

(1) Ibid.
(2) Ibid., col. 1051.
(3) Nous avons cité plus haut, c. 3, p. 105, une lettre de saint

le jour de Noël de l'année 1157, Dieu lui fit la grâce de le rappeler à lui. La veille, il était entré bien portant au chapitre ; il avait commencé, devant la communauté réunie, un sermon sur le mystère qu'on se préparait à célébrer : tout à coup il s'arrête, sans voix et le visage baigné de larmes. Il venait d'être pris du mal qui allait l'emporter. Conduit aussitôt hors du chapitre, il ne tarda pas à rendre le dernier soupir, à l'heure même où l'on croit que le Verbe de Dieu est né de la Vierge sa mère (1). Son plus grand désir fut ainsi accompli. Toutes les fois qu'il allait faire visite à ses saints amis, les moines de la Grande-Chartreuse (2) : « Priez, leur disait-il, pour que Dieu exauce mon vœu. — Père, lui répondaient ces bons moines, dites-nous quel est ce vœu ; priant en connaissance de cause, nous aurons plus de ferveur. » On sut après sa mort que ce qu'il désirait si ardemment, c'était de finir sa vie le jour et à l'heure où le Sauveur vint au monde (3). « Un grand miracle, dit la Chronique de Cluny, témoigna de la sainteté de notre glorieux Père, après que son âme fut séparée de son corps. On se mettait en devoir de laver ses membres vénérés ; à cet effet, on les dépouillait des vêtements qui les couvraient. Quel n'est point l'étonnement des religieux chargés de cet office, à l'aspect de ce corps plus pur que le cristal, plus blanc que la neige, et resplendissant d'une beauté toute céleste ?

Bernard au Souverain-Pontife, d'où il résulte que Pierre-le-Vénérable aurait eu un moment la pensée de se démettre de sa charge.

(1) Bibliotheca Cluniacensis, p. 1624.
(2) Voir plus haut, c. 3, p. 60.
(3) Radulph., col. 28.

Qui eût reconnu cette chair si mortifiée, que le cilice ne quittait pas, que les jeûnes avaient amaigrie, qui semblait exténuée par les travaux et par les veilles? Les frères se pressèrent autour de lui, baisant son front, trempant leurs lèvres dans l'eau qui l'avait touché, se disputant ses moindres effets comme de précieuses reliques (1). » On l'inhuma dans le chœur de la grande église. Son épitaphe exprimait, avec le regret qu'il eût si prématurément quitté la terre (2), les craintes qui l'avaient alarmé lui-même, dans les-dernières années de sa vie, sur l'avenir de sa chère abbaye. On y lisait :

« Pierre, de pieuse mémoire, n'est plus ; avec lui sont descendues au tombeau la justice, la paix, la discipline, Pleurons et souhaitons de mourir (3). »

(1) Chronic. Cluniac. ap. Petr. Ven. opp. col. 41, 42.

(2) Il n'avait que soixante-deux ans.

(3) Chronic. Cluniac.. col. 42. — L'événement ne justifia que trop ce triste présage. En 1233, Grégoire IX adressa aux différents abbés de l'Ordre une bulle de réformation, en tête de laquelle on lisait : « Nous nous sentons en secret accablés de douleur, et en public couverts de honte, quand nous voyons cet Ordre de Cluny planté de la main de Dieu dans le paradis de l'Eglise, après avoir étendu ses rameaux de la mer à la mer, et produit si longtemps les fleurs les plus suaves et les fruits les plus abondants de vertu, changé maintenant en vigne d'amertume, ne produisant plus que des fruits sauvages qui agacent les dents, changé en piége et en ruine, en pierre d'offension et de scandale, aux deux maisons d'Israël, c'est-à-dire aux âmes contemplatives et aux âmes actives. » (Dom de Vaines *Dictionnaire de diplomatique*, t. I, p. 360.)

TABLE DES MATIÈRES

Paris. — E. DE SOYE et FILS, imprimeurs, place du Panthéon, 5.